服务外包
适用法律问题研究

On the Applicative Legal Issues of Service Outsourcing

赵 楠/著

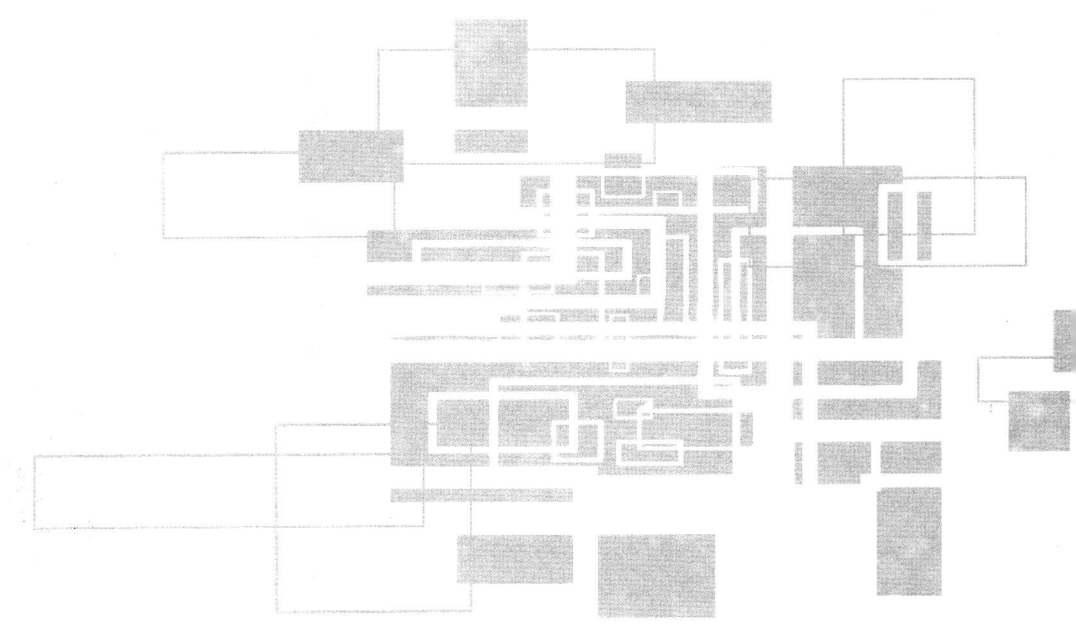

经济管理出版社
ECONOMY & MANAGEMENT PUBLISHING HOUSE

图书在版编目（CIP）数据

服务外包适用法律问题研究 / 赵楠著. —北京：经济管理出版社，2012.12
ISBN 978-7-5096-2303-9

Ⅰ. ①服… Ⅱ. ①赵… Ⅲ. ①服务业—对外承包—法律—研究—中国 Ⅳ. ①D922.295.4

中国版本图书馆 CIP 数据核字（2012）第 311456 号

组稿编辑：申桂萍
责任编辑：申桂萍 赵喜勤
责任印制：黄章平
责任校对：陈 颖

出版发行：经济管理出版社
（北京市海淀区北蜂窝 8 号中雅大厦 A 座 11 层 100038）
网 址：www. E-mp. com. cn
电 话：(010) 51915602
印 刷：北京广益印刷有限公司
经 销：新华书店
开 本：720mm × 1000mm/16
印 张：16
字 数：287 千字
版 次：2013 年 12 月第 1 版 2013 年 12 月第 1 次印刷
书 号：ISBN 978-7-5096-2303-9
定 价：49.00 元

前言

服务外包的迅速发展，引发了数据资料保护、服务外包原产地、国民待遇、服务提供模式、知识产权保护、金融服务外包、信息技术服务外包等领域中的风险与争端，这些风险与争端的出现阻碍了国际服务外包的顺利进行。为了更好地发展服务外包业，我们必须深入研究如何利用现有的法律框架和执行机制来解决这些问题。本书正是期望通过对已有的法律、法规和制度与国际服务外包契合性的研究，构建适合国际服务外包规律和特征的法律框架。根据这一研究目标，本书分为七个部分。

第一部分是导论，主要介绍本书的研究背景、方法、意义、已有文献综述及总体框架。

第二部分是国际服务外包概要、服务外包争端解决及其适用法律框架分析，主要介绍服务外包的产生、发展及其存在的问题，同时引出世界贸易组织框架等已有法律调整服务外包时存在的缺陷及服务外包争端解决所适用的法律框架。

第三、四、五、六部分分别探讨了与服务贸易有关的服务外包法律问题、与知识产权有关的服务外包争端及其解决问题、金融服务外包争端及其解决问题、信息技术服务外包争端及其解决问题。国际服务外包存在着很多风险，因而也涉及诸多法律议题，如服务提供模式、原产地规则、知识产权、金融与保险、信息技术与数据资料保护等。根据国际服务外包的业务性质不同，本书分别将不同的问题进行归类，并充分利用现有的法律框架和执行机制来解决国际服务外包所面临的风险与争端问题。

第七部分是附件，在第三、四、五、六部分中分析国际服务外包中的各种风险和争端解决时使用了一些已有的国际法律文件，这一部分将把这些法律文件以附件的形式列于书后，以便读者在阅读本书时参阅。这些附件包括《服务贸易总协定》(GATS)、《与贸易有关的知识产权协定》、《金融服务外包》、《保护工业产权巴黎公约》、《世界版权公约》、《保护文学艺术作品伯尔尼公约》和《集成电路知识产权条约》等。

服务外包适用法律问题的研究是一个新的课题。本书在借鉴引用已有研究成果的基础上，期望能够形成一个较为全面完整的分析体系。但是，囿于本人的学识与资料的可得性，这种努力只是一个开始，希望本书的研究思路与成果能够为有关研究提供一个思路和借鉴。

目 录

第一章　导论

一、本书的研究背景和价值

服务外包是指服务产品生产过程中的部分流程或制造品生产过程中的部分服务环节从特定企业内部以合同方式转移到企业外部完成，服务业务委托方称为发包方，服务承包方称为接包方。如果外包合同的发包方与接包方分属不同的国家，则称为国际服务外包或离岸外包（江小涓，2008）。

20 世纪 80 年代以来，服务全球化后来居上，成为经济全球化的主导力量和重要内容，被称之为第三次经济全球化。[①] 作为服务全球化的特殊形式，国际服务外包发展迅速，我国国际服务外包发展尤为迅猛。国际数据公司（IDC）预测，2015 年全球服务外包市场规模将达到 1 万亿美元，发展潜力巨大。Gartner 的统计显示，当前全球企业 1000 强中 95%的企业已经制定了公司离岸战略，全球离岸服务外包目前正经历从爱尔兰等中等发达国家向印度、中国和菲律宾等发展中国家转移，但还处于不成熟的发展阶段。中国服务外包研究中心发布的《中国服务外包发展报告 2012》指出，2011 年全球国际服务外包规模已达 1100 亿美元，占全球服务业的 13%，呈复苏增长态势，预计在 2015 年能够达到 2100 亿美元。中国服务外包业在承接国际转移、吸纳就业、企业成长等方面都有较好表现。截至 2011 年，内地服务外包企业累计达 16939 家，从业人员达 318.2 万人，其中大学生占七成以上。离岸外包合同金额达 873.8 亿美元，离岸外包执行金额达

① 国际产业转移共经历了三次“全球化浪潮”：第一次是“市场全球化”，即通过国际贸易来拓展市场；第二次是“生产全球化”，即通过生产要素的全球配置实现产业的国际转移；第三次是“服务全球化”，即大量与服务、知识相关的产业正在进行全球转移。

539.6 亿美元。报告认为，今后全球服务外包产业将恢复稳步增长态势。中国服务外包产业未来几年将保持 40%~50%的增长速度。在岸市场需求加速释放，市场运行更加规范，企业加快全球布局步伐。[①] 中国商务部 2012 年 2 月 16 日发布的数据显示，2011 年我国企业承接服务外包合同执行金额 323.9 亿美元，同比增长 63.6%。其中，承接国际（离岸）服务外包合同执行金额 238.3 亿美元，同比增长 65.0%，比上年提高 22%；我国服务外包产业的国际市场份额进一步扩大，2011 年我国承接服务外包占全球的 23.2%，比上年提高 6.3%。[②] 第四届中国国际服务外包交易博览会也显示，2011 年中国企业承接国际服务外包合同执行金额 238.3 亿美元，同比增长达 65%，已成为全球第二大国际服务外包承接国。[③]

国际服务外包的迅速发展，在降低成本增加收益、促进贸易和投资、促进产业分工深化、促进就业和提升就业结构、促进服务业发展和增强服务业竞争力、增加消费者福利的同时，也引起了数据资料保护、知识产权、贸易出口控制和国家安全等一系列问题。尽管《服务贸易总协定》（GATS）为这些问题的解决提供了一个多边原则和框架，但就针对性强的解决方案和可操作性强的解决方法而言，GATS 框架还存在不足之处，一些框架性缺陷还有待进一步完善。从法律视角对这些问题进行深入研究，对弥补 GATS 框架的缺陷、提出有针对性的解决方案和可操作性强的解决方法将具有一定的价值。

理论方面，虽然近年来国内外学者越来越重视从法律视角研究服务外包问题，但大多研究停留在 GATS 框架的不足和已有法律条款的使用层面，缺少深入、严谨的理论分析。实证研究中涉及的各种服务外包法律的应用相对还比较零散，尚未建立起系统、完整的服务外包法律框架。服务外包法律框架的构建研究不仅是对当前 GATS 框架研究的进一步拓展和深入，更是对利用已有法律条款解决服务外包争端研究的延伸和丰富，因而具有重要的理论价值。

实际应用方面，国际服务外包迅猛发展中出现的数据资料保护、知识产权保护、贸易出口控制和国家安全等诸多问题，不仅关乎发包方和接包方的利益分配与利益保护，而且关乎母国和东道国的经济关系与国家安全。研究解决这些问题的有效、稳妥、普适的方案，不仅有利于促进服务外包的发展，而且能够促进国际经济秩序和国家间良性经贸关系的建立。同时，就具体的服务外包业务而言，

① http://finance.eastday.com/economic/m1/20120530/u1a6591309.html。

② http://chinasourcing.mofcom.gov.cn/。

③ http://finance.sina.com.cn/roll/20120926/144513247031.shtml。

难免出现各种冲突与争端，有效解决这些冲突与争端也需要有相应的法律依据，需要配套、完善的法律体系。因此，研究构建服务外包法律框架并利用这一法律框架解决服务外包发展过程中的各种问题，将具有重要的实际应用价值。

二、国内外研究现状和趋势

对国际服务外包及其发展过程中出现的问题与争端，理论界进行了较为深入的研究，并获得了大量的研究成果。这些研究成果主要涉及国际服务外包理论基础及其动因、国际服务外包效应、国际服务外包发展趋势及中国对策、国际服务外包的风险与争端、GATS 框架在规范国际服务外包问题上的不足、国际服务外包适用法律等方面。

（一）关于服务外包属性和概念的研究

因为服务外包是国际经济领域的一种相对较新的现象，人们对它的研究起步也相对较晚。对服务外包的属性，不同的研究者得出了不同的结论。西安软件园主任毛爱亮曾指出，服务外包是“一种管理模式”。他在 2006 年 10 月 7 日的《国际商报》中写道：“服务外包的定义是指企业将其非核心的业务外包出去，利用外部最优秀的专业化团队来承接其业务，从而使其专注核心业务，达到降低成本、提高效率、增强企业核心竞争力和对环境应变能力的一种管理模式。”①

严启发将服务外包视为一种“经营方式”。他在 2006 年 5 月 1 日的《国际商报》中写道：“服务外包是指近年来发达国家将高科技产业或服务业的部分业务外包到成本相对较低的国家或地区的经营方式。”②

中国社会科学院学部委员、中国社会科学院研究生院财贸系教授、博士生导师杨圣明认为，服务外包是一种新兴的加工贸易。“服务外包又称服务加工贸易，国际上也称离岸服务（Off Shore Service）。”“所谓服务外包是指一国的企业将一种服务商品或它的非关键部分转让给国外公司承担的一种经营方式，或一种商业模式，或一种国际贸易方式。在后一种意义上，我们将服务外包理解为服务加工

① 见 2006 年 10 月 7 日《国际商报》第三版。
② 见 2006 年 5 月 1 日《国际商报》第三版。

贸易。以往的加工贸易专指货物商品的加工贸易。进入新世纪后，服务商品的加工贸易迅速发展。因此，近几年来，它成为国际贸易领域中的新课题”。①

江小涓认为，“服务外包是一种新的全球产业组织形态。其本质是人力资本市场合约和劳务活动企业合约的统一，是人力资本配置方式的根本变化”。因此，“服务外包是企业签订外部供应合约完成过去在内部进行的经济活动”。②

姜春荣在《国际服务外包浪潮：理论、实证与中国战略研究》一书中，总结了国内外研究服务外包定义的成果。她把这些研究成果总结为六种情况：第一种情况是从企业管理战略角度定义外包的概念。这些研究者包括 Rahul Sen and M. Shahidul Islam、Gilley and Rashssd、刘慧、胡天佑等。Rahul Sen and M.Shahidul Islam（2005）认为，外包现象指的是企业战略性地运用外部资源来进行它过去用企业内部的人力物力进行的经济活动；Gilley and Rashssd（2000）则强调，企业本身有资源和能力从事某种生产活动，但在自己不生产的情况下，交给其他企业或单位去做，因此，外包本质是一种摈弃内在化的基本活动形式；刘慧、胡天佑（2004）认为，“外包”是指企业将一些非核心的、次要的或辅助性的功能或业务包给企业外部的专业服务机构，利用他人的专长和优势来提高企业的整体效率和竞争力，而自身仅专注于企业具有核心竞争力的功能和业务。

第二种情况是从外包服务提供方与需求方的相互关系定义外包的概念。如 Gene M.Grossman and Elhanan Helpman 把外包看作一种由不完全合同控制的寻找合作伙伴与特定关系投资的活动；Sourafel and Holger Girma 认为，外包可以大致定义为通过合同的方式把原来由企业内生产的活动转包到公司外面去；Shreeveport 咨询公司将服务外包定义为，依据服务协议，将某项服务的持续管理责任转嫁给第三者执行；卢言（2005）认为，外包广义上是指企业与第三方签订合约，委托第三方为其提供生产所需的中间投入品和服务，或者委托第三方为其提供以委托企业品牌出售的产品或服务，使企业发生逆一体化、专业化、规模缩减的变化，企业间建立松散、灵活、长期、多层面合作关系。当外包跨越国界时，作为一项重要的企业组织创新活动，是松散一体化国际生产体系形成和发展的纽带。

第三种情况是从国际经济角度定义外包的概念。如 Mary Amiti and Shang-jin Wei（2005）把国际服务外包定义为从国外获得商品或服务的中间投入品，既包

---

① 杨圣明. 加快发展我国服务外包产业 [J]. 时代经贸，2008（8）：18-25.

② 江小涓. 服务外包：合约形态变革及其理论蕴意——人力资本市场配置与劳务活动企业配置的统一 [J]. 经济研究，2008（7）：4-10.

括从独立于本公司的国外企业获得的商品或服务的中间投入品，也包括从国外子公司内获得的公司内贸易；Jagdish Bhagwati，Arvind Panagariya and T.N. Srinivasan（2004）则从国际服务贸易角度来论述服务外包，他们给出一种描述性的概念，即外包是国际服务贸易中迅速增长的一部分，包括远距离海外购买服务，主要但不必然通过电子媒介，如电话、传真、互联网等，主要是指WTO《服务贸易总协定》中定义的四种服务贸易方式中的第一种，即跨境交付；Shapiro（1996）从国际金融方面入手，认为国际外包是跨国公司避开汇率波动风险的措施；Cooper和Lybrand（1996）认为，到海外经营的企业采用外包方式是对传统的全资子公司的替代行为；詹晓宁、邢厚媛（2005）认为，作为跨国公司归核化调整的副产品，服务外包是指作为生产经营者的业主将服务流程以商业形式发包给本企业以外的服务提供者的经济活动。服务外包并非完全发生于服务行业，制造业和其他行业所需要的服务流程更倾向于对外发包；服务外包的发包方可以是企业，也可以是政府和社团组织等。外包的服务可以提供给本国市场、东道国市场或第三方市场。服务外包的本质，是企业以价值链管理为基础，将其非核心业务通过合同方式发包、分包或转包给本企业之外的服务提供者，以提高生产要素和资源配置效率的跨国生产组织模式，当前迅速发展的服务外包是经济全球化背景下国际分工的表现形式，是跨国公司追求利益最大化的必然结果；甄炳禧（2005）认为，国际服务外包也称离岸服务外包，是指跨国公司将本来自身执行的非核心服务性职能，通过建立可控制的离岸中心或国外分公司，包给境外第三方服务供应商去完成。服务外包涵盖服务业、制造业及其他行业所需要的服务流程，服务外包的资本密集程度和成本较低，因而比外包制造业的迁移更具随意性。

第四种情况是从技术进步角度定义外包的概念。Deborahl Swenson（2005）认为，外包应该被看作一种技术创新，这种创新使生产商可以将生产过程进行地理上的分离。王根索（2005）认为，服务外包指技术开发与支持（如软件开发、产品设计等）和其他服务活动（如客户关系管理、企业各类资源管理、仓储运输物流管理、企业运营流程管理、服务管理等）的外包。

第五种情况是从外包动机与效应角度定义外包的概念。The American Heritage Dictionary把它定义为，从外部供给商或生产商处取得商品或服务，以达到节约成本的目的；Markus Diehl（2004）是从外包效应方面理解的，他认为外包是以进口中间投入品而推动国内附加值的增加，并影响就业结构向有利于技术升级的方向移动；李仲周（2004）认为，外包是指跨国公司将其非核心业务通过合同方式分包给公司之外的企业来承担，通过签订数年合同以保证服务的稳定供应、最优的质量和最低的成本。

第六种情况是国际经济组织有关国际服务外包的概念解释。《2004 年世界投资报告：转向服务业》一书中，提到两种服务业离岸转移的方式：一是自营式外移，指的是通过内部化方式，开辟国外分公司，在海外建立分公司、子公司或服务基地；二是离岸外包，将服务外包给海外第三方服务承包方。综合考虑国内外学术界已有定义中的多种角度，姜春荣从企业战略转变、国际经济角度并结合服务外包的微观动机与宏观效应，给国际服务外包下了一个简单的定义，即国际服务外包是指跨国公司将产业价值链中原本由自我提供的部分或全部服务环节或服务流程委托给本土以外的服务承包方来完成的经济活动，以通过重组企业供应链，优化全球资源配置，达到降低成本、提高效率的目的。[①]

（二）关于国际服务外包基础理论及其动因的研究

对于国际服务外包基础理论的研究，研究成果主要有以下几个方面：

王春（2008）从服务外包的内容和特点出发，认为服务外包理论基础应该包含资源基础理论、核心能力理论、资源依赖理论、交易成本理论、委托代理理论。[②] 刘丁有和张妍（2010）则认为服务外包基础理论应该包括经济学、管理学理论中的传统贸易理论、新贸易理论、产业组织理论以及现代企业理论，因此，他们用比较优势理论、交易费用理论、全球价值链理论、资源基础理论、核心能力理论、商业模式转型理论对服务外包进行了分析。[③] 刘庆林、刘小伟（2008）提出服务外包的基础理论有交易成本理论、比较成本理论、核心能力理论和资源基础理论。[④] 江小涓等（2008）则从微观企业视角和宏观国际经济视角对服务外包的基础理论进行分析和综合。[⑤] 他们认为，以微观企业视角来看，国际服务外包基础理论包括战略管理理论、经济学理论和社会学理论，而战略管理理论则又包括资源基础论和资源依赖论，经济学理论又包括交易成本论和代理成本理论，社会学理论又包括政治权力论和社会交换理论；从宏观国际经济学角度看，国际服务外包基础理论包括比较优势论、产业间贸易论和离岸—外包模型，而

① 姜春荣. 国际服务外包浪潮：理论、实证与中国战略研究［J］. 北京：对外经济贸易大学出版社，2009.

② 王春. IT 外包理论的国内外研究述评［J］. 科技管理研究，2008（5）：174–176.

③ 刘丁有，张妍. 服务外包机理的理论分析综述及其实践指导意义［J］. 改革与发展，2010（2）：149–153.

④ 刘庆林，刘小伟. 国外服务业外包理论研究综述［J］. 山东社会科学，2008（6）：87–91.

⑤ 江小涓，等. 服务全球化与服务外包：现状、趋势及理论分析［M］. 北京：人民出版社，2008.

比较优势论则又包括比较优势不同要素禀赋差异论，产业间贸易论又包括规模经济论、边际成本递减论和垄断竞争论，离岸—外包模型又包括直接投资论、比较优势差异论和短缺要素互补论，等等。

综观关于服务外包基础理论的研究观点，我们可以发现，服务外包的基础理论主要有如下几种：

1. 交易成本理论

基于经济学角度的外包理论始于交易成本理论。交易成本理论是诺贝尔经济学奖得主科斯（Coase，R.H.）于 1937 提出的。科斯当时提出的交易成本理论主要是解释企业本质的。威廉姆斯（Williamson）在 1975 年对交易成本理论进行了深化，他定义交易成本泛指一切为了实现交易而支付费用，它包括搜寻成本、信息成本、议价成本、决策成本、违约成本等，威廉姆斯认为交易成本具有资产的专属性、交易不确定性和交易频率三个特征。资产专属性在服务外包中的应用可用于解释服务外包内容，具有高度资产专属性的业务企业倾向于自行完成，企业外包出去的只有中度或低度资产专属性的业务。而交易不确定性则涉及服务外包风险，是企业必须考虑的项目。①

2. 比较优势理论

比较优势理论是大卫·李嘉图在其代表作《政治经济学及赋税原理》中提出的贸易理论，也叫比较成本贸易理论。比较优势理论认为，国际贸易的基础是生产技术的相对差别（而非绝对差别）以及由此产生的相对成本的差别。根据比较优势理论，可将生产过程按照所需劳动技能水平进行分级，这样可以将不同劳动生产率水平需求的生产模块转移到与其需求相匹配的国家或地区进行。② 这就得出了一个推论，即生产技能水平越低的国家，其分配的生产模块技能水平越低。这一理论解释了当前发达国家细分其服务业务，将低技能重复性业务外包给生产技能较低的发展中国家的原因。

3. 资源基础理论和资源依存理论

资源基础理论认为，企业是各种资源的集合体。由于各种不同的原因，企业拥有的资源各不相同，具有异质性。这种异质性决定了企业竞争力的差异。企业拥有资源的异质性也可以解释为企业资源的缺口，企业必须通过外包来填补这些

① Williamson，O.E. Markets and Hierarchies：Analysis and Antitrust Implications ［M］. New York：Free Press，1975.

②大卫·李嘉图. 政治经济学及赋税原理 ［M］. 北京：商务印书馆，1976.

缺口。这说明接包企业的资源对于发包企业是稀缺的。

而资源依存理论从外部环境来分析，认为企业成功或生存都在不同程度上依赖外部环境中其他公司或是组织向其提供的关键资源。企业之间存在着一种资源依存关系，由于这种关系存在不确定性，因此，企业必须建立相互合作以减少不确定性。服务外包就是这样一种形式，企业通过将服务外包给其他组织获取企业所需的资源。陈菲认为，服务外包有三个关键影响因素，即资源的重要性、对资源配置的判断力和资源的可替代性，而任务环境影响对此三项起决定性作用。[①]

4. 企业核心竞争力理论

1990 年，普拉哈拉德和哈默尔在《哈佛商业评论》上发表的《公司核心竞争力》一文中，开创了对核心竞争力研究的先河。在此之后，众多学者开始关注核心竞争力的研究。不同的学者从技术观、知识观、资源观、组织与系统观等不同角度进行了研究，形成了不同的流派。企业核心竞争力理论成为 20 世纪 90 年代企业理论和战略管理领域的一枝奇葩。根据广泛接受的稀缺性、难以模仿性等核心竞争力的特征可知，服务外包主要是通过将非核心业务外包出去，企业集中资源专注于擅长的业务，从而形成核心竞争力，帮助企业应对全球竞争。

5. 国际服务外包的动因

服务外包的动因是企业做出服务外包与否的关键驱动因素。服务外包决策的制定对于企业尤其是高技术类企业尤为关键，外包活动实施顺利对于企业的发展是非常有帮助的；相反，外包活动的失败对企业可能产生致命性的打击，因此，企业在做出服务外包决策时都非常慎重，将其提升到战略高度来考虑。企业是否开展服务外包取决于其服务外包的动机，因此，研究企业服务外包的动因有助于企业做出是否开展服务外包的决策。

对于企业服务外包的动因，国外学者进行了非常充分的研究。Lon and Ventakraman（1992）从 IT 业务外包出发，分别从宏观经济、行业、企业以及企业内部四个层面来对服务外包动因进行分析，提出追寻竞争优势、暂时的经济周期和趋势、竞争压力以及其他管理因素都是构成外包的动因。[②] McFarlan and Nolan（1995）则认为，企业目前越来越倾向于 IT 服务外包的原因较多，主要考虑因素是归核化要求、关系成本及质量、落后的 IT 性能以及环境因素和其他的财务因素。[③]

---

① 陈菲. 服务外包与服务业发展［M］. 北京：经济科学出版社，2009.

② 刘庆林，刘小伟. 国外服务业外包理论研究综述［J］. 山东社会科学，2008（6）：87-91.

③ 崔健，等. 跨国公司服务外包文献综述及最新进展［J］. 科技管理研究，2010（2）：26-27.

Diromualdo and Gurbaxani（1998）把服务外包的战略意图分为三类：降低成本和提高IT资源效率、增加IT对企业绩效的贡献度、利用市场上与技术相关的资源来开发和销售以新技术为基础的货物或服务。Marcus Neureiter and Peter Nunnenkamp（2010）则重点研究成本和市场准入，认为这两个因素是横向和纵向国际直接投资的主要驱动因素。①

从上述学者的研究成果中发现，企业在做出外包决策时考虑的因素很多，但不同的企业参考的主要因素可能存在差异。因此，每个企业都会根据其面临的不同环境进行战略决策。虽然考虑侧重点有所不同，但是，有些动因却是多数企业都必须考虑的，这些动因对于服务外包的决策制定起着关键作用。归纳起来，这些因素主要有经济因素、企业核心技术因素、政策因素等。

（1）经济动因。国际服务外包可带来低成本竞争优势，发达国家的企业将服务业务外包给发展中国家很大程度上就是出于成本考虑的。德勤调查的42家运营商中，53%的企业最主要的动力是削减20%以上的成本，这些成本包括人员工资、招聘成本、国家保险以及房地产等。② 张芬霞和刘景江从经济方面考虑，认为国际服务外包能够带来低成本的竞争优势，加强企业的核心业务与企业市场竞争的战略地位，提高产品综合竞争优势。③

（2）技术动因。在互联网时代，国际服务外包能够帮助企业在地球上任何一地选择高效率、有创新能力的供应商，可缩短研发周期。信息网络技术大幅度降低了市场交易成本，这使企业的业务规模和市场占有率的扩大更倾向于通过外包特别是离岸外包来实现。信息网络技术在发展中国家催生了许多快速灵活、生产专精的小企业网络，它们是承接离岸外包大订单的产业集群。④

（3）政策动因。张芬霞和刘景江（2005）认为，通过考察美国的服务外包，他们在一定程度上发现全球服务外包的政策动因。美国曾经实施过两大政策，一是限制科技移民政策，二是鼓励高薪员工早退休的政策。这两大政策都直接关系到服务外包的发展，因为这两个政策实施的结果是美国国内的技术人才出现供不应求，美国的企业不得不将部分高技术业务离岸外包。

除了这些主要因素之外，还有些学者从实际角度分析了导致服务外包的特殊因素，Lacidty、Hirschheim、Loh and Venkatraman 认为，企业做出服务外包决策

---

① Marcus Neureiter, Peter Nunnenkamp. Outsourcing Motives, Location Choice and Labour Market Implications: An Empirical Analysis for European Countries? Blackwell Publishing Ltd., 2010（2）: 206-230.

② 江小涓，等. 服务全球化与服务外包：现状、趋势及理论分析［M］. 北京：人民出版社，2008.

③④ 张芬霞，刘景江. “离岸外包”发展述评［J］. 经济问题，2005（8）：24-26.

有时候并不全是出于对成本、效率的考虑，还可能是基于社会环境的压力。[①] 目前，全球范围内的趋势就是所有企业都把自己非核心业务外包出去，企业在这种环境下为了提高自身的竞争力或是出于生存需要，不得不做出相应决策，进行外包。

（三）关于服务外包效应的分析

Grossman and Helpman（2002）认为，服务外包的最终交易完成在宏观层面上的直接结果就是中间品贸易的增加，融合跨国公司以全球资源配置为导向的国际化战略和中间品贸易扩大的国际贸易格局，对于国际分工格局的直接效应是垂直型分工的加深。Girma and Gorg（2003）以英国为考察对象，通过实证分析，论证了服务外包对全要素生产率的增长具有积极作用。Panl and A.Samuelson（2004）认为，从世界范围看，服务外包会推动经济增长，但对贸易参与国的经济福利效应不确定。David Levy（2005）的研究将国际服务外包的经济效应归纳为成本缩减效应、财富创造和分配效应。

卢锋（2007）基于国际服务外包的经济利益来源和成本约束，探索了国际服务外包对产业在比较优势、规模经济和生产网络化等层面上的效应。除此以外，对于相关产业而言，除了获得稳定的国际市场网络和助推规模经济以外，经由要素收益渠道也引发了企业雇员的收入效应。刘庆林、陈景华（2006）通过对外包模型的分析，发现国际服务外包对外包输出国和承接国双方技术性劳动相对工资和就业的增长有积极作用。詹晓宁、邢厚媛（2005）认为，发展服务外包会带来巨大的经济与社会效益，包括提升产业结构、增加出口收入、创造就业和提高员工收入及技能水平等。喻美辞（2008）通过开放经济增长模型论证了国际服务外包对承接国技术进步的正向作用以及影响技术溢出效应的一系列条件。

（四）“全过程”外包、外包基地建设：关于国际服务外包发展趋势及中国对策的研究

赵楠（2007）认为，国际服务外包的发展将从现在的以信息技术外包为主，逐步转向以商务流程外包为主，因此，中国应该重视发展以商务流程外包为核心的“全过程”服务外包，并提出了建设服务外包示范城市等中国发展“全过程”服务外包的具体对策。李志强、李子慧（2004）对全球服务外包发展的总体趋势

---

① 冯雷鸣，等. 国外服务外包理论研究简述［J］. 经济师，2010（1）：45.

进行了介绍，总结了美国、印度对服务外包的主要争论，并提出中国发展国际服务外包的若干对策建议。来有为（2004）指出，经济全球化背景下，服务外包成为国际服务业转移的主要形式之一，主动承接国际服务外包是中国提升产业结构的重要机遇。詹晓宁、邢厚媛（2005）分析了国际服务外包的发展趋势，预测了国际服务外包的发展前景，总结了国际服务外包对发展中国家产生的影响，提出了中国发展国际服务外包的战略。王光丽（2006）通过和其他国家对比，指出我国在综合环境、制造业、人力资本、产业集聚、与日韩合作等方面的优势，认为我国应利用当前有利因素使承接跨国公司服务外包成为中国经济增长的新亮点。谭力文、田毕飞（2006）通过介绍世界主要服务外包参与国关于服务外包的政策，得出结论：服务外包潮流势不可当；中国应该鼓励企业承接国际服务外包，以发展国际服务外包为契机，促进中国的产业结构升级。王洛林（2010）对我国服务外包的典型行业如软件、物流和服务外包发展的典型地区进行分析说明，给出了具体的政策建议。[①]

（五）关于国际服务外包风险与争端的研究

外包既可能为企业带来收益，也可能存在风险。研究者们总结了外包过程中出现的各种风险，也研究了外包过程中的风险规避问题。Collins（1995）、Mclellan and Marcolin（1994）研究认为，信息安全和失去对服务商的控制是服务外包中两个最为常见的风险；Khalfan（2004）指出这两个因素导致了外包中的隐性成本。Earl（1996）识别出了与服务外包相关的 11 种风险，即削弱对 IT 的管理；服务商工作人员可能缺乏经验；商业上的不确定性；服务商可能疏于掌握新技术；与某一客户直接相关的特有的问题；隐藏的成本；外包可能导致组织难以从 IT 系统的演进中学习；缺乏创新能力；外包服务商、设备供应商与客户之间的复杂关系可能减缓对问题的处理速度；某些系统具有技术上不可分割的特性，如果外包一部分可能会导致严重的后果；外包将关注的焦点集中于服务商，服务商感兴趣的是“怎样做”而不是“为什么要做”，客户可能失去对运作进行优化的机会。Lacity and Wincocks（2000）识别出隐藏的服务费用、法律争端和诉讼、契约协商困难以及服务成本增长等风险。Elmuti and Kathawala（2000）认为，企业员工士气是重要的外包风险因素。Babcock（2004）的调查研究表明，大约 1/3 的人力资源部门的员工抵制外包，因为害怕失去工作，不愿被调到服务商处工作

---

① 赵鸿. 国际服务外包：运行机制与效应研究［D］. 上海：上海社会科学院，2011.

或者担心来自服务商员工的竞争。客户流失的风险也是重要的外包风险因素（Alster，2005）。另外的风险还包括战略风险（Qullm and Hilmer，1994）、服务商的道德风险（Aron et al.，2005）、客户会产生对服务商的依赖（Mikkola，2003）、知识产权不恰当的使用（Gottfredson et al.，2005）、政治风险（Phannenstein and Tsai，2004）、知识流失风险（吴锋、李怀祖，2004）等。

张云川和蔡淑琴（2005）指出，服务商主导的客户风险规避是一种可行的战略安排，他们通过研究各种风险与外包关键因素之间的联系，给出了服务商主导的 IT 外包风险规避策略包括：建立知识管理体系；对客户及其外包的业务进行选择；在合同中包含服务水平协议条款，以可度量的方式对服务质量进行定义和管理；帮助建立客户的合同管理；团队定期进行项目评估。

朱四明（2011）认为，已有文献对服务外包风险的研究包括了对服务外包风险本身的研究和服务外包风险因素的研究。根据“负面结果”（Undesired Outcome）内容的不同，服务外包风险主要包含成本风险、核心竞争力风险、运营风险。在业务外包过程中，交易成本包括协商成本和监管成本，这些成本与两类风险相关，即逃避风险（Shirking）和机会主义交易风险（Opportunistic Bargaining）。逃避风险主要指服务供应商的服务质量低于合同的期望，为了将此类风险降至最低，发包方通常要投入大量的监管和协调成本，以保证服务质量。机会主义交易风险主要是指服务供应商的价格高于市场价格。当发包方完全依赖于一个供应商时容易产生该类风险，从而导致巨大的接包方转换费用。降低此类风险相对于降低逃避风险来说更为复杂。波特（1987）曾建议采用多个供应商进行竞标能够使发包方获得合理的价格和质量。但在现实情况中，提供某些特殊服务的供应商往往十分难找。因此，企业在决定是否将业务进行外包时，成本考虑因素不仅局限于供应商的服务成本，还应包括选择供应商、培育供应商和与服务商建立关系以及对供应商提供的服务进行监控等交易成本。决策者在进行外包决策时要对成本进行全面分析，尽可能地控制交易成本带来的风险，尤其在此类成本交易额较大时，决策者更应对此进行关注，而不是仅仅盯着那些账面上可见的成本预算。企业除了从成本角度考虑是否将业务进行外包外，还在很大程度上从企业的战略角度对业务外包进行考量，这使得资源理论常常被理论界和实业界用于解释外包行为。资源理论主要有资源基础论（Resource-Based View Theory，RBV）和资源依赖理论（Resource Dependency View Theory，RDV），这两种理论都是从企业资源入手，划分出企业的核心业务和非核心业务，从而将非核心业务进行外包，整合资源发展自身的核心竞争力。Quinn（1999）认为，那些依靠智力的服务活动或业务功能、让公司的表现行为优于竞争者的业务是公司的核心业务，都是公司的核心能力。因此公司在决定外包时要对自身业务有充分认识，尽力将核心业务留于公司内部，以免核心竞争力的流失。另一类战略风险是核心知识。Doig 等（2001）指出，在公司内部一些单元可能不是核心部门，但它们掌握着重要的数据资源或独一无二的技术，是公司的核心部门服务。对于这类业务单元，公司应该意识到它们的重要性并将其留在公司内部，如果外包，公司的核心优势同样会受到致命的影响。运营风险主要是指在执行阶段，服务外包对企业运营成果和效率产生负面结果的可能性。一方面，企业的风险源于供应商提供的外包业务的服务质量，当一个具有较高质量水平和信誉的企业在决定外包时，供应商提供的服务质量也对企业的外包活动带来风险。Anderson and Holt（1997）对这类风险做过专门的研究。另一方面，服务外包风险还可能来源于外包行为的发生使企业丧失一部分灵活性和创新性。当企业将业务进行外包，尤其是签订了长期合同的情况下，合同的规范性和标准性有可能会影响企业的灵活性和创新性。如当市场有新的产品或服务出现，由于合同的约束，企业不能马上对市场的需求发生响应，从而使企业失去部分市场。如若更改合同，企业又必须付出违约或追加服务等额外成本的代价。在当前这种日新月异的动态商业环境下，应对此类风险，企业在签订合同时应该充分考虑到合同的灵活性并和供应商建立充分的信任和合作关系。

关于服务外包风险因素的研究，朱四明（2011）认为，目前关于服务外包风险因素的研究主要有两类方法，经验研究方法（Empirical）和非经验研究方法（Non-empirical）。经验方法包括实证方法（Positivist）、描述方法（Descriptive）和解释方法（Interpretive）；非经验研究方法包括概念方法（Conceptual）和数学方法（Mathematical）。经验方法主要通过观察并借鉴一些经典理论，如交易成本理论、核心竞争力理论、关系交换理论等，抽取服务外包风险因素，构建服务外包风险因素模型，研究服务外包风险因素与服务外包风险之间的关系，主要包括基于交易成本理论的风险因素、业务标准化风险因素、合作伙伴关系风险因素、服务外包合同风险因素。非经验研究方法主要以信息不对称理论和委托代理理论为基础，对逆向选择风险和道德风险进行研究。Aubert 等（1996，1999，2001）将外包风险归纳为隐藏成本、契约成本、服务质量下降和组织竞争力的丧失四类，然后以交易成本理论和委托代理理论解释了引致这些后果的因素。Sharma（1997）运用代理理论提出了考虑信息不对称的情况下，对于发包方有哪些潜在的风险因素。Aubert 等（1999）通过一个基于外包项目的研究解释了关于企业与接包方从事外包活动中所存在的内部风险。在此研究中，外包风险被定义为低回报概率和预期损失的乘积。信息安全（Collins and Millen，1995）和接包方的失控（Marcolin and McLellan，1998）是外包中最为常见的两种风险，Khalfan（2004）指出这两个因素导致了外包中的隐性成本。Baccara（2007）建立了一个均衡模型分析了企业的研究与开发投资问题，认为信息泄露风险会影响企业决定内部开发还是业务外包。Lacity and Willcocks（2000）识别出隐藏的服务费用、法律争端和诉讼、契约协商困难和服务成本增长等风险。Aron 等（2005）作了外包风险的分类并给出了识别、降低风险的建议。Wadhwa and Ravindran（2007）用多目标优化模型研究了接包方选择问题，认为价格、质量和时间是进入优化模型的三个变量，他们的研究把关于契约设计与风险规避的研究推进了一大步。

（六）GATS 框架在规范离岸外包问题上的不足的研究

WTO Secretariat（2000）认为，在调整和规范国际服务外包问题上，GATS 存在一些明显的框架性缺陷和不足，已在一定程度上影响了国际服务外包的发展；GATS 框架的缺陷包括现有服务分类制度的缺陷问题以及国际服务外包引发的原产地规则适用问题。按照 GATS 目前的框架制度，成员方在其具体承诺减让表中既可以对 W/120 中某个特定的服务部门在整体上做出具体承诺，也可以选择只对某一特定服务部门中的某些具体的或个别的服务活动做出承诺，而忽略其他部门或其他服务活动。通过这种方式，成员方就可以决定在哪些服务部门实现何种程度的市场开放。Aditya Mattoo and Sacha Wunseh-Vincen（2004）研究指出，随着技术的革新和进步，出现越来越多新型的服务或服务活动，而现行服务分类表无法确保将当前这些新型服务全都包含在内；当一项新型服务不能确定被归类于 W/120 中的服务部门或分部门时，一方面意味着无法确定成员方目前的具体承诺是否可以对该类新型服务适用，另一方面也对成员方就该类新型服务如何做出承诺造成困难；Sacha Wunseh-Vincen（2006）认为，由于服务贸易的迅速发展，新的服务贸易形式不断出现，分类表中的许多内容却是过时的，并不能随时反映包括国际服务外包活动在内的新变化，如在 IT 和 BPO 服务外包领域，目前很多服务无法被准确地归类于现行的服务分类表（W/120）中的任何一种服务类别中。另外，在国际服务外包的情况下，实际服务提供者的身份在签订合同时往往并没有具体确定，而且对服务的投入来源在交易实施过程中可能会发生改变（譬如外包方的转包），在这种情况下，用现有 GATS 所确定的方法即以法律意义上的服务提供者国籍为基础来确定服务原产地的做法并未追寻服务投入的真正来源地，这是不符合设立原产地制度的初衷及其经济学意义的（王晓风，2009）。

（七）国际服务外包适用法律的研究

国际服务外包适用法律问题的研究文献主要集中在普适性法律研究和国别法律研究两个方面。关于普适性法律研究的结论是，凡是调节服务贸易的法律都适用于服务外包，这包括《服务贸易总协定》（GATS）和《与贸易有关的知识产权协议》（TRIPs）等。国别法律研究主要是对国际服务外包比较活跃的美国、欧盟、日本、印度、中国、爱尔兰等国的法律进行分析，得出的结论是美国、欧盟、日本等发包国家法律体系相对成熟，印度的相关法律也比较完善，而中国的有关法律与政策则相对滞后（曾丽凌，2005；王晓风，2009）。中国应从相对完善国家的知识产权保护、税收等方面的具体立法中获得启示，从而对完善我国国际外包立法发挥重要借鉴作用（曾文革、白婧，2010）。

从目前的国际服务外包发展状况和研究现状来看，对国际服务外包适用法律问题的研究将朝着构建独立的法律框架、完善国别法律体系方向发展。由于完善的国别法律包括在法律框架内，因此，未来的研究趋势将是围绕如何构建独立的国际服务外包法律框架展开。

三、本书的研究目标、研究内容、研究思路和方法

（一）研究目标

本书总的研究目标是国际服务外包风险与争端解决的适用法律问题，以期有利于促进国际服务外包的顺利发展。具体包括以下三个方面：

一是以调节国际服务外包的视角研究相关的法律、法规和制度。这些已有的法律、法规和制度可以是国际范围内适用的，也可以是国别适用的。国际范围内适用的主要有WTO框架内的GATT（1994）、GATS与TRIPs等；国别适用的主要是指不同国家根据自身的状况制定的有关法律、法规和制度，如美国的《电子通讯隐私法》、《电缆通讯法》、《电讯法》、《格雷姆—里奇—贝里利财务现代化法》、《安全港隐私保护原则》等，欧盟的《个人数据资料处理和自由转移的命令》、《欧盟居民个人资料传输至非欧盟会员国的电子商务业者契约范本》等，美国和欧盟

共同签订的《美欧安全港架构协议》等。这一研究的目的是为国际服务外包中的风险规避和争端解决的适用法律框架提供法理借鉴。

二是研究已有的法律、法规和制度与国际服务外包的契合性。截至目前，尚无专门调节国际服务外包的法律框架，对国际服务外包的调节都是“借用”其他的有关法律、法规和制度。这样就可能出现已有法律、法规和制度与国际服务外包契合性不足的问题。这一研究的目的是如何通过调整已有的法律、法规和制度，为构建适合国际服务外包规律和特征的法律框架提供体系借鉴。

三是研究国际服务外包法律框架的实用性。构建国际服务外包法律框架是一种理论探讨，与国际服务外包的实践是否契合，能否有效地调节国际服务外包还需要实践的检验。因此，本书在研究构建国际服务外包法律框架的基础上，还要研究其具体的实用问题，以达成本书研究的最终目的，即促进国际服务外包的健康发展。

（二）研究内容

根据研究目标，本书的研究内容主要包括三个方面：一是梳理、分析已有的法律、法规和制度；二是研究已有法律、法规和制度与国际服务外包的契合性；三是研究国际服务外包法律环境及法律框架对于国际服务外包健康发展的影响。具体来说，本书内容分为六个部分。

第一部分是导论，主要介绍本书的研究背景、方法、意义、已有文献综述及总体框架。

第二部分是国际服务外包概要、服务外包争端解决及其适用法律框架分析，主要介绍服务外包的产生、发展及其存在的问题，同时引出 WTO 框架等已有法律调整服务外包时存在的缺陷及服务外包争端解决所适用法律框架。

第三、四、五、六部分分别探讨了与服务贸易有关的服务外包法律问题、与知识产权有关的服务外包争端及其解决问题、金融服务外包争端及其解决问题、信息技术服务外包争端及其解决问题。国际服务外包存在着很多风险，因而也涉及诸多法律议题，如服务提供模式、原产地规则、知识产权、金融与保险、信息技术与数据资料保护等。这四个部分就是根据国际服务外包的业务性质不同，分别将不同的问题进行归类，并充分利用现有的法律框架和执行机制来解决国际服务外包所面临的风险与争端问题。

第七部分是附件，在第三、四、五、六部分中，本书在分析国际服务外包中的各种风险和争端解决时使用了一些已有的国际法律文件，这一部分将把这些法律文件以附录的形式列于书后，以便读者在阅读本书时参阅。这些附件包括《服务贸易总协定》(GATS)、《与贸易有关的知识产权协定》、《金融服务外包》、《保护工业产权巴黎公约》、《世界版权公约》、《保护文学艺术作品伯尔尼公约》和《集成电路知识产权条约》等。

（三）本书的研究思路

本书的研究思路是，以国际服务外包业务性质为视角，对国际服务外包业务进行归类，分析可能存在的风险和争端，然后寻求与之相契合的已有相关法律文件，并确定相互契合的国际服务外包业务与法律文件的切合点，进而分析如何利用已有的法律文件解决国际服务外包中的风险与争端问题。

（四）本书的研究方法

本书采用管理学、法学和经济学等方法进行规范和实证研究，并采取文献研究、系统分析研究、实证研究等方法进行深入的探讨。

（1）文献研究方法。关于离岸外包涉及的法律研究是一个具有交叉学科性质的问题。因此，首先必须对与此相关的离岸外包以及相关法律等方面的理论文献进行回顾和评论，建立国际服务外包法律构建问题的理论框架。

（2）系统分析方法。本书利用系统论的分析方法，把国际服务外包相关法律作为一个统一的系统来研究。本书首先对与国际服务外包相关的法律进行分类，然后对相应的缺陷进行识别，最后构建国际服务外包法律框架。

（3）实证研究方法。本书以中国的国际服务外包为考察对象，用实践检验构建的国际服务外包法律框架，使这一框架更加准确、客观，更具有针对性。

第二章　国际服务外包的产生、发展及其争端调节法律框架

在新一轮的国际产业转移中，服务业成为主要的产业选择。作为服务业对外投资和服务贸易的主要方式，国际服务外包迅速发展，并成为国际经济领域中最活跃的因素之一。国际服务外包的发展在给各参与方带来福利的同时，也引起了各参与国和参与企业之间的利益冲突，服务外包争端随之而来。如何协调与解决这些争端，成为今后决定国际服务外包能否顺利发展的关键所在。

一、国际直接投资的产业选择趋势与服务外包的兴起

20 世纪 90 年代末，国际产业开始了新一轮的结构调整。在国际产业转移中，服务业所占份额不断上升并逐渐成为国际直接投资的主要产业选择，这种变化趋势直接表现为服务业成为国际直接投资的重点和国际服务贸易快速发展两种现象。国际服务外包作为服务业对外投资和服务贸易的重要构成内容，开始兴起并日益发展成为当今国际经济领域里一种十分重要的交流方式，对国际间的经济交往与合作产生了重要的影响。能否适应这一变化趋势，是关系到中国今后吸引国际直接投资数量和质量的重大问题。只有积极适应这一变化趋势，深入研究国际服务外包的运行机制，制定相应的发展战略，才能保证中国吸引国际直接投资的大国地位和提高利用外资的质量。

（一）服务业成为国际直接投资的重点

随着世界经济的快速发展和生产结构的不断演进、升级，国际直接投资的产业重点也随之发生着变化。这种变化可以通过分析联合国贸发会议年度《世界投资报告》得到佐证。1991~2004 年，联合国贸发会议跨国公司和投资司连续发表了 14 部《世界投资报告》，这些文献不仅记录了世界投资流量和结构的变化，而

且反映了全球最富有学识和经验的经济学家对国际直接投资进行观察和分析的视角与观点。虽然这里不能详细介绍他们的看法，但年度报告的副标题基本上可以看作是他们对当年国际直接投资趋势的综合判断。[①] 1991~2004 年《世界投资报告》副标题见表 2-1。

表 2-1　1991~2004 年《世界投资报告》副标题

年份	英文原文	中文译文
1991	The Triad in Foreign Direct Investment	对外直接投资中的三位一体现象
1992	Transnational Corporations as Engine of Growth	跨国公司是增长的发动机
1993	Transnational Corporations as Integrated International Production	跨国公司是国际化生产的组织者
1994	Transnational Corporations, Employment and the Workplace	跨国公司、就业和工作场所
1995	Transnational Corporations and Competitiveness	跨国公司与竞争力
1996	Investment, Trade and International Policy Arrangement Overview	投资、贸易与国际化政策安排的一般考察
1997	Transnational Corporation, Market Structure and Competition Policy	跨国公司、市场结构和竞争政策
1998	Trends and Determinants	趋势与决定因素
1999	Foreign Direct Investment and the Challenge of Development	对外直接投资与发展的挑战
2000	Cross-border Mergers and Acquisitions and Development	跨境并购与发展
2001	Promoting Linkages	促进连锁关系
2002	Transnational Corporations and Export Competitiveness	跨国公司与出口竞争力
2003	FDI Policies for Development: National and International Perspectives	作为促进发展的对外直接投资政策：国内与国际的透析
2004	The Shift Towards Services	转向服务业

资料来源：UNCTAD 历年《世界投资报告》。转引自裴长洪《论中国进入利用外资新阶段——“十一五”时期利用外资的战略思考》，载于《中国工业经济》2005 年第 1 期。

事实上，20 世纪 80 年代以来，由于新技术革命不断深入发展，高新技术产业在世界范围内迅速兴起，技术密集型产业和服务业形成了庞大的国际需求与国际市场，国际直接投资向服务业投资变化的速度加快。1975 年，发达国家初级产业、第二产业和服务业的对外投资存量分别为 580 亿美元、1030 亿美元、680 亿美元，分别占对外投资总量的 25.3%、45%、27.7%，而到了 1997 年，各产业的对外投资存量都大幅增加，分别为 2850 亿美元、10670 亿美元、17670 亿美

① 裴长洪. 论中国进入利用外资新阶段——“十一五”时期利用外资的战略思考［J］. 中国工业经济，2005（1）.

元。但各个产业的增加幅度差异很大，例如 1990~1997 年，初级产业的年均增长率仅为 8.6%，第二产业为 9.75%，服务业最高，达到 13.7%，比初级产业高 5.1 个百分点。到了 1997 年，初级产业、第二产业和服务业的对外投资存量占总存量的比重分别为 9.1%，34.2%和 56.7%。[①] 初级产业和第二产业所占的比重大幅度下降。根据联合国专家估算，1990~2002 年，全世界制造业的 FDI 流入存量增长了 2.03 倍，其中发达国家和发展中国家分别增长 1.46 倍和 3.81 倍；而同期全世界服务业的 FDI 流入存量增长了 3.60 倍，其中发达国家和发展中国家分别是2.99 倍和 5.74 倍。[②] 这种流量结构变化使服务业成为吸引国际直接投资的主要领域。

《2004 年世界投资报告》的统计也显示，2001~2002 年，服务业占到整体 FDI 流入存量的 2/3，约为 5000 亿美元，而在 1989~1991 年仅占 44%；服务业在世界外国直接投资存量中的比重由 20 世纪 70 年代初期的 1/4、90 年代的不到一半发展到 2002 年的 60%，约 4 万亿美元，说明服务业已经取代制造业，成为 FDI 结构中的主流。而在同一时期，初级部门在 FDI 存量中的比重由 9%下降到 6%，制造业的降幅更大，由 42%降至 34%。[③] 从《2004 年世界投资报告》中不难看出服务业在国际直接投资中的比重不断上升的势头。

就中国而言，从 20 世纪 80 年代初到 21 世纪初的 20 多年间，中国利用外资，特别是利用外商直接投资已经达到了当初最主要的既定目标，即利用境外资金和海外市场，加速经济增长并扩大经济规模。从未来趋势看，虽然利用外资仍然具有推动经济增长的强劲作用，但随着国际投资方向和结构的变化以及中国国内主要经济矛盾的变化，利用外资的其他作用和功能将逐渐成长，中国经济对利用外资的需求也将逐渐发生变化，服务业吸引国际直接投资的比重将会不断提高。[④]

根据“全球 500 大公司在华投资企业概览”[⑤] 的统计资料，全球 500 大公司 1983~2003 年在中国投资设立的企业，按行业属性划分，有这样两种发展趋势：一是服务业跨国公司进入中国的数量越来越多。全球 500 强最大的 Wal-Mart Stores 1994 年 3 月开始进入中国至 2003 年 4 月，共在中国设立了各类分支机构

---

① 联合国贸发会议. 1999 年世界投资报告：外国直接投资与发展的挑战［M］. 北京：中国财政经济出版社，2000.

② 裴长洪. 中国服务业发展报告 No.4：中国服务业的对外开放与发展［M］. 北京：社会科学文献出版社，2005.

③ 联合国贸发会议. 2004 年世界投资报告［M］. 北京：中国财政经济出版社，2005.

④ 裴长洪. 论中国进入利用外资新阶段——“十一五”时期利用外资的战略思考［J］. 中国工业经济，2005（1）.

⑤ 王志乐. 2005 跨国公司在中国报告［M］. 北京：中国经济出版社，2005.

43 家，其中大部分设立于 2000 年之后；Citigroup 1990~2003 年共在中国设立各种分支机构 10 家，其中大部分也是设立于 2000 年之后。其他诸如商业服务、金融保险、电讯、软件、高技术研发、运输等行业的投资企业在跨国公司在华设立的企业中所占比重也是越来越高。二是在非服务业跨国公司在华设立的企业中，从事商业、金融保险、资产管理、研发、咨询、技术培训等服务业务的越来越多，如 Exxon Mobil、Royal Dutch/Shell、General Motor、Ford Motor、Daimler Chrysler 等都设立有上述分支机构；有些公司甚至将研发、销售中心迁到了中国，把中国作为其全球业务的研发、销售服务中心。

国际直接投资转向服务业不是偶然的。根据克拉克—配第定律，经济进步的一般规律是“劳动人口由农业转移到制造业，再由制造业转移到商业和服务业”。可见，当经济发展到一定程度时，服务业在经济结构中占据主体地位进而吸引更多的投资是经济进步的必然结果。当今发达国家服务业在 GDP 以及就业中比重普遍提高的现象就是例证。西方大多数学者认为服务业在 GDP 以及就业中比重提高的现象是一种具有普遍意义的社会转型，[①] 他们认为在经历了工业化进程后，高度发达国家进入一个以服务业为主的新的社会经济结构是社会经济发展的必然结果。当今世界的国际直接投资是由发达国家主导的，发达国家的经济结构必然影响国际直接投资的产业结构。由于服务业已经成为当今发达国家的主导产业，国际直接投资转向服务业也势在必行。

再者，从国际直接投资的产业构成与发展经验来看，国际直接投资的产业结构存在一定的演化规律：在起步阶段，投资主要集中在较为低级的产业，很多是从资源开发开始。随着世界产业结构的高级化、国家整体竞争力的增强、企业经营管理能力的增强、对世界市场的熟悉等，国际直接投资就会发生由低级产业向高级产业的转移。根据有关分析，目前在国际分工比较发达的制造业中，产品在生产过程中停留的时间不到其全部循环过程的 5%，而处在流通领域的时间要占 95%以上；产品在制造过程中的增值部分不到产品价格的 40%，60%以上的增值发生在服务领域。因此，服务业已经成为提供就业的主要行业，成为产业结构优化的主导行业，成为经济增长的重要支柱行业。服务业能否提供低成本高效率的分销服务、金融服务以及会计、审计、法律服务等，已成为判断产业结构水平高低和产业竞争力的重要指标。经济发展的直接结果是服务业在经济构成中的比重越来越高，国际直接投资转向服务业势在必行。

---

① 比较著名的观点有贝尔（1974）的“后工业社会”和福克斯（1968）的“服务经济”。

从国际产业转移的现实角度看，从20世纪90年代末以来，国际产业转移呈现出向服务业转移的特点和趋势。世界银行的统计资料显示，20世纪50~80年代，国际产业转移主要以初级产品加工和原材料为主，而且主要是由发达国家向发展中国家单向进行转移，进入20世纪90年代以后，国际产业转移不仅由发达国家向发展中国家进行，也由发展中国家和劳动密集型产业向发达国家和次发达国家转移，并且其重心开始由原材料工业向加工工业、初级工业向高附加值工业、传统工业向新兴工业、制造业向服务业转移，其中服务业中的金融、保险、旅游和咨询等服务业和资本技术密集型产业（如信息、电子产业）是当前国际产业转移的重点领域。

（二）全球服务贸易快速发展

20世纪90年代以来，作为服务业全球化的重要标志，全球服务贸易额呈现持续增长的趋势。服务贸易总额占全球贸易总额的份额从1980年的15.7%上升到2008年的18%。从1980年到2008年，全球服务贸易出口额从3650亿美元扩大到37313亿美元，其间增长了10倍以上。[①] 1980~2008年全球服务贸易额发展状况如表2-2所示。

表2-2　1980~2008年全球服务贸易发展状况

项目	金额（亿美元）			年增长率（%）								
	1980年	2000年	2008年	2000年	2001年	2002年	2003年	2004年	2005年	2006年	2007年	2008年
出口	3650	14928	37313	6.2	0.35	7.3	14.6	20	10.9	10.6	19	11
进口	4024	14766	34690	6.5	1.2	5.9	14	18.9	10.6	10.3	16	11

资料来源：WTO International Trade Statistics Database。

之所以出现服务贸易的快速发展，是因为随着经济全球化进程的不断加快和服务业成为国际转移的重点，服务全球化成为近年来经济全球化进程中最鲜明的特征和最直接的表现。服务的生产、消费和相关生产要素的配置跨国界流动，各国服务业相互渗透、相互融合、相互依存，使得服务全球化趋势不断增强。[②]

尽管受到2007~2008年发生的全球性金融危机的影响，2008年世界服务贸易未能延续2007年的快速增长态势，但从中长期来看，金融危机并没有从根本

① WTO国际贸易统计数据库（WTO Internaitonal Trade Statisties Database）统计数据。
② 江小涓，等. 服务全球化与服务外包：现状、趋势及理论分析［M］. 北京：人民出版社，2008.

上改变全球服务业转移和服务贸易发展的大趋势。过去的20多年中，许多新兴服务行业从制造业中分离出来，形成独立的服务行业，其中技术、信息、知识密集型服务行业发展最快，其他如金融、运输、管理咨询等服务行业，借助先进的技术手段，在全世界范围内迅速扩展，相应地，服务贸易的交易内容日趋扩大，其结构和竞争格局也发生了很大变化，服务贸易也逐渐由以劳动密集型为基础的传统服务贸易向以知识、技术密集型为基础的现代服务贸易转变。在服务贸易三大类别中（运输、旅游和其他商务服务），其他商务服务①是贸易额最大、增长最快的类别。1980年，运输、旅游和其他商务服务三大类别占世界服务出口总额的比重分别为36.8%、28.4%和34.8%。2008年，运输、旅游和其他商务服务三大类别占世界服务出口总额的比重分别为23.4%、25.4%和51.2%。② 这一结构性变化如表2-3所示。

表2-3 全球服务贸易部门构成

项目	出口额（亿美元）	比重（%）		进口额（亿美元）	比重（%）	
	2008年	1980年	2008年	2008年	1980年	2008年
全球服务贸易总额	37313	100	100	34690	100	100
其中：运输服务	8727	36.8	23.4	10367	41.7	29.9
旅游服务	9472	28.4	25.4	8505	26.9	24.5
其他商务服务	19114	34.8	51.2	15818	31.4	45.6

资料来源：WTO International Trade Statistics Database。

我们有理由相信，在世界贸易组织“服务贸易总协定”不断发挥作用的情况下，服务贸易的逐步自由化必将会进一步促进国际服务贸易的发展。

（三）国际服务外包兴起

国际产业转移是世界范围内产业升级与经济全球化共同作用的结果，近年来，国际产业转移的重心向服务业调整，服务业国际投资规模日益扩大，国际服务外包不断兴起，在全球范围内掀起了一场以服务外包为主的国际服务业转移浪潮，国际服务外包与服务业FDI成为承接国际服务业转移的两种主要形式。先进信息技术与通信技术的广泛应用及成本的下降，使得国际服务外包对越来越多的

① 其他商务服务（Other Commercial Services）主要包括通信服务、建筑服务、保险、金融、计算机和信息服务、专利、版税和许可证费用、咨询、会计、法律、广告及文体娱乐服务等。

② 殷凤. 开放服务经济与中国的实践［M］. 北京：经济管理出版社，2010.

厂商来说更为可行。发达国家企业将新型的高技术产业和服务业中低附加值的业务环节外包给具有成本比较优势的发展中国家的企业。国际服务外包已经成为未来国际服务业转移的一个重要趋势。①

从实践角度看，世界范围内，30 年前大部分 FDI 集中于自然资源与制造业，现在的 FDI 大约一半的存量与 2/3 的流量集中于服务业、金融、电信、物流、专业服务等。2003 年美国仅呼叫中心及数据输入工作的外包金额就高达 773.8 亿美元，全球制药服务外包业务达 3500 亿美元。据联合国贸发会议的统计数据，全球跨国直接投资已从制造业外包转向服务业外包为主，服务业外包成为跨国投资的主要引擎，预计未来几年，全球软件与服务外包市场将以 30%~40%的速度递增，2004 年、2005 年、2007 年总值将分别达到 3000 亿美元、5850 亿和 1.2 万亿美元。② 作为一种全新的商务模式和服务产业转移的重要表现方式，全球服务外包的发展势头非常迅猛，交易规模越来越大。

从服务外包的国别分布来看，世界上的大部分外包业务都发生在发达国家之间。美国、欧盟和日本等发达国家是主要的发包国家，而爱尔兰、加拿大和以色列则是主要的承接国。爱尔兰在信息技术方面的全球服务外包市场中处于领先地位，占有 25%的市场份额。印度也是重要的服务外包承接国家，2004 年印度仅软件出口与对外发包就达到了 173 亿美元。中国、东南亚国家以及东欧也正在成长为重要的服务外包东道国。具体到中国的情况，随着中国加入世界贸易组织，服务业开放的承诺逐渐兑现，又恰逢世界服务产业转移迅速发展的趋势，中国承接服务业转移将达到一个高潮。尽管与印度等国相比，中国在承接国际服务外包方面起步较晚，但中国在市场规模、人才储备、生产成本、基础设施、配套能力、发展潜力方面有很大优势。以软件外包为例，2005 年中国软件外包市场获得 55.6%的高速增长，市场收入达到 9.3 亿美元，而且这一市场仍将继续保持强劲的增长态势，2005~2010 年年均复合增长率为 41.2%。③

来自《2011 年全球服务外包发展报告》的数据也显示，2005 年全球服务外包市场规模达到 6000 多亿美元，2006 年达到 8600 亿美元，2007 年达到 1.2 万亿美元。即使是在全球金融危机中，2008 年全球服务外包依然保持了平稳增长，其中，国际服务外包发展迅速，以超过 20%的速度增长。服务外包的业务内容和

---

① 赵鸿. 国际服务外包：运行机制与效应研究 [D]. 上海社会科学院博士学位论文，2011.

② 联合国贸发会议网 http：//www.unctad.org 2009-05-25.

③ 中国外包网 http：//www.macase.cn 2010-06-26.

形式日趋多样化，加快了全球服务外包市场规模的扩张。2010年，全球服务外包行业已经逐步摆脱了经济危机的消极影响，正处于产业恢复和快速发展时期。印度2010财年信息技术和业务流程外包行业出口额达到570亿美元，比2009财年增加15%，该行业国内市场营业额将为7750亿卢比，增幅为17%；英国外包市场从2004年到2009年增长了36%，未来10年仅仅在IT领域的外包业务将增长6倍。同时，2010年第四季度的TPI指数显示，2010年全球服务外包的年度收益达到931亿美元，同比增长了2%，5年复合增长率达到了5.1%；仅2010年第四季度全球服务外包市场合同总值就达到216亿美元，环比增长了30%。[①]

印度和爱尔兰作为国际上承接服务外包最强的国家，它们发展服务外包的成功经验是，建设密集型服务外包基地，通过整合人力、物力、财力等多方面资源，充分发挥区域优势，形成合力，增强外包产业的整体竞争力，逐渐达到品牌快速形成的目的。因此，借鉴印度和爱尔兰经验，以若干有条件的城市为中心，有效地聚集区域优势，形成区域特色，应该成为我国有效承接服务外包的路径选择。中国国家商务部会同信息产业部和科技部于2006年上半年开始酝酿、实施的服务外包“千百十工程”就是我国政府重视和扶持服务外包基地建设的重要举措。“千百十工程”的目标是“十一五”期间在全国建设10个具有一定国际竞争力的服务外包基地城市，推动100家世界著名跨国公司将其服务外包业务转移到我国，培养1000家取得国际资质、具有发展潜力的优秀服务外包企业，全方位承接国际服务外包业务。商务部也已与国家开发银行、中国出口信用保险公司签订了促进我国服务外包发展的合作框架协议。根据协议，国家开发银行在5年内，为服务外包产业的发展提供总额50亿元的政策性贷款，中国出口信用保险公司将为服务外包企业提供融资担保和信用保险服务。目前，我国的服务外包基地建设已经发展成为服务外包示范城市建设。截至2011年，我国确立的服务外包示范城市共有北京、天津、上海、重庆、广州、深圳、武汉、大连、南京、成都、济南、西安、哈尔滨、杭州、合肥、长沙、南昌、苏州、大庆、无锡、厦门21个。

为了更好地发展服务外包，国家、有关部委和地方政府出台了诸多政策。这些政策主要有：商务部转发《国务院办公厅关于促进服务外包产业发展问题的复函》（商资函［2009］4号）；国务院办公厅关于促进服务外包产业发展问题的复函（国办函［2009］9号）；国务院办公厅秘书局关于落实促进服务外包产业发

① 郑雄伟. 2011全球服务外包发展报告［OL］. http：//cn.chinagate.cn/indepths/waibao/2011-05-23.

展政策措施工作分工的函（国办秘函〔2009〕16号）；财政部 国家税务总局 商务部 科技部 国家发展改革委关于技术先进型服务企业有关税收政策问题的通知（财税〔2009〕63号）；人力资源社会保障部 商务部关于服务外包企业实行特殊工时制度有关问题的通知（人社部发〔2009〕36号）；财政部 商务部关于做好2009年度支持承接国际服务外包业务发展资金管理工作的通知（财企〔2009〕44号）；商务部办公厅关于中西部等地区国家级经济技术开发区服务外包基础设施项目享受中央财政贴息政策的通知（商办资函〔2009〕81号）；工业和信息化部关于支持服务外包示范城市国际通信发展的指导意见（工信部电管〔2009〕107号）；教育部 商务部关于加强服务外包人才培养促进高校毕业生就业工作的若干意见（教高〔2009〕5号）；等等。地方政府尤其是服务外包示范城市也出台了相应的政策措施。无论是国家、有关部委，还是地方政府出台的政策措施，都对我国服务外包发展起到了积极的推动作用。

二、服务外包兴起和发展的原因

1. 全球经济竞争的加剧

逐渐加剧的全球经济竞争在很大程度上推动了中国软件外包的不断发展。20世纪70年代以后，企业不再像“二战”前后时期那样面向国内市场，而是面对着一个急剧变化的全球市场，随之而来的则是越来越高的顾客需求，越来越多的竞争对手以及越来越短的产品生命周期。企业在全球经济一体化的发展态势及竞争压力下，不得不变更业务流程，重组战略性资源，通过采取服务外包等形式在竞争激烈的环境下求得生存与发展。在面对激烈的竞争时，以跨国公司为核心的企业投资大大促进了国际服务外包的发展。

（1）发包国对低成本的追逐。当前，发达国家在全球寻找低成本的承接方是其提升竞争力的一个途径。由于人力成本占软件开发成本的比重为75%左右，因此成本的降低关键是降低人力资本的成本。发达国家通过对发展中国家软件行业中廉价劳力的利用，使企业的软件开发成本缩减，这正是国际软件业务外包集聚发展的原因。在一些发展中国家，如中国、印度等国员工的工资水平与美国有很大的差异。同一个软件工程师在美国的小时工资是在印度的10倍。美国的软件开发人员的平均年薪与印度和中国相比也是悬殊很大。加之近些年来迅猛发展的信息技术水平，使得IT人才普通缺乏，在一些欧美国家的IT专家工资甚至每年以超过60%的速度增长，对于这样巨大的工资压力，欧美企业不得不开展服务外包。另外，低赋税引起的成本节约也是促进国际服务外包发展的一个原因。例如，德国和斯洛文尼亚收入税相差悬殊，德国就可以向低收入税的斯洛文尼亚转移非核心业务。在企业内部提供软件服务的过程中，有可能会出现难以确定成本和效率的问题。外包则可以避免这类情况，使得成本可以清晰界定，实现成本的可预期。

从交易成本的角度看，有些学者认为国际服务外包的成本要综合囊括直接生产成本和在寻找外包伙伴及合同执行等过程中产生的交易成本。当节约的生产成本远高于增加的交易成本时，总成本就会得到很大程度的缩减，国际服务外包才会体现出应有的价值。通常来说，发包方由于软件的外包会增加商业风险（如沟通风险、侵犯知识产权、泄露商业机密等）和额外经营耗费（如选择软件服务方、传递需求分析、控制软件外包风险等），因此，软件服务外包需要更加谨慎。

（2）发包国对自身效率的提升。成本降低仅仅是国际服务外包发生的起因，大部分国际服务外包企业将业务外包出去是为了降低成本，以便于提升自己经营的业务的品质。追求低成本是发达国家向低成本国家发包业务的初始原因，当业务逐渐展开后，经营目标慢慢转移至革新知识和效率提升上。效率提升的根源集中在两方面：一是对大部分非IT企业来说，其核心业务优势并不在软件开发上面，即使在一些软件开发企业的内部，其核心业务也是位于高端环节，并非处于劳动力密集、技术含量低等低端环节，所以，很多软件企业依旧会向承包方外包这些业务；二是基于外包工作标准化的特性，服务承包方通常有专业的手法使其工作能够保质保量高效地完成，达到既能提升竞争能力又能提升产品效益的双重目的。除此之外，比起发达国家的IT人员，在承包国进行外包工作，其员工的工资待遇会更高，在工作岗位上就会表现得更为优秀。

2. 信息技术、科技网络的快速发展

随着电信、网络等信息科技迅速发展，经济社会处理、协作、掌握和传播信息的能力也不断提升。这些基础设施的飞速发展为国际服务外包产业的模式更新提供了基础。

（1）科技进步使诸多服务成为可贸易产品。随着科学技术和交通运输的不断发展，外包的成本慢慢降低。由于服务产品逐渐被标准化，在通过电子进行长途传输时仍然能够保持较高质量，因此贸易品和非贸易品间的界限不再明显，可贸易品的范围逐渐扩大。另外，伴随着科技的进步，新型的、逐渐细分的、模块化和数字化的服务贸易体系正在形成，为国际服务外包和异地服务提供了技术条件，这也为服务变为可贸易品打下了基础。

（2）信息科技大大降低了交易成本。互联网的核心价值在于提供低成本的接入数据。技术水平的革新不再以规模经济为主导，而是通过降低电信服务的成本使产业呈现出垂直分工和积极竞争的状态。现阶段，优良的电信服务保证了软件等服务行业跨境交易的顺利实施，也降低了交易的成本，进而促进了国际服务外包的发展。

3. 政府及国际组织的积极态度

（1）接包方政策的吸引力。20 世纪 90 年代，由于信息科技的不断发展和进步，计算机技术在经济社会发展中起到了越来越重要的作用，并推动了国际软件市场的不断扩大。随着发达国家相关专业人才短缺的日益加剧，拥有高素质劳动力的发展中国家在国际软件行业市场上获得了发挥作用的机会。由于跨国公司的离岸外包业务能为发展中国家带来更多的商品出口机会和就业渠道，跨国产业的投资还能为发展中国家引入先进的技术支持，因此，很多东道国都通过一些优惠的税收及信贷政策条款，鼓励跨国公司先进技术的转移，并在当地设立分支研究机构。近几年，一些发展中国家通过培养优良的人力资源、配套基础设施、建造研究机构等来加大对跨国公司前来投资的吸引力，进而带动服务外包产业的发展。

（2）国际组织的助推作用。世界贸易组织、联合国贸易和发展会议等国际组织都对国际服务外包的发展制定了不同的促进政策和措施，这些组织同样也对国际服务外包的进一步发展产生着巨大的影响。

服务外包发展除了取决于以上几个基本因素外，还要满足以下条件：其一，服务产品的国际标准化程度。如果缺乏或不执行国际化的标准，服务贸易合同就很难达成。即使有合同，由于缺乏标准，也难以分包给国外的服务承包商，合同也无法执行和检查。服务的国际标准化程度越高越统一，服务外包选择的余地就越大，发展的空间就越广阔。其二，法律构架应尽可能一致或接近。服务外包会涉及金融、贸易、文化、教育等方面的法律、法规。各国的法规不同，必然妨碍服务外包的发展。解决这个问题，首先要依靠 WTO 制定有关条例。各国政府也要加强协商和沟通。其三，语言（英语）水平差异。印度、菲律宾等国的服务外包之所以发展快，同那里的英语水平高有很大的关系。英语是网络上的主要用语，也是服务外包方面的主要用语。它在相当大的程度上影响甚至决定服务外包的发展。其四，基础设施尤其是电信设施的完备程度。如果说标准、法律和语言属于软件，那么基础设施则是硬件。网络、计算机、电话、传真等是发展服务外包的必要条件，而这些条件的实现程度在根本上取决于电信设备的完善程度。[①]

三、服务外包的运行机制

服务外包的核心是发包企业将原来在内部从事的非核心服务外化为一个投资项目或专业服务公司发包给企业以外的服务提供者去完成。服务外包主要分为信息技术外包（ITO）和商务流程外包（BPO）。ITO 的业务范围主要有 IT 系统操作服务、IT 系统应用管理服务和 IT 技术支持管理服务等，软件外包是 ITO 的主要外包形式。BPO 的业务范围主要有需求管理、企业内部管理、业务运作管理、供应链管理等，BPO 的业务形式主要有金融与财务分析服务、呼叫中心、客户服务、采运服务、市场调查与分析等。图 2–1 和图 2–2 显示的是 ITO 和 BPO 的典型业务流程。

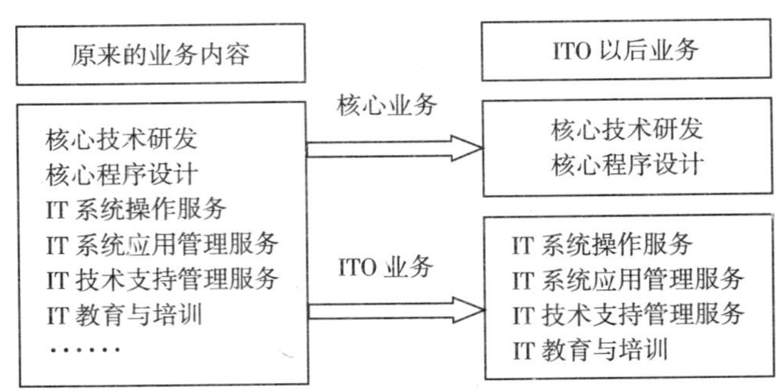

图 2–1 ITO 典型业务流程

从以上业务流程我们可以看出，无论 ITO 还是 BPO，都是企业实施归核化战略的具体体现。企业为了降低自身的运营成本，提高效率，在保留自身核心业务的同时，把辅助性的非核心业务系统化后通过电子系统外包给国外的服务外包公司（张磊等，2006）。而国外的专业外包公司则通过互联网将这些辅助性业务程式化和程序化，为发包企业提供专业服务。

① 杨圣明. 关于服务外包问题［J］. 中国社会科学院研究生院学报，2006（6）：23–28.

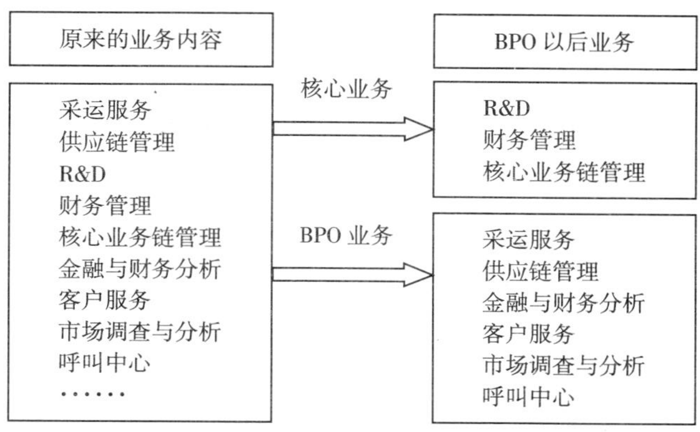

图 2-2 BPO 典型业务流程

服务外包的基本运行平台是互联网，发包和承包双方的业务交易一般都是通过互联网来完成的。从图 2-3 反映的服务外包流程的运行机制中可以清楚地看出，互联网（电子拍卖系统）在整个业务流程运行中所起的关键作用。

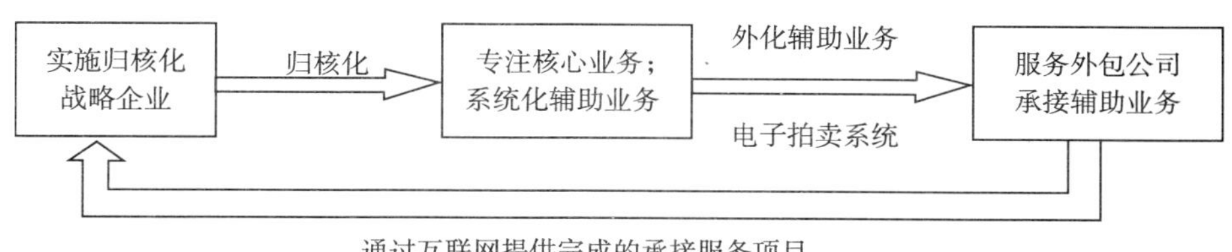

图 2-3 服务外包流程运行机制

图 2-3 显示的运行机制也说明，与传统制造业相比，服务外包受时间和空间的制约很小，物流、产业配套要求不高。对于承包方来说，不需要处在地理位置优越的沿海地区，只要有便捷的互联网等通信工具就可以从事服务外包活动。服务外包这种业务形式为地处内陆的地区直接参与国际分工、利用外资创造了难得的发展机遇。因此，大力发展服务外包将有助于我国中西部地区利用外资，进而有助于我国利用外资的地区均衡发展。

四、服务外包适用法律框架

服务外包的迅速发展，引起了各参与国和参与企业之间的利益冲突，服务贸易争端随之而来。这些利益冲突和争端发生的领域主要涉及数据资料保护、劳工权利、知识产权、移民、投资、环境保护、税收、贸易出口控制和国家安全等。和贸易与投资争端发生时需要相应的法律进行协调一样，服务外包利益冲突与争端的发生，也需要相应的法律进行协调和解决。迄今为止，国际经济领域尚无直接解决服务外包争端的法律文件。参考有关国际法律文件，结合服务外包的特征，我们初步设定一个协调服务外包争端的法律框架。构建这一法律框架的原则是，将不同的服务外包争端进行归类，并充分利用现有的法律文件和执行机制来解决不同类别的服务外包争端。当然，也不能否认的是，有些争端与冲突可能需要几种法律共同解决。根据这一原则，本书将服务外包领域的争端归结为与服务贸易有关的争端、与知识产权有关的争端、金融服务外包争端和软件服务外包争端及其解决等相关的法律问题。

第三章　与服务贸易有关的服务外包法律问题

与服务贸易有关的服务外包是国际服务外包业务中最主要的业务内容。尽管世界贸易组织《服务贸易总协定》对服务贸易的内容、类型、方式等方面进行了明确的规定，为解决服务贸易争端提供了法律保障，但关于与服务贸易有关的服务外包问题尚无成熟的文件或者法律条款。随着与服务贸易有关的服务外包的发展，服务外包的提供方式问题、原产地问题、自由化问题等都逐渐成为影响甚至限制其发展的障碍。本章我们主要分析如何通过制度设计或者法律框架构建来提供解决这些问题的思路和方案。

一、世界贸易组织服务贸易总协定与服务外包

世界贸易组织《服务贸易总协定》（General Agreement on Trade in Service，GATS）是世界贸易组织管辖的一项多边贸易协议，是规范各国服务贸易行为的最重要的国际条约。《服务贸易总协定》开头部分就指出了本协定的宗旨："希望建立一个服务贸易原则和规则的多边框架，在透明和逐步自由化的条件下扩大服务贸易，以此作为促进所有贸易伙伴的经济增长和发展中国家发展的手段；渴望通过连续回合的多边谈判，在对国家政策目标给予应有的尊重的同时，在互利的基础上促进所有参与方的利益，并保障权利和义务的全面平衡，从而早日逐步达到更高水平的服务贸易的自由化。"[①] 针对各国制定服务贸易的管制法规和政策，总协定特别指出："承认各成员有权对其境内的服务提供进行管理

---

① 薛荣久，张汉林. 国际服务贸易［M］. 北京：中国大百科全书出版社，1995.

并对此制定新的法规以符合其国内政策目标，以及在不同国家的服务法规发展程度存在不平衡的情况下，发展中国家尤其需要行使这一权利。”[①] 世界贸易组织《服务贸易总协定》的这些规定为协调服务外包冲突和解决争端提供了充分的国际法依据。

显而易见，作为全球范围内规制国际服务贸易原则与规则的多边框架，GATS 的目的是在透明和逐步自由化的条件下扩大服务贸易，并以此为手段促进所有贸易伙伴的经济增长及发展中国家的发展。它是世界经济一体化的结果，是关贸总协定的延续，反映了谈判各方经济上相互依赖又互有矛盾以及法律上、文化上的相互渗透。[②] GATS 的达成是不同经济发展水平、不同法律、不同文化背景的国家和地区共同努力的结果，在一定程度上反映了每个谈判方的需要。对国际经济秩序的发展、经济交往的进行等有着重要和深远的影响。[③]

GATS 对服务贸易的调整主要是将各成员国的义务分为一般义务与具体承诺的义务。一般义务适用于所有的服务行业及其分部门，是成员应当普遍承担的义务，主要包括最惠国待遇、透明度原则、发展中国家的参与、经济一体化、紧急保障措施和一般例外等；具体承诺的义务则指只有成员在其具体承诺表中做出承诺后才承担的义务，因此只针对成员在其承诺表中所开放的服务部门。这种划分义务的方法使得成员在服务贸易领域遵守共同的原则性规定和普遍义务，同时为各成员根据本国服务业发展的实际情况来具体安排其市场开放计划留足了空间，使本国的服务业不至于受到过大、过强烈的冲击，同时也能促进成员间相关承诺和协议的达成。GATS 对服务贸易的调整主要是依靠具体承诺表来规范各国的服务贸易行为。在具体承诺中，成员主要承担市场准入和国民待遇两方面的义务，这也是服务业对外开放的基础和核心，决定着一国服务业是否对外开放和具体如何开放，其中市场准入决定了服务业进入市场的条件，而国民待遇则解决进入市场后的地位问题。[④]

在确定具体承诺的义务时，GATS 的市场准入和国民待遇义务并不是自动适用于各服务部门的，而是要通过成员方对其拟开放的服务部门进行谈判。在关于服务贸易市场准入和国民待遇具体承诺的谈判过程中，每个成员先就自己拟开放的服务部门和方式“出价”，并就希望其他成员开放的服务部门和方式“要价”，

---

① 薛荣久，张汉林. 国际服务贸易［M］. 北京：中国大百科全书出版社，1995.

② 王贵国. 世界贸易组织法［M］. 北京：法律出版社，2003.

③ B.霍克曼. 评服务贸易总协定［R］. 世界银行论文集，2000.

④ 张瑞萍.《服务贸易总协定》基本原则评析［J］. 当代法学，1998（3）：12.

再经过双边和多边谈判，就自己服务业的开放水平做出最终承诺，并编制一份具体承诺表。[①]各成员方有权决定在其具体承诺表中列入承担市场准入和国民待遇义务的服务部门及服务提供方式，并可以就这些服务部门及服务提供方式维持一些条件和限制，未列入表中的服务部门不受市场准入和国民待遇义务的约束，未列入表中的条件和限制也就必须加以取消。[②]当然具体的承诺也与本国对相关服务部门的政策有关。

作为与服务贸易有关的服务外包也同样可以用以上 GATS 规制服务贸易的方式予以调整。例如，在服务外包领域中比较常见的“管理咨询服务”，一个国家要开放该部门，就会针对该部门和具体提供方式“出价”，并会对其他成员开放的服务部门如“法律部门”进行“要价”，最终根据双方的谈判情况做出承诺。举例来说，根据《中华人民共和国加入 WTO 议定书》附件九——《服务贸易具体承诺减让表》中所列的承诺，“管理咨询服务”通过“跨境提供”及“境外消费”两种方式提供时在市场准入和国民待遇方面都没有进行限制，属于完全开放的，而通过“商业存在”的方式提供管理咨询服务时则在市场准入方面要求“仅限于合资企业形式，允许外资拥有多数股权。中国加入世界贸易组织后 6 年内，取消限制，允许外国公司设立外资独资子公司”。[③]由此可以看出，GATS 对外包服务的调整主要是在各国谈判中针对某一服务部门根据不同的服务提供方式制定不同的承诺义务来进行的，当然在遵守各国的具体承诺义务的同时，一般义务也是普适的，如最惠国待遇、透明度等义务。

与服务贸易有关的服务外包可能发生争端的领域主要有服务提供方式、原产地、自由化限制措施、服务方式分类等方面。下面我们逐一对这些问题进行分析。

二、服务外包与对应的服务提供方式

GATS 框架下，服务贸易有四种服务提供方式。服务外包与服务提供方式具

---

① 王传丽. 国际经济法［M］. 北京：高等教育出版社，2005.

② 房东. WTO《服务贸易总协定》法律约束力研究 ［M］. 北京：北京大学出版社，2006.

③《中华人民共和国加入 WTO 议定书》附件九——《服务贸易具体承诺减让表》中 c.管理咨询服务（cpc865）。

有一定的联系性，存在着一定的对应关系。由于国际外包的服务是以“跨境提供”和“境外消费”的方式提供，所以本部分所讨论的问题实质上就是对 GATS 框架下的服务提供模式“跨境提供”和“境外消费”的区分问题，主要分为以下几步进行分析：

（一）GATS 关于服务贸易的提供模式分类

无形性和不可储存性等特点，决定了服务贸易可以采取多种方式提供。GATS 第 1 条第 2 款将“服务贸易”具体界定为通过四种模式提供服务。

1. 模式一：跨境提供（Cross-border Supply）

这种方式是指从一成员境内向另一成员境内提供服务。在多数情况下，这是最直接的服务贸易方式，类似于传统的货物贸易方式，服务提供者和消费者在地域上分处于不同成员国境内，只有服务本身跨越国境。该模式的提供不涉及资金、设备和人员的移动。例如，在法国的建筑师通过传真向在中国的客户提供建筑设计的草图，或中国的计算机编程人员通过互联网向美国的客户发送软件。

2. 模式二：境外消费（Consumption Abroad）

这种方式是消费者移动到服务提供者所在场所接受服务，因此境外消费也称为“消费者移动”。从提供者角度而言，境外消费是在一成员境内对另一成员的服务消费者提供服务。这种方式更多地与旅游业有关，但也涉及医疗服务、健康治疗以及教育活动等。

3. 模式三：商业存在（Commercial Presence）

这种方式是指一成员的服务提供者在另一成员境内设立经营企业或专业机构来提供服务，如一国公司到另一国开办饭店或零售商店、银行开设分行、保险公司开设子公司等。这里的“商业存在”不仅包括严格意义上的法人，还包括某些共同特征的法律实体，如公司、合资企业、合伙、代表处和分支机构等。

4. 模式四：自然人移动（Movement of Natural Persons）

这种方式是指一成员的服务提供者到另一成员境内对消费者提供服务，也称为自然人存在（presence of natural persons）。服务消费者和提供者之间的接触通常是必要的，这不仅可以通过提供者设立商业存在的方式进行，也可以通过自然人存在的方式来完成服务提供。这种移动是暂时性的，目的是提供服务。主要包括以下几类人员：公司内部调任人员（intra-corporate transferee）、商业访客（business visitor）、合同服务提供者（contractual service provider）和独立专家（independent professional）。此外，自然人移动还涉及自然人的资格认可、签证程序和入境管理措施等问题。

（二）GATS 框架下服务模式区分对服务外包的影响

由于服务外包并非一个具体行业，而是涉及服务贸易的各个行业，所以 GATS 对服务外包自由化的限制与发展更多是通过对各种服务提供方式的限制来实现的。如果一成员国在其承诺表中列明了某服务部门，则它就应当承担相应的市场开放义务，并且需要通过区分四种服务提供方式来进行承诺，因此，准确区分相关服务属于哪种服务提供方式是至关重要的。现实中诸多服务的服务模式归类是一个很棘手的问题，而且随着信息技术的发展，服务外包领域出现了以电子传输为手段的多种服务，如电子商务、金融服务、BPO 等，如何对这些新的服务准确地归类是进行承诺的前提。因此，分析服务提供方式对于 GATS 承诺的重要性在于明确目前成员在 GATS 框架下的相关承诺状况，从而更具针对性地促进服务外包的发展。

确定 GATS 成员方司法管辖权是一个重要问题。例如，一位中国消费者在一家英国的网站购买了一项服务，如果我们将其视为跨境提供，则该项服务是从英国提供到中国境内，那么相关交易就很可能被认定为发生在中国的司法辖区内，而应由中国进行管辖；但如果我们将其视为境外消费，则该项服务是在英国境内提供给中国消费者的，那么相关交易就有可能被认为发生在英国的司法辖区内，而应由英国法院管辖。所以，以模式一的方式进行的服务交易被认为是发生在购买者所在国，所以交易使用进口国的管理制度；相反，以模式二的方式进行的服务贸易则应适应提供者所在国的相关管理体制。一般而言，各国在模式二下承担了更多的开放义务，相较其他提供方式，成员方在服务部门中对模式二所做出的具体承诺要自由宽泛得多。而这种模式区分的主要问题体现在以电子传输方式进行的服务，包括信息技术服务、金融服务、ITO 与 BPO 服务。根据“跨境提供”模式与“境外消费”模式之于服务外包问题的重要性以及电子传输服务对传统模式的影响，我们下面将以服务外包为背景，重点分析 GATS 框架两个模式之间的区分和电子传输服务对传统模式影响两个问题。

1.“跨境提供”模式与“境外消费”模式的区分

“跨境提供”（模式一）是“自一成员领土向任何其他成员领土提供服务”，不涉及服务提供者以及消费者物理位置的移动，而是服务自身发生了跨境的位移。国际运输服务、通过电信和邮件提供的咨询服务以及跨境提供的货物所包含的服务（如电脑中储存的软件程序）等都属于这类服务。在乌拉圭回合谈判中，尽管各参加国对拟议中的多边规范应包括的服务贸易形式存在不同的意见，但对于纳入这种方式却并无分歧。[①] 而“境外消费”模式（模式二）是“在一成员境内向任何其他成员的服务消费者提供服务”，其基本特征在于服务是在消费国领域之外交付和使用的，消费国只能借助于对本国服务消费者施加限制来影响这种形式的服务贸易，不可能对服务和服务提供者进行直接管理和限制，因为它无法对自己境外的服务交易行使管辖权，监管较为困难。对于这种类型的服务贸易的管制，大多数情况下消费国都是鞭长莫及，这也正是此种形式服务贸易自由化程度最高的重要原因。[②] 由以上概念可以看出，二者的区别主要是“跨境提供”不涉及服务提供者和消费者的移动，而“境外消费”则涉及消费者的移动。二者区别的关键在于“服务究竟是从另一成员向服务消费者所属的成员国提供，还是完全在服务消费者所属的成员境外提供”，[③] 因此确定服务交付地就成了区分的重要标准。在使用电子传输方式的离岸服务外包领域中，服务交付地往往模糊不清。例如，有的学者认为，在电子商务领域应当是消费者的接收终端所在地，有的学者则认为是服务器所在地，消费者的物理位置已不再是确定服务提供地的唯一依据。

2. 电子传输服务对传统模式划分的影响

GATS 所规定的四种服务提供模式中，“跨境提供”与国际外包服务的关系最为密切。实际上跨境提供包括很多种服务类型，如国际运输、通过电信或电子邮件所提供的服务以及出口货物中所包含的服务等，电子传输（Electronic Transaction）也是其中的一种。这个问题主要集中在电子传输服务的归属上，而对电子传输服务模式归属问题主要是在模式一和模式二之间界定的。正如前面所述，电子传输模糊了服务提供或接受服务的物理位置变换这一界限，而且在决定服务交付地点时，消费者的客观存在也不再是必要的实质性标准。

几乎所有的 ITO 服务和 BPO 服务都可以通过电子传输的方式进行。在信息技术发达、网络普及的今天，大多数商业部门都已经实现了资料信息化和办公电子化，以信息为基础的 ITO 服务和 BPO 服务就更不例外了。例如，美国的一家管理公司向中国客户提供管理服务，并不需要美国公司的工程师、电脑软件设计师和金融分析师全部亲自到中国来向其客户提供面对面的服务，只需要在美国境

---

① 房东. WTO《服务贸易总协定》法律约束力研究［M］. 北京：北京大学出版社，2006.

② WTO. Market Access：Unfinished Business（special studies 6），2001.

③ 世界贸易组织秘书处编著. 电子商务与 WTO 的作用贸易、金融和金融危机金融服务自由化和《服务贸易总协定》［M］. 对外贸易经济合作部世界贸易组织司译. 北京：法律出版社，2002.

内通过网络和电子传输方式对中国客户的资料进行分析和整理，并提出相关建议就可以了。这样，美国公司不但将服务从美国境内提供到中国，而且不用离开美国国境就可以完成对中国客户所有的管理服务。这是典型的模式一和模式二的重合问题，也是几乎所有类型的ITO和BPO服务都会存在的问题。

随着网络的发展，这类问题还会不断增加，因此也就可能引致出越来越多引发争议的情形。随着金融服务领域出现越来越多的新型服务，如网上银行、在线股票交易等，这一分类问题也涉及了金融服务。例如，一国对某种电子化交易的金融服务给予模式二下的完全市场准入，那么如果电子传输被归为模式一，其市场开放程度就不会受到影响。一般而言，各国在模式二下承担了更多的开放义务，相较其他三种提供模式，成员方在服务部门中对模式二所做出的具体承诺要自由宽泛得多。正如下文所分析的，GATS各成员方在不同服务部门中对模式一“跨境提供”，尤其是在国民待遇领域规定了大量限制措施，而多数情况下，成员方在承诺表中对模式一所适用的限制措施，在其对模式二的承诺中都不会出现。因此，将电子传输归类于模式二对各国市场开放程度的影响比较大，如对于电子传输的净出口国，如果这种服务提供方式被归类于模式二，那么它们就能获得更多的市场准入。

（三）几种主要的服务外包业务与服务提供模式对应问题

迄今为止，国际服务外包领域的业务主要发生在信息技术外包（ITO）和商务流程外包（BPO）以及金融服务外包几个方面。下面，我们分别对这几个领域的外包提供模式归类问题进行分析。

1. 信息技术外包（ITO）和商务流程外包（BPO）的服务提供模式归类问题

信息技术外包（ITO）的业务范围主要有IT系统操作服务、IT系统应用管理服务和IT技术支持管理服务等，软件外包是ITO的主要外包形式。商务流程外包（BPO）的业务范围主要有需求管理、企业内部管理、业务运作管理、供应链管理等，BPO的业务形式主要有金融与财务分析服务、呼叫中心、客户服务、采运服务、市场调查与分析等。无论是ITO还是BPO，其基本的运行平台都是互联网，发包和承包双方的业务交易一般都是通过互联网来完成的，互联网（电子拍卖系统）在整个业务流程运行中起着关键作用。与传统制造业相比，服务外包受时间和空间的制约很小，物流、产业配套要求不高。对于承包方来说，不需要处在地理位置优越的沿海地区，只要有便捷的互联网等通信工具就可以从事服务外包活动。以信息技术为基础的ITO服务和BPO服务借助电子传输得以迅速推广。

英国的一家会计事务所向中国的一位企业客户提供财务账目的相应管理服务，并不需要其事务所的会计师远赴重洋定期来到中国与中国客户面对面提供服务，而只需中国客户将自己的财会报表、相应的销售统计数据等资料通过网络传输给该公司，该会计事务所在英国的办公机构召集其工作人员对中国客户提供的资料进行分析和计算，再将结果通过电信或网络汇报给中国客户，并提出相关建议，而中国客户则通过网上银行的划账即可支付费用。这样，该企业的财会业务的离岸外包就结束了，完全跨越了地域的界限。但这次服务在归类上却产生了疑问，正是由于电子传输技术的应用，导致了消费者物理位置的无意义，也导致了“跨境提供”与“境外消费”区别的模糊问题。

2. 金融服务外包的服务提供模式归类问题

金融服务包括保险及与保险相关的服务、银行及金融信息服务和其他各类金融业务。金融服务外包就是将保险及与保险相关的服务、银行及金融信息服务以及其他各类金融服务中非核心的业务外包给其他企业去做。例如，英国的渣打银行、汇丰银行，美国的花旗银行等世界著名的金融机构在中国境内设立分行（即外国公司的分支机构），这些分行既可以向其母国提供金融服务，向中国提供金融服务，还可以向法国、意大利等第三国的市场提供金融服务。正是由于提供金融服务的银行可以通过电子信息技术来进行，从而避免了地域上的障碍。在金融服务的提供过程中也存在着服务模式的区分问题。中国境内设立的英国汇丰银行中国分行向在中国经商的英国公民提供了存款业务服务，在该情况下，既属于英国的服务消费者到中国境内接受服务，也属于英国的汇丰银行通过在中国境内建立分支机构提供服务，因此汇丰银行提供的服务既符合模式“境外消费”的规定，又符合“商业存在”的规定。东道国若想根据 GATS 框架对此类金融服务活动做出承诺，进行管理，必须先确定该服务究竟属于何种服务提供模式。伴随信息技术的发展，更多的新型金融服务类型如网上银行、在线股票交易等不断出现，新的服务类型也同样会导致有关 GATS 模式区分模糊问题。因为这些新型的金融服务更加依赖电子信息技术，因而由电子信息技术引起的服务模式区分模糊问题也必然继续存在，甚至还可能涉及与“商业存在” 模式进行区分的问题。[①]因此，随着各国金融市场的不断开放及信息技术的不断发展，新的金融服务类型还将不断涌现，模式区分问题不可回避，亟待解决。

---

① 因为诸多金融服务外包是靠外包服务承接方通过在东道国设立商业存在的方式来提供服务的，因此国际服务外包与“商业存在”也存在直接关系。

三、服务外包的原产地问题

（一）问题的提出

原产地规则是世界贸易体制中不可忽视的制度之一，被形象地称为商品的“经济国籍”，直接决定了该产品在国际贸易中受到的待遇，因此是贸易制度中的重要方面，在贸易自由化的进程中，其独特地位越来越得以彰显。

服务外包的原产地问题是 GATS 面临的一个非常直接的实际困难。法定的服务提供者当服务承包方与服务消费者签订合同时，并不知道谁会是实际服务提供者。尤其是在很长一段时间之后才需要提供服务的情况下，[①] 实际服务提供者的确定和选择将会被一直延迟到即将提供服务的时刻。服务外包合同中规定的服务提供者可能并非实际的服务提供者，那么，后者应如何确定，GATS 又能否适用于后者呢？无法准确地识别服务提供者会导致对相关服务适用 GATS 时的不确定性。例如，实际服务提供者的所属国是否为 GATS 的成员方？如果是，则其是否与服务消费者一方所属国根据 GATS 达成了经济一体化的协议？或者实际服务提供者的所属国是否属于发展中国家？[②] 在服务外包中应如何确定服务的实际供应商以及外包中的各方又应如何对 GATS 进行适用需要加以鉴别。

（二）GATS 服务原产地规则的规定

乌拉圭回合谈判达成的《原产地规则协定》仅仅适用于货物而不包括服务，在现有的 WTO 框架下，服务原产地的确定有赖于对 GATS 相关条文的理解。但 GATS 在谈判中并没有预料到服务原产地造成的特殊困难，因此对这一问题缺乏明确规定。

根据 GATS 现有规定，“另一成员的服务”，在 GATS 第 1 条第 2 款界定的四种服务提供方式和第 28 条（f）项对“另一成员的服务”的解释中，使用了“来

---

① 比如，只有在设备安装完成之后，才需要管理和培训的服务。

② 石静霞，陈卫东. WTO 国际服务贸易成案研究 1996~2005［M］. 北京：北京大学出版社，2005.

自”或“在……之内”（from or in）等词，[①] 这些概念实际上与服务的原产地有关。但由于服务的特殊性，《关贸总协定》（GATT）在传统上确定货物原产地的方法——“最后的实质性改变”（last substantial transformation）标准难以适用于服务，因为对于大多数服务贸易而言，获取和确认相关信息的难度很大，“服务”也都是“从无到有”的，而不像货物那样经过“实质性”加工后就可以改变其原产地。对货物贸易而言，原产地规则追求的是法律身份和经济身份的统一，而且法律上的身份确定具有“在先性”和“一次性”的特点。而服务贸易则明显不同，服务贸易特征决定了只有当服务提供完毕后才能最终确定其原产地。[②] 在服务贸易中，服务与服务提供者的待遇通常联系在一起，因此在考虑服务原产地问题时，往往会受到服务提供者来源因素的影响。鉴于确定货物原产地的规则并不能适用于服务，[③] 并且考虑到服务与其服务提供者的密不可分性，服务的原产地标准往往基于生产者的国籍或增加值标准（value added threshold）来确定，但后者因过于复杂而难以实施。

目前国际协定中的服务原产地规则，可以被描述为基于国籍、所有权和控制等与生产者相关的标准，与过于详细的货物原产地规则相比，其限制较少，也更容易证明。[④] 这实际上是将服务的原产地建议为服务提供者的来源地，而服务提供者的来源地可以通过国籍、所有权和控制等因素来确定。事实上，GATS 第 28 条就服务提供者的原产地（其实是国籍）确定了若干原则——自然人的国籍和永久居留规则以及法人的实际拥有和控制规则。

（三）服务外包引起的实际服务提供者问题

服务外包涉及法律意义上的服务提供者和经济意义上的服务提供者。所谓法律意义上的服务提供者，是指在相关原始服务合同中列明的承担相应服务义务的合同方；经济意义的提供者，是指抛开合同中列明的服务方，实际真正提供服务

---

① 根据 GATS 第 28 条（f）项的规定，“另一成员的服务”：（i）指自或在该另一成员领土内提供的服务，对于海运服务，则指由一艘根据该另一成员的法律进行注册的船只提供的服务，或由经营和/或使用全部或部分船只提供服务的该另一成员的人提供的服务；（ii）对于通过商业存在或自然人存在提供的服务，指由该另一成员服务提供者所提供的服务。

② Aly K. Abu-Akeel. Definition of Trade in Services Under the GATS: Legal Implications [J]. The Gorge Washington Journal of International Law and Economics, 1999, 32 (2): 208-209.

③《原产地规则协定》第 1 条第 4 款规定：“就本协定第一部分至第四部分而言，原产地应定义为任何成员为实施货物原产地而实施的普遍适用的法律法规与行政裁决……”

④ Bernord Hoekman. Rules of Origin for Goods and Services -Conceptual Issues and Economic Considerations [J]. World Trade 81, 1993.

的服务者，也就是符合原产地规则的实际服务提供者。例如，根据一份合同规定，一套大型设备的提供者同时也有义务提供某些附属服务（如安装、调试、管理和培训相应的操作人员等），根据专业分工的发展趋势，该提供者可能会将这些附属服务职能的全部或部分进行外包，但在买卖合同中，该设备提供者可能不会向买方明确实际的服务提供者。在实践中，对某些服务的需要可能是在相当长的时间之后，因此实际服务提供者的选择可能也会相应地推后。在这种情况下，原始合同当事人可能会针对所提供服务的范围、费用、服务提供计划以及服务所应达到的质量标准等方面进行若干原则性的规定，通常将其表述为“这些服务将根据国际承认的标准提供，或由一家国际知名公司提供”等。[①]

因此，在服务外包领域，许多服务出现了合同上的服务提供者（法律意义上的提供者）与实际服务的提供者（经济意义上的提供者）相分离的情况，这使得服务的原产地确定由于规则不详尽而比较困难。在服务外包领域，实际提供者的问题使之进一步复杂化了，这种情况下就要越过法律意义上的服务提供者而追寻实际服务提供者，这样才符合原产地的经济学原理。例如，有学者举例说：“假如芝加哥的商人从哥伦比亚购买一包咖啡，分包后卖给法国的零售商，法国便会认为相关咖啡的原产地是哥伦比亚而不是美国。假如货物贸易的情形是如此，那么由美国服务管理公司将巴西的工程设计、计算机程序以及金融分析报告归纳整理后向埃及提供为何应被视为源自于美国而不是巴西的服务呢？在这一假设中，美国公司是相关服务的生产者（法定服务提供者），美国是服务生产者的国籍国从而也是代表该公司依据服务贸易总协定提出请求的国家。然而，美国并非相关服务的经济产地。”[②] 这种越过合同意义上的服务提供者而去追寻服务的真正来源以确定服务实际提供者来源的做法，充分体现了原产地规则的经济学原理和实质，也就是确定服务的来源，而不仅仅是服务提供者的来源。仅仅考虑服务提供者而不考虑实际的服务来源是违背原产地本意的。但真正追寻服务的真实来源在现实中是有难度的，这大概就是理论与现实的差距。

（四）GATS 认定服务原产地的方法

在服务贸易中，服务与服务提供者的待遇通常联系在一起，因此在考虑服务原产地时，往往会受到服务者来源因素的影响。鉴于确定货物原产地的规则并不

① 郑鸿飞，任荣明. 离岸服务外包及中国对策［J］. 上海管理科学，2005（2）：56.

② 阿利·阿布艾克尔. 服务贸易总协定下服务贸易的定义、法律意义［J］. 华盛顿国际法与经济学，1999，32（2）：19.

能适用于服务原产地的确定，并考虑到服务与其提供者的密不可分性，且服务贸易的“生产”过程不像货物生产那样容易掌握，有学者建议在确定服务产品的原产地时应主要考虑产品在不同成员的增值额或是生产服务产品的国家或地区，而不是将适用于货物贸易的原产地规则原封不动地适用到服务贸易。[①] 但一般认为，采用以服务产品的增值额确定原产地涉及非常复杂的计算方法在技术上要求过高，会对发展中国家和许多发达国家都造成很大困难。

目前在 GATS 框架中，当通过“跨境提供”和“境外消费”模式提供服务时，服务和产生该服务的领土之间总是存在确定的联系，其原产地的识别也就相对容易。而对“商业存在”和“自然人流动”而言，服务主要是和服务提供者的“人身”而不是和某一成员的领土相联系，故从某种程度上可以说，通过 GATS 认定的服务原产地实际上就是服务提供者的原产地（国籍）。[②]

在此值得一提的是，对于 GATS 现行原产地规则的制定起到重要作用的 GATT 资深官员 Hoekman。原本在 1990 年 12 月拟定的 GATS 草案中并没有第 28 条（f）、（k）、（m）、（n）项这些关于确定服务原产地的条款，服务原产地规则问题还是一个空白。而 Hoekman 当时认为，由于服务的生产结构信息很难获取，加上服务具有的无形性、不可储存性、不可触及性导致诸如实质性投入测试和关税税则归类改变等货物贸易领域的原产地标准在服务原产地的判断上无法适用，因此，在服务原产地问题上唯一较为稳定和明显的标准应当以服务提供者的国籍为基本依据。由此看来，最终达成的 GATS 服务原产地规定采纳了他的意见。[③]

根据目前 GATS 的规定，确定服务原产地的规则可以被描述为基于国籍、所有权和控制等与生产者相关的标准，与过于详细的货物原产地规则相比，其限制极少，也更容易证明。[④] 这实际上是将服务的原产地建议为服务者的来源地，而服务者的来源地可以通过国籍、所有权和控制等因素来确定。[⑤] 事实上，GATS 第 28 条就服务提供者的原产地确定了若干原则：自然人的国籍和永久居住规则以及法人的实际拥有或控制规则。[⑥]

---

① 王贵国. 世界贸易组织法［M］. 北京：法律出版社，2003.

②③ 房东. WTO《服务贸易总协定》法律约束力研究［M］. 北京：北京大学出版社，2006.

④ See Bernard Hoekman. Rules of Origin for Goods and Services –Conceptual Issues and Economic Considerations［J］. World Trade 81，1993.

⑤ 石静霞. WTO 服务贸易法专论［M］. 北京：法律出版社，2006.

⑥ GATS 第 28 条（f）、（k）、（m）、（n）项规定。

（五）服务外包对现有 GATS 服务原产地认定方法的冲击

服务外包领域中往往会出现法律意义上的服务提供者与实际服务提供者（经济意义上）不统一的问题，如德国的一家生产线设备供给公司甲与中国的一家公司乙签订了一个生产线购买合同，甲为乙提供数套生产线，并且甲方还负责该生产线的安装调试及员工操作的培训服务。由于这些服务尤其是员工培训服务是在生产线这项产品运输到之后才能开始的，和货物贸易并不同步而是推后的，此时该德国公司甲由于成本问题将本应由其自身负责的“生产线安装调试及员工培训”的服务外包给了日本的一家公司丙，即实际的服务是由公司丙来具体实施的。在这次服务提供中，从合同上看，该德国公司是法律意义上的提供者，因此根据 GATS 现有原产地规定，以法律意义上服务提供者的国籍作为判断标准，则该次服务的原产地应当是德国。但实际上服务是由日本公司提供的，即实际上服务真正来源于日本。因此，服务外包中存在的实际服务提供者问题致使现有 GATS 原产地规则的认定方法不能够体现出原产地的真正经济涵义，即服务的真实来源。另外，根据 GATS 第 28 条的规定，如果非成员的服务提供者在一成员境内根据该成员的法律成立的实体不符合“实际拥有”或“实际控制”的条件，则该法人不能被视为该成员的法人，这也同样产生了服务原产地在法律上的身份和在经济上的身份不统一的问题。[①]

在服务外包的情况下，实际服务提供者的身份在签订合同时往往并没有具体确定，而且，对服务的投入来源在交易实施过程中可能会发生改变（如外包方的转包），在这种情况下，用现有 GATS 确定的方法即以法律意义上的服务提供者国籍为基础来确定服务原产地的做法并未追寻服务投入的真正来源地，这是不符合设立原产地制度的初衷及其经济学意义的。

（六）正确认定服务原产地

正是由于服务外包所引发的实际服务者的问题，显示出 GATS 目前将服务的原产地（法律意义上）与服务提供者的国籍等同起来的方式实际上是否认了成员追溯服务的真正经济来源的权利，同时也未反映出原产地规则的基本经济原理。根据货物原产地规则，经济现实中的产品出口国与原产地国的分离是其得以产生和发展的基本前提，当产品在其出口国的境内并未进行实质性改变，那么出口国

---

① 吴维俊. 服务原产地规则研究［D］. 西南政法大学硕士学位论文，2004.

就不是该产品的原产地，就应当根据货物中的原料成分的增减、价值的增减、加工工序的变化或性质的改变等来追寻对该货物的真实产地。因此，从原产地规则的基本原理来看，确定服务原产地的正确方法应当是超越（合同中列明的）服务提供者国籍的表面现象去追寻服务的真正来源，即探讨对服务进行了“实质性投入”的实际提供者（经济意义上的服务提供者）的真实来源。[①] 但或许这只是一种理论中设想的方法，因为它在实践中可能会遇到以下挑战：

（1）在服务贸易领域，只有在服务合同完全履行完毕后才可能最终确定服务提供者，在此之前所有对原产地的认定可能都只是临时的。随着合同的进一步履行，实际提供者有可能也在不断更换，那么按照上文的理论方法，要追寻真正的原产地，就意味着原产地也在随着实际提供者的变化而变化，然而判断服务原产地则是 GATS 中诸多相关待遇要适用的前提步骤，原产地的变化就意味着交易过程中的相应待遇和政策也在不断变化，这在实际中是不可能的，既不科学也不便利，还会使得判断原产地和判断相应的待遇和政策陷入恶性循环的泥沼。[②]

（2）通常情况下，服务与服务的提供者之间的关系是密不可分的，且针对这二者的待遇也是难分彼此的，若依照上述的理论方法在一次服务贸易中将服务原产地国和服务提供者的母国认定为不同国家的话，会产生很多法律适用上的困难，也就会阻碍该项服务贸易的正常进行。

基于上述分析，按照符合原产地的经济原理来正确认定服务原产地的方法，应当是超越服务提供者的国籍问题而直接追溯服务的真正来源，即寻找服务的“实质性投入”所在地。在制定“实质性投入”的原产地规则的同时还应当进一步进行明确规定，要求只有由该成员的法人或自然人在其境内对服务做出实质性投入后才可以将该成员国视为原产地。另外，如果一个成员通过在另一成员的境内以设立商业存在的方式进行服务提供时，对于原产地的确定应当限定为对该项服务的投入必须是由商业存在所在地成员国的自然人或法人在其国境内进行服务投入，这样才能将该商业存在所在地成员国认定为服务原产地。事实上，任何遵守原产地理论经济原理的服务原产地规则都将复杂且难于管理，但世界贸易组织仍应尽快就这一问题提出相应对策，毕竟各成员国政府分别制定和实施不同的服务贸易原产地规则，对于世界服务贸易的发展而言是极为不利的，世界贸易组织的权威性势必受到影响，服务贸易总协定的效力势必受到限制。同时，即使各成

① 房东. WTO《服务贸易总协定》法律约束力研究［M］. 北京：北京大学出版社，2006.

② 厉力. 论服务贸易中服务原产地的确定问题［J］. 世界贸易组织动态与研究，2008（5）：22.

员制定了不违反世界贸易组织规定的服务原产地的规则，如何执行相关规则仍是很复杂的问题，毕竟服务贸易并不像货物贸易一样主要由海关文件确定服务产品的增值。① 在这一问题上，世界贸易组织可以在各国开始制定和实施服务贸易的原产地规则之前制定相关指南，否则将来容易产生更难协调的复杂问题。

四、服务外包自由化的限制措施

GATS 对服务贸易自由化的限制措施主要依据是具体承诺表中的市场准入承诺和国民待遇原则的限制两个制度。这两个具体承诺既是各成员方根据本国的服务业发展水平现状和本国国家利益而做出的开放水平，但其对服务业也是有条件和分部门的承诺，尤其对服务贸易进口国而言，一方面受贸易保护主义的影响，另一方面来看也可是一种限制措施。随着国际外包的增加，尤其是多数服务进口国国内贸易保护主义的影响，其将带来的对服务外包的限制引起了服务出口国的足够重视。②

（一）市场准入的承诺

GATS 框架下的市场准入属于成员具体承诺的义务，主要体现在对境外服务和服务提供者进入本国市场的限制予以削弱，从而承担相应的市场准入开放义务。对“市场准入”的确切含义，至今并没有一个被广泛接受的解说。③《贸易政策术语词典》对“市场准入”的解释是，指一货物或服务在另外一个市场中可能与当地产品相竞争的程度。在 WTO 框架下，市场准入指在非歧视的前提下，一国政府针对一可能的外国产品或服务进入其境内市场所施加条件的法律用语。通常意义上，服务贸易领域的市场准入，服务或服务提供者进入和参与本国市场的程度，是指一国允许其他国家的服务或服务提供者进入和参与本国市场的程度，是一国政府对给予其他国家的服务或服务提供者进入本国市场的权利行使自由裁量权。

---

① 王贵国. 世界贸易组织法［M］. 北京：法律出版社，2003.

② Justin Kent Holcombe. Backlash to Globalization in the Form of State Legislation: Constitutional Implications. University of Pennsylvania Journal of Labor and Employment Law, 2005: 9.

③ 余劲松. 中国涉外经济法律问题新探［M］. 武汉：武汉大学出版社，1999.

服务贸易第 16 条对市场准入进行了专门规定。该条共包括两款，第 1 款规定，每一成员对任何其他成员的服务和服务提供者给予的待遇，不得低于其在具体承诺表中同意和列明的条款、限制和条件。第 2 款包括前言和六项原则上禁止成员采取的市场准入限制措施。[①] 尽管 GATS 没有对“市场准入”做出定义，但第 16 条第 2 款列举的 6 种市场准入限制措施在一定程度上表明了协定的目的所在。根据第 2 款，如果一成员不以“专门列明”的方式对某个特定服务部门或服务提供模式“保留”第 2 款列出的 6 种限制措施中的一种，则表明该成员对该部门和服务提供模式给予完全的市场准入。

从贸易自由化角度来看，GATS 谈判是否成功在很大程度上取决于服务市场的开放以及对服务提供者施加尽可能少的限制，对市场准入“点菜式”的自主承诺方式并不利于达到这个目的。对 GATS 服务业谈判的现实考虑和各国利益的协调，是发达国家和发展中国家服务业发展水平的巨大差距在 GATS 协定中的客观反映。即使服务业非常发达的美国，也是一方面极力主张贸易自由化，另一方面同样以其服务市场准入设置障碍，尤其在运输、广播、金融以及专业服务等方面。[②] 从具体承诺表的内容看，各成员对市场准入方面的限制主要体现为通过商业存在和自然人存在方式提供服务方面，如今能通过合资企业形式提供服务，主管人员应为本国国民、外国提供者应向本国企业转让技术等。[③] 作为 GATS 成员具体承诺的义务，市场准入一般是对等互惠的，在某种程度上相当于一把“双刃剑”，换取进入外国市场的同时需开放本国市场，以此促进各成员权利与义务的总体平衡。

---

① 在 GATS 第 16 条第 2 款规定的六种限制措施是：(a) 无论以数量配额、垄断、专营服务提供者的形式，还是以经济需求测试要求的形式，限制服务提供者的数量；(b) 以数量配额或经济需求测试要求的形式限制服务交易或资产总值；(c) 以配额或经济需求测试要求的形式，限制服务业务总数或以指定数量单位表示的服务产出总量；(d) 以数量配额或经济需求测试要求的形式，限制特定服务部门或服务提供者可雇用的、提供具体服务所必需且直接有关的自然人总数；(e) 限制或要求服务提供者通过特定类型法律实体或合营企业提供服务的措施；(f) 以限制外国股权最高百分比或限制单个或总体外国累计资本投资额。其中，前四项是数量方面的限制，分别限制服务提供者的数量、服务交易或资产总值、服务交易总数或服务产出总量、特定服务部门或服务部门或服务提供者可能雇用的、提供具体服务所必需且直接有关的自然人总数；第五项是对外国提供者通过商业存在方式设立的法律实体形式的限制，最后一项是对外资参与程度的限制。从该条规定的逻辑结构来看，成员方在采取这六种限制措施时，应符合三个条件之一：或将该行业从其承诺表中撤回，或指明对其所作承诺的限制，或满足 GATS 规定的例外情况。

② 例如，在航空运输领域，美国在要求他国开放市场的同时，对外国航空服务进入美国设置了一些严格限制，如规定外国航空公司需要符合安全和维修保养标准，外资对美国航空公司的参股权不得超过 25%等。汪尧田，周汉民. 世界贸易组织总论［M］. 上海：上海远东出版社，1995.

③ 邓晓雄. WTO 基本原则在国际服务贸易中的运用及我国的服务贸易立法与实践［OL］. http：//www.Lab-lib.com/lw/lw view.asp？No=1691，2007-12-14.

(二) 国民待遇的承诺

1. GATS 国民待遇属于成员具体承诺的义务

GATT 第 3 条规定的国民待遇是无条件和强制性的普遍义务，但在 GATS 项下，成员的承诺表是其义务的具体体现，成员只在承诺表中列出的部门范围和限度内承担国民待遇义务。这种具体承诺的义务可以使各成员根据其服务业发展的特殊情况进行市场开放承诺，自主决定在哪些部门或分部门实施国民待遇，并可以列举提供国民待遇的条件和限制。因此，一成员即使就某一服务部门承诺了市场开放，在承诺表中仍然可以限制其他成员的服务或限制服务提供者享受充分的国民待遇。承诺表中列明的条件和限制代表了成员给予的最低待遇，但并不阻碍成员在实践中给予更好的待遇。GATS 第 17 条规定了服务贸易领域的国民待遇，该条分为三款：

(1) 对于列入承诺表的部门，在遵守其中所列任何条件和资格的前提下，每一成员在影响服务提供的所有措施方面给予任何其他成员的服务和服务提供者的待遇，不得低于其给予本国同类服务和服务提供者的待遇。①

(2) 一成员可通过对任何其他成员的服务和服务提供者给予其本国同类服务和服务提供者的待遇形式上相同或不同的待遇，满足第 1 款的要求。这一款强调了实质上的平等，包括了法律上的平等和事实上的平等，要求形式上不同的待遇不能在实质上改变竞争的条件，从而使外国服务及其提供者处于不利的地位。GATS 国民待遇关注的是有关规定是否改变了内外服务及其提供者之间的竞争条件，但确保的只是竞争机会的平等，对于外国服务和提供者所面临的商业竞争及其成败并不保证。②

(3) 如形式上相同或不同的待遇改变竞争条件，与任何其他成员的同类服务或服务提供者相比，有利于该成员的服务或服务提供者，则此类待遇视为不利待遇。这表现了 GATS 国民待遇着重实质平等的特点，一项措施从表面上看可能并不是歧视性的，但如果实质上对外国提供者产生了更为繁重的负担，而将其置于竞争的不利地位，则仍然视为违反了第 17 条。相反的情况是，只要 GATS 成员

---

① 根据 GATS 第 17 条第 1 款的注释，根据该条承担的具体承诺不得解释为要求任何成员对因有关服务或服务提供者的外国特性（foreign character）而产生的任何固有竞争劣势做出补偿。在实践中，这种劣势体现为，外国服务或服务提供者可能会面临困难，遇到种种来自消费者或市场等方面的抵制。而且消费者对本地服务的易得性及熟悉等心理因素也可能影响消费者的习惯，使其更愿意选择本国服务或者提供者，这种效果甚至还可能超过东道国政府本身采取的措施。

② 石静霞. 服务贸易法专论［M］. 北京：法律出版社，2006.

不对外国服务提供者实行歧视性待遇，则不论措施本身严厉与否，都不应视为违反国民待遇原则。

2. GATS 国民待遇的适用范围和对象

GATS 第 17 条第 1 款规定，成员提供的国民待遇应当包括该成员国内所有影响服务提供的措施；同时也规定，这里的“措施”必须由相关成员的政府制定和执行。在实践中，对于那些政府行为构成“措施”的问题，应注意“措施”可以任何形式存在，包括影响服务提供者的各种法律、法规、部门规章制度等。GATS 第 28 条对“服务的提供”和“各成员影响服务贸易的措施”进行了广泛定义，[①] 其目的在于使外国服务提供者有选择最合适的提供方式的自由。因此，在考虑一成员措施是否违反国民待遇义务时，应注意审查该措施是否针对外国服务及其提供者、是否影响公平竞争等方面，而措施的具体体现形式则是无关的因素。同时，GATS 第 28 条（a）项将措施定义为包括“法律、法规、规章、程序、决定、行政行为”等，这类行为只有政府才有权制定。然而，第 28 条（a）项还提到“其他形式”的措施，这可能会引起争议，如“其他形式”的行为者包括哪些？是否包括非政府机构？如何确定其形式？

根据 GATT 第 3 条，货物贸易领域的国民待遇仅适用于产品，并不直接适用于产品的生产者。服务贸易国民待遇的适用对象则包括了产品及其生产者、服务和服务提供者（包括自然人和法人）。这种适用对象的扩大是因为服务必须是由服务提供者在交易现场即时完成和交付。相当一部分服务业不同于货物制造业，后者可以制成有形的物体，通过各种运输工具来运输交付。在许多情况下，服务提供者如果不在现场就无法提供服务（如理发服务），即服务消费者与生产者之间存在相互作用的关系。外国服务提供者如果不能得到国民待遇的保障，就无法在同等条件下进行公平竞争。[②] 同时，由于 GATS 将设立商业存在等服务投资形式纳入服务贸易的范围，故国民待遇的适用范围还包括作为提供者的“服务投资者”，因此需注意 GATS 国民待遇原则在各成员有关服务业外资待遇方面所产生的影响。

① 前者包括服务的生产、分销、营销、销售和交付。后者包括归于下列内容措施：一是服务的购买、支付或使用；二是与服务的提供有关的、各成员要求向公众普遍提供的服务的获得和使用；三是一成员的个人为在另一成员领土内提供服务的存在，包括商业存在。GATS 第 28 条（b）、（c）项的规定。

② 王毅. WTO 国民待遇的法律规则及其在中国的适用［M］. 北京：人民法院出版社，2005.

（三）GATS 中对服务跨境提供的具体承诺

服务外包通常是一成员的公司将其部分业务或业务流程发送到另一成员境内，由另一成员的服务提供者来完成。在这种情况下，根据 GATS 的定义，服务外包实际上是指外包的承接商通过跨境方式（模式一）向外包的发包商出口服务。服务外包主要与服务提供模式一的联系最为密切，因此，在世界贸易组织新一轮服务贸易谈判中，服务外包是涵盖在模式一的谈判中的。各成员方有权决定在其具体承诺表中列入承担市场准入和/或国民待遇义务的服务部门及服务提供方式，并可以就这些服务部门及服务提供方式维持一些条件和限制，未列入表中的服务部门就不受市场准入和/或国民待遇义务的约束。服务提供模式一的承诺水平，能主要反映 GATS 对服务外包相关的跨境服务的承诺水平，引出 GATS 制度存在的问题，分析出制约服务离岸外包的潜在问题。成员方在服务活动中对模式一做出了各种承诺，并且区分了三种主要的承诺水平，即全部承诺、部分承诺和不做承诺。总的来说，世界贸易组织成员方对服务部门的承诺水平是非常多样化的，做出承诺最少的部门是动画设计服务，只有 17 个国家，承诺最多的部门是旅行代理服务，共有 103 个国家，少数几个服务部门得到了至少 2/3 世界贸易组织成员方的承诺。[①] 2000 年只有少数实现了电子交易的服务部门（其他商业服务、专业服务、金融服务）得到了半数以上世界贸易组织成员方的承诺。但是，即使在其他商业服务、专业服务、金融服务这三个较为自由的服务部门内，除某些商业服务（广告和管理咨询服务）以外，成员方对 GATS 模式一所做出的承诺也多为部分承诺。在有些部门（新闻代理服务），几乎有 2/3 的国家做出了完全的市场准入承诺，而在其他某些部门，比如语音电话服务，大多数市场准入的承诺仍是部分承诺。因此，即使像商业服务和计算机服务这样，基于普遍较低的管理水平而得到成员方相对较多承诺的最为自由的服务部门，其中也存在对 GATS 模式一承诺不足的状况。例如，在“会计、审计和簿记”以及“数据处理”服务中，分别只有 70 个和 69 个国家做出了承诺。在会计服务中，70 个成员方中的大多数国家对自由的市场准入和国民待遇实施了一些限制措施，而在数据处理服务中，也只有 2/3 的承诺确保了无限制的市场准入。在其他可进行电子商务的部门中（视听、教育、健康、娱乐等），成员方所做承诺的数量就更加有限了。视

① Aaditya Mattoo and Sacha Wunseh-Vineent. Pre-Empting Protectionism in Services: The GATS and Outsourcing [J]. Journal of International Economic Law, 2004, 7 (4).

听服务中只有 19 个国家做出承诺，而成人教育则只有 31 个国家做出承诺。

成员方不同部门中对跨境提供所列出的限制措施都大同小异，而且数量有限，其中国籍、住所、商业存在、授权、许可以及本地证明等要件构成了主要的跨界服务贸易壁垒。[①] 而这些限制措施的目的都在于严格制约——即使并非彻底的禁止服务的跨境提供。一般情况下，成员方在市场准入方面只规定了少数的限制措施，而在国民待遇领域却在不同服务部门中列出了国籍限制、业务限制、使用当地资源限制、资格限制、服务地域限制等各种限制条件。这充分说明 GATS 成员方对模式一所做出的承诺门槛过高，而自由化水平偏低；限制措施过多，而承诺力度不足。[②] 各成员在模式一的承诺方面都写了“不做约束”（没有任何承诺），因为在乌拉圭回合谈判中，成员认为许多服务通过模式一来提供是不可能的。这种情况现在看来已是错误的了，因为快速发展的计算机技术和互联网和费用越来越低、质量越来越高的电信服务已使以前不可能的事情变成了可能。不断进步的技术变革使人们可以不出门受到教育（远程教育），不出门可以看病（远程医疗），甚至不出门就可存款或购物（网上银行和电子商务）。在这种技术进步造成的翻天覆地的变化下，世界贸易组织成员纷纷提出要对以前认为不能做承诺的模式一重新进行审视。GATS 服务分类表和成员方承诺表中只列出了数量有限的重要类别的服务活动，对于试图在优势领域确保贸易自由化的国家而言，这种局限性是一个亟待解决的问题。逐个服务部门，逐个贸易伙伴的磋商以对相关服务做出承诺的方式不但非常难以实现，而且会耗费极大的交易成本。在一服务部门或一服务提供模式上具有竞争和出口优势的成员会向其他成员提出要价，以获得更多出口利益。服务贸易共有四种提供模式，在模式一方面，以印度为代表的服务外包业发达的一些成员，包括智利、中国香港、墨西哥、新西兰、巴基斯坦、瑞士、新加坡和中国台北等向其他成员提出了集体要价，呼吁成员在新一轮谈判中就模式一尽可能多地做出出价。这些成员在跨境服务上提出的集体要价，不仅反映了它们在模式一上的出口利益，也反映了国际服务外包发展的新趋势和存在的困难。

---

① OECD. Electronic Commerce-Existing GATS Commitments for Online Supply of Services [R]. Paris: Trade Directorate (Trade Committee of the OECD), 2000.

② 肖漩. 服务离岸外包法律问题研究 [D]. 对外经济贸易大学硕士学位论文，2006.

五、GATS 服务分类表缺陷与服务外包争端

（一）现有 GATS 服务分类表概述

在乌拉圭回合谈判中，各成员同意其在制作具体承诺表方面遵循服务行业分类指南。[①] 该指南鼓励成员适用主要基于 1991 年联合国核心产品临时分类目录 CPCprov（Provisional Central Product Classification）而拟定的“服务业分类清单”。尽管对该清单的使用并不强制，但大多数成员采用这种方法作为其制作具体承诺表的服务分类基础。该分类表列出了 12 个服务部门，分别为商业服务、通信服务、建筑及有关工程服务、销售服务、教育服务、环境服务、金融服务、健康与社会服务、与旅游有关的服务、娱乐文化与体育服务、运输服务及其他，然后再将其细分为 155 个子部门，并标明相应的 CPC 号码。

尽管 CPC 分类至今已进行了两次修订，但由于服务部门的迅速发展，分类表中的许多内容仍然落伍，并不能随时反映包括 ITO 和 BPO 等外包活动在内的新变化，如在印度软件和服务出口的分类中，像“客户化开发与利用”、“网络咨询与集成”、“硬件支持与安装”、“网络基础设施管理”、“处理服务”等外包服务在现有的服务分类表中无法进行准确归类。在新一轮的服务谈判中，虽然服务部门尤其是在计算机以及相关服务方面的分类是一项重要议题，也有成员对此提出了专门建议，但至今尚未取得一致结果，也没有成员正式建议考虑服务外包的分类问题。

（二）服务外包领域中 GATS 服务分类表的缺陷

目前，服务外包领域的 ITO 服务和 BPO 服务中包含了很多支持性、投入性的服务，但其中很多服务活动之间的界限很模糊，很难区分，而且这些服务中的很多项目无法被准确归类于现有的任何一种服务类别，这样就致使根据服务列表做出对这些服务的承诺难度很大，更进一步地阻碍了 GATS 实现跨界服务交易自

① WTO Secretariat. Scheduling of Initial Commitments in Trade in Service: Explanatory Note. MTN. GNS/W/164& Add.1.

由化的进程。通过对比 ITO 和 BPO 中的服务种类与 GATS 框架下服务部门的分类，我们可以发现，面对当今国际服务外包迅速发展的现状 GATS 服务分类表所凸显出来的缺陷。

1. ITO 领域中 GATS 服务分类表缺陷的凸显

ITO 中的服务业务一般包括软件开发和实施服务、IT 支持服务、应用开发与维修、商业智能与数据仓库、电子采购与 B2B 市场、① 企业应用系统集成、网络服务（互联网内容准备等）、网站托管等。② 而与 ITO 可以相对应的 GATS 分类表中的服务部门应当是商业服务中的计算机相关服务，主要包括以下几个分部门：有关计算机硬件安装的咨询服务、软件安装服务、数据处理服务、数据库服务和其他服务。③ 针对双方的服务种类可以发现，在 ITO 领域有很多种服务是在 GATS 服务分类表中无法归类的，如电子采购与 B2B 市场、IT 支持技术、“软件开发与实施服务”、“应用开发与维修”等。

2. BPO 领域中 GATS 服务分类表缺陷的凸显

BPO 如今是服务外包最有发展前景的部分，但其所涉及的服务与现有 GATS 服务部门分类表的对应也同样存在问题。BPO 主要可分为客户互动服务、后台功能、更独立专业的商业服务，具体包括销售支持、会员管理、客户服务热线、医疗转录、财务处理（金融信息和数据处理处理）、发薪服务、保险索赔仲裁、财务和会计服务（包括审计、簿记服务、税务服务等）、产品设计和开发等分部门。④ 而 GATS 服务分类表中与 BPO 相对应的是“商业服务”这一大类，具体包括专业服务、计算机和有关服务、研究和开发服务、房地产服务、无经纪人介绍的租赁服务、其他商业服务等。在 BPO 服务中的关于医疗转录、发薪服务、保险索赔仲裁在 GATS 分类表中均找不到相应的种类对应，最常见的客户服务热线也很难在 GATS 分类表中进行归类。

由以上对 ITO、BPO 和 GATS 服务分类表的对应关系进行分析后可以发现，ITO 业务和 BPO 业务中的很多服务与 GATS 服务部门分类表 W/120 中的服务部门无法对应，说明 GATS 服务分类表并不完整，未能完全囊括目前及未来可能出现的诸多商务支持服务、投入性服务，对于国际服务外包领域的许多新出现的服务

---

① 是指“business to business”，是一种企业对企业的营销关系，其中电子商务是该领域的一种具体表现形式。

②④ 沈玉良，王伟. 离岸服务对 GATS 服务分类的要求及开放［J］. 世界贸易组织动态与研究，2007（9）.

③ GATS 服务分类表。

更是难以归类。同时，由于 GATS 第 28 条（b）项对“服务提供”的定义是“包括服务的生产、分销、营销、销售和交付”，[①] 如果一项承诺针对某一“最终”服务而提出，那么可以假设对服务提供者给予的支持包括所有的经营过程。由于多数 ITO 和 BPO 服务为“非核心”的支持服务，当其无法直接归类到 W/120 中的外包服务时，我们就可以根据其所依附的“核心服务”或“最终服务”来推断其归属。现实中，由于各国对“核心服务”以及“依附”含义理解的标准各有不同，某些领域尤其是信息技术领域如何区分“核心服务”和“非核心服务”(投入性、支持性服务）是比较困难的。“即使各方理解一致，对 GATS 市场准入具体承诺进行上述对具体承诺的扩张性解释仍尚未获得广泛承认”。[②]

（三）GATS 服务分类表在国际服务外包领域的缺陷的解决方案

现有 GATS 服务分类表之所以会在国际服务外包领域凸显以上缺陷，主要是因为现有的 GATS 服务部门分类表的分类是以原有的农业、制造业和服务业的行业分类标准为依据，而目前服务业的发展趋势是 IT 技术的发展使许多服务业不仅具有可贸易性，而且呈现出模块化的发展方向。[③] IT 技术的迅速发展促成了诸多新型服务业的诞生，这是原本的服务分类设定未曾考虑也是不可能提前预料到的。[④] 面对 ITO 服务和 BPO 服务中的诸多“投入”或“支持服务”（如客户关怀服务、客户呼叫中心服务）在 W/120 中没有相对应的条目问题，目前理论界提供了两种解决上述问题的方法。

（1）在 GATS 服务分类表中单独创建一个包含“支持性服务”的类别。在服务分类表中单独创设一个“支持性服务”类别，将这类服务全部归纳进去，一般可以解决 ITO 服务和 BPO 服务中的诸多“投入”或“支持服务”在 W/120 中没有相对应的条目问题；同时，考虑到该服务外包发展较快，新出现的内容较多，可在其分部门中设立“其他投入性服务”一项以起兜底作用。但这一方法的效果也存在不尽如人意之处。一方面，现有的 GATS 服务分类表中一些服务部门中已经包含了一些支持性服务，譬如“金融服务”部门项下的“保险辅助服务”、

---

① GATS 第 28 条（b）项。

② 龚柏华. 论中国承接金融服务离岸外包相关法律问题［J］. 上海财经大学学报（哲学社会科学版），2007（1）：50-57.

③ 沈玉良，王伟. 离岸服务对 GATS 服务分类的要求及开放［J］. 世界贸易组织动态与研究，2007（9）.

④ 这也正体现了法律及其相关制度的滞后性特点。

"公路运输服务"部门项下的"公路运输的支持服务"、"其他专业服务"中的"包装服务"等，这些支持性服务部门由于特征明显及与主服务的关联性强，已经被分到了其对应的总部门中，保持了一定的逻辑性和连贯性。现在如果创建一个新的"支持性服务"总类，将各种服务类别中的支持性服务都归结到该类中，表面看上去便于管理和承诺，但实际上这些支持性服务之间并没有任何联系，导致相互之间没有关联性的诸多服务归结到了一起，比如教育、运输、电信、广告、环境服务等服务部门中的支持性服务与计算机服务（大多数计算机服务都可以算是支持服务）综合到一起构成该"支持性服务总类"，其实质上是打破了服务分类表原有的结构性、逻辑性和关联性。这样造成的一个很明显的后果就是当成员试图对其一个主服务部门的各个方面进行承诺时，不仅需要在原有的服务分类表中先对该主服务部门进行承诺，还需要在"支持性服务总类"中找到与该主部门相关联的支持性服务再做出承诺，这既不经济也不便利，而且也破坏了法律制度的逻辑性。另一方面，这个方法更严重的一个缺点在于它的主体思想就是靠对相关支持性服务的广泛列举来试图解决归类问题，实质上即便是对服务列举得再详细，也是无法确保在服务分类表中可以将大量关键的支持服务全部包含。这主要是因为服务贸易的发展过于迅速，新型的服务类别层出不穷，仅靠列举是无法实现全面覆盖的。因此，这种靠建立新的类别来包括所有支持性服务，并且列明所有条目以查找条目的方式对支持性服务归类的方法是不实用的。

（2）将已做出具体承诺的服务部门类推到不明确的投入或支持服务。服务外包领域凸显出的服务分类表的缺陷问题，实质就是国际服务外包中的诸多支持性服务无法在服务分类表中准确归类的问题。由于无法合理地归类，造成了相应服务在具体承诺时的困难。因此，该问题归根结底就是要解决支持性服务的承诺障碍。根据 GATS 第 28 条 （b）项，"服务的提供包括服务的生产、分销、营销、销售和交付"，这种对服务提供的广义界定体现了服务的连贯性，既包括了核心的服务，同时也包括了对核心服务起辅助作用的服务，那么我们可以通过对主要服务部门进行承诺，然后将该承诺类推到对于支持该项主要服务的支持性服务上，这样既回避了对支持性服务在服务分类表中进行归类困难的问题，同时也将相关联的具体承诺适用到了投入性服务上，解决了承诺问题。但是这种解决方案实质上也存在一些问题。尽管第 28 条对服务进行了广义的界定，但当一成员对某一特定的"最终"服务（如计算机及其相关服务）做出承诺，是否就意味着所有支持该服务提供的业务过程（如网络基础设施管理）也都可以被包含在承诺之内呢？事实上这样的扩大解释是不可行的。根据 GATS 第 16 条市场准入条款第 2 款（c）项的一个脚注所称："第二款（c）项不涵盖一成员限制服务提供投入的措施。"对此，《服务贸易协商指导及进程》对该条脚注进行解释，其相关内容为："众所周知，市场准入和国民待遇承诺只适用于承诺表中已列出的部门或分部门，这种适用并不意味着，提供者在提供已做出承诺的服务时，也有权提供未做出承诺的服务（对已承诺服务的投入）。"① 因此，即使一成员对于某项服务已经做出了完全的承诺，但是并不能将该承诺扩大解释到该服务的投入性、支持性服务上，该成员仍可以对支持性服务采取相应措施进行限制。

面对支持性服务归类并做出承诺的困境，为了促进服务贸易自由化的发展，各成员方必须尽快以一种详尽的方式将支持服务和投入服务列入承诺表中，并对其做出承诺，以使这些服务可以依法获得市场准入和国民待遇的资格。要想在承诺表中明确列出外包的商业支持服务，还需要各成员方的进一步协商，而这其中的许多困难在短期内是无法解决的。下面我们具体分析 ITO 和 BPO 服务中跨境交易的目标化承诺。

（四）对 ITO 和 BPO 服务中的跨境交易做出的目标化承诺②

为实现特定类别的 ITO 及 BPO 服务的跨境交易自由化，这里采用了一种目标化的方法（targeted approach），即模式承诺表。在模式承诺表中，成员方应对正列清单中所列出的各项服务做出市场准入和国民待遇的完全承诺。为了将所有可能存在的分部门都包含在内，正列清单将以一种最综合的方式（按照两位或三位数的 CPC 分类编码）对服务类别做出规定。这些特定类别中既包括直接确定的商业服务，也包括"其他服务"中的组成部分，比如外包业务不断增加的簿记和附属金融服务。

模式承诺表采用了差别承诺的方式，这一点非常重要。例如，成员方按照最高两位数的 CPC 分类编码，在所有计算机及相关服务领域对 GATS 模式一和模式二做出了完全承诺，而在电信服务领域，成员方只对在线信息和数据处理这两种与 BPO 服务相关的服务做出了完全承诺。在受到限制的专业服务领域，成员方只在会计、审计、簿记和税收服务方面做出了完全承诺。大多数承诺还是在"其

---

① 李颖. 金融服务外包的法律问题研究［D］. 大连海事大学硕士学位论文，2008.

② Aaditya Mattoo and Sacha Wunsch-Vincent. Pre-Empting Protectionism in Services：The GATS and Outsourcing [J]. Journal of International Economic Law，2004，7 (4).

他商业服务”这一类别中做出的——该类别集中包含了大部分的 BPO 服务。为了实现商业服务承诺的完整性，模式承诺表中增加了市场调查、民意测验服务、管理咨询服务、与制造业有关的服务、咨询、技术测量与分析服务、相关的科学/技术咨询服务、印刷和出版服务。

模式承诺表对教育、金融及娱乐型服务采取了一种更具有限制性的方法，其中只提到了两种在公共教育体系中并非核心的教育服务——成人教育和其他教育。同样地，该承诺表只要求对一种特殊保险（particular insurance）和两种特定银行服务做出承诺。[①] 所有这些服务都不涉及资金的流动，因此避免了政策中的敏感问题。最后，该承诺表将“图书馆和档案馆”这一服务也包含在内，这是因为该类别中包括了文档整理服务，也就是某些 BPO 服务中可能会出现的对材料的收集、分类、保存及检索服务。最后，成员方还须根据修订后的 CPC1.1 更新其承诺表。其中 CPC1.185“支持服务”、CPC1.1843“在线信息提供服务”以及 CPC1.1733“使用非金融无形资产（non-financial intangible assets）权利的许可服务”尤为重要。

这种模式承诺表方式不但能确保在合理范围内将现存的服务活动包含其中，还可以涵盖当前 ITO 和 BPO 服务中绝大部分的贸易活动。此外，这种承诺方式顺应了某些成员方所表现出来的对于渐进主义（gradualism）的显著倾向——这种逐渐增加承诺的方式不会给成员方造成太大的影响，既不会使成员方脱离当前已做出的承诺表范围，也不会破坏现存的服务分类体系。但是，这种模式承诺表的承诺方式也存在一些致命缺点。首先，它未必能将当前正在进行的大量服务贸易类型全部包含在内。其次，鉴于服务部门的静态分类体系具有很大的局限性，以该体系为基础的模式承诺表中必然无法包含日后可能出现的新的服务交易类型，这再一次体现了 GATS 规定总是落后于经济现实的特点。最后，这种方法只能涵盖标准的 ITO 和 BPO 服务，无法确保成员方能对一定范围内的专业服务和其他商业服务做出准入承诺——这些服务通常也是可以跨境交易的。因此，这种目标化模式承诺表的局限性说明成员方应当寻求一种更为和谐且具有前瞻性的承诺方式。

---

① 保险业的附属服务是与保险管理和抚恤基金（pension funding）紧密相关的服务（如保险、财务和抚恤金咨询服务，对保险索赔的估价和理算服务，保险精算服务等）。其中所包含的银行服务包括金融信息，金融数据处理的提供和传送，其他金融服务供应商所提供的相关软件，以及金融中介服务（financial intermediation）的其他附属服务（金融咨询服务等）。

第四章　与知识产权有关的服务外包争端及其解决

随着知识产权外包在国际服务外包中份额的不断扩大和知识产权争端的日益凸显，服务外包领域中有关知识产权的风险与争端问题也逐渐成为业界关注的焦点和理论界研究的重点。如何解决服务外包领域中相关知识产权的风险与争端，目前尚无一个统一、有效的制度安排和法律体系。本章在分析服务外包中知识产权风险种类的基础上，通过制定解决服务外包领域知识产权争端问题的策略，研究服务外包知识产权风险的适用法律问题，并以国际经验为借鉴，探讨与知识产权有关的服务外包争端及其解决问题。

一、服务外包领域的相关知识产权风险与争端

对于服务外包领域中可能存在的知识产权争端，国内外研究者有着不同的研究结果，其中代表性的观点如下：[①]

Ulset（1996）从成本收益、交易成本经济学以及产权理论的角度研究外包的合同管理，认为研发外包很容易遭遇接包方机会主义以及创新性降低的风险。合同的主要目的就是关注如何建立控制接包方机会主义的监督机制以及如何建立有效的激励机制去促进接包方创新。当发包方不能控制有价值的研发信息外泄时，交易的净利润会成负值。他认为，研发合同应该赋予发包方两个方面的权利：一是控制接包方研发过程的排他权；二是控制（所有或使用）研发成果的排他权。[②]

① 胡水晶. 承接研发离岸外包中知识产权风险研究［D］. 华中科技大学博士学位论文，2010.

② Ulset，S.R&D Outsourcing and Contractual Governance：An Empirical Study of Commercial R&D Projects. Foundation Journal of Economic Behavior & Organisation，1996，30（1）：63-82.

Lai 等（2007）在研究研发外包的成本时认为，由于存在知识泄露，所以将研发外包对发包方不利。Lai 指出由于发包方所有的技术信息能在很大程度上转化为编码知识，接包方会得到属于发包方的有用信息。根据“服务共享和业务流程外包协会（The Shared Services and BPO Association，SBPOA）”的调查，研发外包会导致信息泄露，而且在一定程度上会诱使接包方将信息出售给发包方的潜在竞争者或者进入市场成为发包方的竞争者。①

UNCTAD 在《研发全球化和发展中国家》（2005）的研究报告中表明，跨国公司在跨国选择研发区域时，一区域的知识产权保护水平是起决定性作用的要素。据调查，很多企业将知识产权保护作为选择研发投资区域的首要标准；38%的被调查对象认为知识产权是企业进行研发外包的最重要的挑战，这一比例超过了其他调查选项。②

Ghelfi（2007）认为，外包要求共享大批发包方所拥有的知识，而且每种类型的知识产权资产一般都分属于本国不同的法律管理，这些法律规定在各国之间也不相同。因此，国际外包关系对知识产权资产管理进一步增加了复杂性，特别是如果有许多不同国家的合伙人时更是如此。这些问题随着国际服务外包的继续增长而对企业变得更加重要。③

Rubin（2007）从管理角度按外包的流程分析了外包中知识产权存在的问题，并认为共享外包成果的知识产权会带来更多的问题。在分析印度和中国在承接外包中知识产权保护现状时指出，中国自加入世界贸易组织后虽然知识产权法律体系有所改进，但实施仍然存在严重问题，而印度的知识产权保护工作比中国做得好。④

Baldia（2007）从法律角度分析了知识产权风险，认为外包伴随的发包方和接包方背景知识产权（Background Intellectual Property）和前景知识产权（Foreground Intellectual Property）的转移会产生知识产权风险，而国际服务外包方存在的各国知识产权法不同和诉讼管辖的问题更进一步加大了知识产权风险。

---

① Lai，E.L.，et al. Outsourcing of Innovation. United Nations Conference on Trade and Development. Globalization of R&D and Developing Countries（UNCTAD/ITE/11A/2005/6）. http：unctad. Org/en/docs/iteiia20056overview_en.Pdf，2007-11-14.

② UNCTAD，Globalization of R&D and Developing Countries：Preface & Overview. United Nations，New York and Geneva，2006.

③ Ghelfi，D. The “Outsourcing Offshore” Conundrum：An Intellectual Property Perspective. http：//www.wipo.int/export/sites/www/sme/en/documents/pdf/outsoureing.pdf，2007-09-20.

④ Rubin，H.Supply-Side/Manufacturing Outsourcing Stategies and Negotiations. Georgetown Journal of International Law，2007，38（3）：713-734.

Baldia 把外包分为三种模式：一是控制离岸；二是第三方外包；三是合资企业外包。指出由于对中国的知识产权保护存在疑虑，跨国公司更倾向对合资企业发包。①

Gandhi 和 Eschbacher（2008）从管理角度研究国际服务外包中的风险，认为当承接方利用发包方的知识产权开发竞争性产品时，就会给发包方带来知识产权风险。当一个复杂外包工程的子项目被再次转包时，特别是向知识产权保护没有美国严格的国家发包时，知识产权风险就会增加。②

Sullivan（2004）在论及知识产权风险时认为，外包知识产权风险就是发包方的内部知识产权被接包方利用并由此损害发包方利益的风险。③

吴志强（2006）从法律的角度研究了软件外包中产生的知识产权问题，指出软件外包中知识产权问题主要有权利归属、核心技术、商业秘密和源代码重用，并分析了这些问题产生的原因，进而分别从软件外包的发包方和接包方的角度探讨了各方规避知识产权纠纷的策略。④

杨海（2010）认为，在服务外包过程中可能存在四个方面的相关知识产权风险。⑤

一是知识产权归属风险。在服务外包关系存续期间，接包商和发包商之间由于外包关系涉及的使用、改进以及新增的全部知识产权归属问题首当其冲。其中包括使用发包商的原始软件知识产权归属问题、对原始软件完善更新后产品的产权归属问题以及利用原始软件或者领受发包商发包任务后形成的全新外包产品的产权归属问题。从业务形态来看，服务外包形成的产品，可以由发包商对发包业务提出具体标准和功能要求，然后由接包商负责开发；也可以指定部分模块或业务由接包商承担后共同开发；发包商也有可能把项目全部委托给接包商，由接包商自行指定所有标准并独立开发。同时，外包项目本身又分为数据录入、代码编写、软件测试、合作开发、整体项目外包以及流程模块外包等。在服务外包项目实施过程中，项目产品的最终使用者可能是第三方客户，而客户则可能面对发包

---

① Baldia. Intellectua Property in Global Sourcing: The Art of the Transfer. Georgetown Journal of International Law, 2007, 38 (3): 499-528.

② Gandhi, J., Eschbacher, G. Identification and Classification of Outsourcing Risks for Complex Systems——A Useful Input for Implementation in Outsourcing Models. Working Paper, http: //cser. lboro.ae.uk/CSER08/pdfs/Paper%20132.pdf2008.

③ Sullivan, L. The O Word: Outsourcing Overseas. Risk Management, 2004 (5): 24-30.

④ 吴志强. 软件外包的知识产权研究 [J]. 科技与法律, 2006 (2): 47-51.

⑤ 杨海. 中国服务外包知识产权风险和适用法律研究 [J]. 现代管理科学, 2010 (5): 72-74.

商。三者之间错综复杂的关系导致了服务外包领域的知识产权归属问题比其他行业领域的知识产权归属问题更复杂。不同外包形式会引发更多的知识产权归属问题，如果没有法律的明确界定和合同的细致约定，容易涉及侵权。

二是商业秘密泄露风险。接包方和发包方商业机密信息保护的能力十分重要，必须防止信息被意外、疏忽或故意盗用以及误用、损毁或丢失事件的发生。如果业务关联人在保护商业秘密方面信誉或者能力偏低，发包（接包）商或有损失将远远超过发包（接包）商收益。在项目发包过程中，由于业务的关联性和项目的针对性，发包商在提供开发资料时，不可避免地会让接包方触及商业秘密。特别是在一些大型数据库系统的软件外包业务中，为了完成数据库系统的功能配套，接包方需要获得与该系统有关的数据库资料，如客户资料、成本利润等商业秘密。这些商业秘密可能随着软件开发的外包而快速流失。同样，外包业务中接包方自身的商业秘密也有被外泄的风险。在系统功能或者软件测试过程中，设计人员可能把接包方资料嵌入系统。如接包方在业务交付过程中没有进行清理，一旦交付后该商业秘密将随发包方获取而流失，造成风险和损失。和核心技术保护类似，接包方员工以及合作第三方的变化也可能造成商业秘密的泄露。

三是核心技术保护风险。服务外包业务发包、实现和交付的过程中，需要涉及核心技术。包括发包方和接包方的核心技术。特别在软件外包领域，由于软件的无形性和可复制性，导致核心技术的保护异常复杂，作为软件发包方为保证软件的整体性和整合性，需要向承包方提供其核心技术。由于软件代码的内部性以及技术表现的隐蔽性，使得发包方有可能无法控制接包方。同样，接包方的自有核心技术也可能用于所开发项目中而没有与发包方签订任何使用许可或者授权使用协议。而且通常外包最终产品所有权属于发包方，从而导致接包方已有核心技术无偿转让但没有约束或获益。外包过程中存在的另一个潜在核心技术保护风险是第三方核心技术外泄。由于员工离职、外包项目参与者分解等第三方原因，可能造成核心技术流失。

四是工具模块复制风险。所谓外包业务中的工具模块包括可以独立并重复使用的功能模块，如窗口、界面、函数等。特别是在软件开发过程中，代码的重用是业内正常现象。为了软件设计的便利性，软件设计者通常把一些常用辅助性的功能软件做成相对独立的部件，然后把这些独立封装文件用于不同软件系统的相应功能模块，比如流程控制、窗口界面等。由于外部文件的独立性，可以近乎复制嵌入其他软件系统中，从而降低研发费用和使用成本。这种重用可能造成接包方将外部第三方的工具模块直接嵌入使用到发包方外包项目中，接包方也可能将发包方外包项目中的工具模块封装后，直接嵌入外部客户业务中。因此，外包业务中接发包双方都应高度重视在工具模块重用上的风险问题。

二、服务外包中知识产权风险的种类

（一）以知识产权风险的诱发原因分类

1. 道德风险

道德风险（moral hazard）是20世纪80年代西方经济学家对保险业进行研究时提出的一个概念，一般被定义为从事经济活动的人在最大限度地增进自身效用时，做出不利于他人行动的可能性；或者是当签约一方不完全承担风险后果时所采取的自身效用最大化的自私行为的可能性。道德风险的源头是合同双方利益的不一致，而其之所以持续存在，是由于委托代理双方签约后的信息不对称。代理人对自身行为占有大量私有信息，可以实施不符合合同要求却有利于自身利益的“隐藏行为”而不为委托人察觉，这种“后合同风险”则会大大损害委托人的利益。在服务外包中承包方可能面临的道德风险有：承包方提供的共享知识产权被发包方挪用，可能导致承包方失去对该知识产权的控制或损失相应的市场收益的风险；承包方挪用发包方提供的背景知识产权，可能导致承包方面临违约赔偿、终止外包合同、信誉下降甚至遭到侵权诉讼的风险；员工泄密，严重影响承包方的商业信誉，使承包方面临客户流失的风险。

2. 法律风险

法律风险，是指在一定区域、期限和环境下客观存在的，因依法被追究责任的（或者难以依法保障自身权利的）行为而导致费用、损失与损害产生的可能性。法律风险是基于法律环境产生的与权利、义务有关的商业风险，是以违反法律、法规和规章的相关规定，并以承担法律责任为特征的，可分为诉讼风险和非诉讼风险。在服务外包中承包方可能面临的法律风险有：承包方挪用发包方提供的背景知识产权的风险；承包方因管理漏洞致使发包方的知识产权泄露的风险；承包方在前景知识产权的生产阶段使用未被授权的第三方知识产权等。这些都可能导致承包方面临承担法律责任的风险，包括违约赔偿、终止外包合同以及侵权诉讼。

3. 合同不完全风险

合同不完全风险，是指由于在合同的执行过程中出现了合同未涉及的情况导致损失产生的可能性。传统经济学假设合同是"完全合同"(complete contracts)，即对未来可能出现的任何事项以及该事件发生时契约双方的权利、义务、风险承担等做出详尽的安排并写进合同条款之中。由于受不确定性和技术约束，合同只能是"不完全合同"(incomplete contracts)，不确定性是指合同双方不可能对所有可能发生的情形进行准确界定，总有意想不到的事情发生；技术约束是指即便双方可能考虑到所有情形，但在技术上也难以做到依靠一个合同文件加以概括所有情形（条目过细，导致失去操作性）。[①] 在服务外包中承包方可能面临的合同不完全风险有：有关背景知识的共享和前景知识产权的分享很难在签约时完全清晰界定，可能导致承包方面临丧失知识产权所有权的风险；承包方在与员工签订劳动合同时难以对所有保密和竞业禁止事项进行全面规范，可能导致员工故意泄密或跳槽带走核心知识产权的风险。

（二）以风险事件对主体的影响分类

Osterberg（2003）按风险事件对主体的影响将知识产权风险划分为5类，即执行风险、侵权风险、所有权风险、投资风险以及储存、维持和传播风险。[②] 借鉴Osterberg的分类方式，我们将服务外包中承包方可能面临的知识产权风险划分为以下4类：

1. 侵权风险

侵权风险，是指企业在有意或无意侵犯他人所有的知识产权时，面临的支付损害赔偿、停止活动或应诉侵权诉讼的可能性。侵权风险是在服务外包中承包方可能面临的最大风险之一，是制约服务离岸外包开展的首要原因。企业只有控制好外包中的知识产权侵权风险，建立良好的知识产权保护形象，才能吸引大量技术水平高的外包项目，促进自主创新能力的提升。

2. 所有权风险

所有权风险，是指企业由于没有及时申请、登记知识产权或是在与他方合作中由于合同的纠纷和冲突，使企业丧失应属于（或部分属于）企业的知识产权的

---

① Barthélemy，J.，Quélin，B.V. Complexity of Outsourcing Contracts and Expost Transaction Costs：An Empirical Investigation [J]. Journal of Management Studies，2006，43（8）：1775-1797.

② Osterberg，E. C. A Primer on IP Risk Management and Insurance. The Licensing Journal，2003（11）：1-10.

可能性。在服务外包中承包方可能面临的所有权风险有：由于将独占前景知识产权的所有权作为成果分享的首要原则（Baldia，2007），发包方在签订外包合同时都会要求拥有研发成果的所有权，拒绝与承包方共享成果的知识产权，处于谈判劣势的承包方大都在外包合同中明确放弃研发成果的所有权，面临丧失前景知识产权的所有权风险。所有权风险是在研发外包中承包方可能面临的最大风险之一。

3. 流失风险

流失风险，是由于企业的知识产权管理存在漏洞、知识外溢或员工流动而引起的知识产权泄露，削弱企业对自主知识产权的控制，使企业面临难以充分实施其知识产权权利或者实施成本增加的可能性。在研发外包中承包方可能面临的自主知识产权流失的风险包括：核心技术员工离职和员工泄密导致的知识产权流失风险；未充分挖掘自主知识产权导致的知识产权流失风险；发包方将承包方提供的背景知识产权利用到该外包项目以外的其他领域，削弱了承包方对自主知识产权的控制。

4. 评估风险

评估风险，是企业在做知识产权评估时，由于对知识产权的范围和价值未做出正确的评判而影响企业决策和减少企业收益的可能性。在研发外包中承包方可能面临的知识产权评估风险有：承包方错误界定知识产权共享范围的风险；背景知识产权被低估的风险；研发结束后，承包方错误界定转移给发包方的知识产权范围的风险。

三、服务外包知识产权风险的适用法律研究

知识产权涉及诸多方面，其外包中发生的风险也有许多种类，如果我们对这些风险逐一进行法律分析，既没有必要，也因过于复杂零散而失去可能性。因此，我们按照其属性将外包中的知识产权分为商业秘密和核心技术、知识产权归属和工具模块复制两大类，进而从这两个方面分别来分析服务外包知识产权适用法律的问题。

（一）商业秘密和核心技术风险的适用法律保护

我国《反不正当竞争法》第十条规定，商业秘密是指“不为公众所知悉，能为权利人带来经济利益，具有实用性并经权利人采取保密措施的技术信息和经营信息”。核心技术作为需要保护和保密的技术信息应该适用于商业秘密的有关法律规定。

由于服务外包发包方和接包方都是在将其业务发包、开展和交付过程当中或者之后，才会涉及双方商业秘密和核心技术保护问题，而商业秘密和核心技术都“不为公众知悉”，无法用《专利法》和《著作法》来公开保护。因此，主要围绕服务外包合同过程，依据《合同法》和《反不正当竞争法》的规定，运用契约管理来明确发包方与接包方之间的法定权利和义务。

1. 合同签约阶段的保护

对外包的商业秘密和核心技术保护，并不完全发生在服务外包双方当事人合同缔约以后的履约过程中。在缔结合同之前的协商过程中，一方当事人就可能了解到对方当事人所拥有的商业秘密和核心技术，这种获悉商业秘密的途径由服务外包合同的性质决定，因此，要从合同成立之前的缔约过程中确定对商业秘密和核心技术保护的法律责任。

《合同法》第 42 条规定：“当事人在订立合同的过程中有违背诚实信用原则的行为，给对方造成损失的，应当承担损害赔偿责任。”《合同法》第 43 条进一步规定：“当事人在订立合同过程中知悉的商业秘密，无论合同是否成立，不得泄露或者不正当地使用。泄露或者不正当地使用该商业秘密给对方造成损失的，应当承担损害赔偿责任。”以上条款明确规定，服务外包双方当事人行为应该遵守两个原则，第一是不能违反诚实守信的原则，任何试图通过服务外包在缔约过程中获取对方商业秘密和核心技术并实施不正当竞争的行为都是违法行为；第二是无论合同成立与否，在获取了对方的商业秘密和核心技术以后且造成对方损失的，按照法律的规定要承担民事赔偿责任，构成刑事责任将按照刑法予以追究。

2. 合同履约阶段的保护

我国《合同法》第 60 条规定：“当事人应当遵循诚实信用的原则，根据合同的性质、目的和交易习惯履行通知、协助、保密等义务。”《反不正当竞争法》第 10 条规定，禁止一方当事人“违反约定或者违反权利人有关保守秘密的要求，披露、使用或允许他人使用其所掌握的商业秘密”。服务外包作为一种贸易合同，一方当事人要求另一方当事人对自己的商业秘密和核心技术予以保密，除了这些商业秘密和核心技术确实符合知识产权保护的条件并经过双方确认外，还应当在合同附件中列出详细的清单。这不仅是合同保护商业秘密和核心技术的需要，更是双方当事人执行合同的必要条件。

3. 合同终止后续的保护

在某项服务外包合同终止以后，作为商业秘密和核心技术保护的期限并不是随合同到期而失效，外包双方应当继续对对方的商业秘密和核心技术承担保密义务。按照法律对技术转让中保护商业秘密和核心技术的规定，“保密的期限不仅及于技术转让合同的有效存续期间，即使技术转让合同没成立或者技术转让合同已经终止，只要合同当事人有约定，受让人也负有保密义务”，“如果当事人对未订立技术转让合同或合同终止后的保密没有约定，让与人仍可依附随义务中的合同后义务提起违约之诉或者依据侵权之诉请求受让人赔偿损失”。因此，在服务外包涉及商业秘密和核心技术的一般合同中，当事人事先约定在合同终止后仍应当承担保守商业秘密和核心技术义务的，这种约定合法有效。当事人违反约定，应当承担支付违约金或赔偿损失等违约责任。在双方当事人事先没有约定的情况下，基于诚实信用原则，即使合同终止，当事人也应当承担保密义务。《合同法》第 92 条规定：“合同的权利义务终止后，当事人应当遵循诚实信用原则，根据交易习惯履行通知、协助、保密等义务。”这种法定的后合同义务同先合同义务、附随义务一样，都是基于诚实信用原则而产生的，即使合同中没有明确合同终止后的保密义务，根据此规定，当事人也应承担保密义务。

《反不正当竞争法》的第十条第三款规定，“经营者不得采用以下手段侵犯商业秘密”，“违反约定或者违反权利人有关保守商业秘密的要求，披露、使用或者允许他人使用其掌握的商业秘密”。合同终止后，一方当事人如果侵犯另一方当事人商业秘密或核心技术的，权利人可以根据《反不正当竞争法》提起诉讼。

（二）知识产权归属和工具模块复制的适用法律保护

按照我国的法律规定，在服务外包过程中产生的知识产权，其归属首先遵循的是合同优先原则，其次是按照知识产权的法律规定属于研究开发人员或者作者。此外，在国际外包业务中，按照国民待遇原则，知识产权法律在保护本国公民和组织的同时，也按照同样规定保护外国公民和企业的知识产权权利。工具模块属于知识产权的核心组成部分，特别是软件代码随软件本身作为同一标的整体受到保护，因此，也适用于知识产权归属的有关法律保护规定。

我国《专利法》第八条规定：“两个以上单位或者个人合作完成的发明创造、

一个单位或者个人接受其他单位或者个人委托所完成的发明创造，除另有协议以外，申请专利的权利属于完成或者共同完成的单位或者个人；申请被批准后，申请的单位或者个人为专利权人。”《合同法》第339条规定：“委托开发完成的发明创造，除当事人另有约定以外，申请专利的权利属于研究开发人。研究开发人取得专利权的，委托人可以免费实施该专利。”第340条规定：“合作开发完成的发明创造，除当事人另有约定的以外，申请专利的权利属于合作开发的当事人共有。当事人一方转让其共有的专利申请权的，其他各方享有以同等条件优先受让的权利。”根据以上规定，专利申请权或者专利权的归属首先应由合同约定；合同中没有约定的，专利申请权及专利权属于研究开发人或者共同研究开发人。同样，在涉及信息技术的知识产权服务外包项目中，《著作权法》对于处理计算机软件的著作权也有类似的规定。《著作权法》第13条规定，“两人以上合作创作的作品，著作权由合作者共同享有”；“合作作品可以分割使用的，作者对各自创作的部分可以单独享有著作权”。第十七条规定：“受委托创作的作品，著作权的归属由委托人和受托人通过合同约定。合同未作明确约定或者没有订立合同的，著作权属于受托人。”

按照我国《著作权法》原则规定，国务院颁布了《计算机软件保护条例》，其中第10条对合作开发的计算机软件的著作权归属作如下规定，“软件著作权属于软件开发者”；第11条规定：“由两个以上的单位、公民合作开发的软件，除另有协议外，其软件著作权由各合作开发者共同享有。”此外，《计算机软件保护条例》还规定，“合作开发者对软件著作权的行使按照事前的书面进行，如无书面协议，而合作开发者的软件可以分割使用的，开发者对各自开发的部分可以单独享有著作权，但行使著作权时不得扩展合作开发的软件整体的著作权”，“合作开发的软件不能分割使用的，由合作开发者协商一致行使”，“如不能协商一致，又无正当理由，任何一方不得阻止他方行使除转让权以外的其他权利，但所得收益应合理分配给所有合作开发者”。

需要强调的是，尽管工具模块依附于产品整体的知识产权归属而同时确定知识产权归属，但由于工具模块的可重用性导致的特殊性，也必须对它做出具体规定。代码的重用就意味着软件复制。按照《著作权法》的规定，复制权是著作权人固有的权利，未经著作权人许可而基于商业目的复制其作品是一种侵权行为，需要承担停止损害、赔偿损失等民事责任。

四、国际经验借鉴

（一）国际服务外包知识产权保护的一般做法

在国际上，许多国家对服务外包涉及的知识产权进行保护，也提供了许多可资借鉴的经验。下面我们从发包方和承包方两个方面做一介绍。

1. 发包方

服务外包发包方知识产权保护的主要做法有以下几个方面：一是加强知识产权法律法规体系建设；二是加强知识产权管理机构建设；三是注重根据本国的经济社会发展状况和企业特点制定并调整相关法律；四是综合运用司法、行政和仲裁等多种方式，严格执法，打击知识产权侵权；五是推动知识产权保护国际化，提高本国国际竞争力；六是发挥政府职能，为企业提供服务；七是树立企业知识产权意识；八是加强全社会对知识产权重要性的认识。

2. 接包方

服务外包接包方知识产权保护的做法主要有以下几个方面：一是在国家层面，以不与本国承担的国际义务发生直接冲突为前提，根据国内不同产业的特性，建立以促进产业发展为导向的知识产权制度；二是在行业层面，通过行业协会，建立行业知识产权“防火墙”；三是在企业层面，建立完备的知识产权安全保障机制。

（二）印度承接服务外包中知识产权的保护

印度政府为了吸引国际外包业务，积极调整其保护知识产权的法律及相应条例与政策，监督并强化保护知识产权的执行力度，积极打造有利于承接外包的知识产权保护环境。在世界经济论坛（World Economic Forum，WEF）公布的《2006~2007 年全球竞争力报告》中，印度凭借良好的知识产权保护体系排名第 43 位。[①] 这个国家竞争力排名反映出，对于跨国公司而言，印度的投资环境具有相当的优越性。作为承接国际服务外包发达的国家，印度在服务外包中对知识产权

① 黄智新. 印度竞争力领先中国 11 位 [N]. 中国贸易报，2006-12-04.

的保护做法具有典型的代表性。

1. 印度知识产权保护体系概述

（1）立法及法律法规。20 世纪 90 年代之前，印度知识产权体制重在保护知识产权的社会利益，忽视私人的权利。[①] 为了与国际接轨，印度自 20 世纪 90 年代开始大幅度修订国内与知识产权有关的法律、法规，同时，积极加入知识产权国际公约。印度于 1995 加入《与贸易相关的知识产权协定》（TRIPS），1998 年成为《巴黎公约》和《专利合作条约》的缔约国。在此之前，印度已经签署了《伯尔尼公约》和《国际版权公约》。在知识产权立法方面，印度于 2005 年 3 月通过了《专利法》的第三次修定、1999 年 12 月通过了《著作权法》的第四次修订、[②]1999 年还通过了《商标法》、2000 年通过了《信息技术法》、《半导体集成电路设计议案》、《设计法》和《商品的地理标识法》等。

（2）司法及程序。印度的知识产权司法保护包括民事救济和刑事救济两种。民事救济是印度打击知识产权侵权的有效手段。为打击侵权，印度知识产权法提供的民事救济方式有申请搜查令、申请临时性禁令、损害赔偿和返还利润。除了民事救济，被侵权人也可以同时向侵权人提起刑事诉讼。根据印度法律规定，法庭可以命令侵权人将侵权产品的复制品及用于侵权的工具交给被侵权人。对侵权人的刑事处罚包括没收侵权产品、判罚 5 万~20 万卢比不等罚金和处以 6 个月以上 3 年以下监禁 3 种。[③] 根据印度法律规定，有权审理知识产权侵权案件的最低一级法院是地区法院。此外，设在孟买、加尔各答和钦奈的特许高级法院有审理此类案件的特殊初审权；德里高级法院也有初审权，还有审理此类案件中诉讼金额超过 50 万卢比（约合 8.5 万元人民币）的特殊初审权。

（3）执法及机构。印度专利、外观设计、商标及地理标志管理总局（CGPDTM）隶属于印度工商部工业政策促进司，是印度专利、外观设计、商标及地理标志等知识产权事务的主管机关。CGPDTM 总部设在孟买，下设专利局（含外观设计局）、商标注册局、地理标志注册局、专利信息服务中心和知识产权培训学院 5 个机构。CGPDTM 的主要职能：负责专利、外观设计、商标及地理标志的申请、审查、核准等事务；向政府提交知识产权相关事务的政策建议；承担印度作为《保护知识产权巴黎公约》及《专利合作条约》成员的联

---

① 唐鹏琪. 印度在知识产权保护方面的成效、问题和启示［J］. 南亚研究，2002（3）：20-25.

② 此法案与《伯尔尼公约》中的版权和邻接权方面的规定一致。

③ 中国知识产权局.发展中的印度知识产权保护体系.http：//www.sipo.gov.cn/ sipo2008/dtxx/gw/2007/200804/t20080401_353414.html.2008.

系协调工作。[①]

印度版权局设在首都新德里，是印度受理版权登记注册、发放版权证书等相关事务的主管机关，同时也是专门处理著作权侵权问题的执行组织。印度人力资源发展部教育司下属的印度版权委员会是印度受理版权案件行政申诉、发放版权强制许可证的主管部门；印度软件业反盗版的执法机构是全国软件服务公司协会（NASSCOM）。

印度其他的知识产权执法机构还有：于2003年9月15日成立的印度知识产权申诉委员会，该委员会负责受理专利、设计及商标等案件的申诉；印度警察局，印度法律规定，在侵权案件调查中副调查官以上的警官可以无需搜查证直接对侵权人住所实施突击搜查，并可没收侵权产品及用于侵权的工具。

2. 印度与服务外包相关的知识产权法评述

印度的服务外包主要包括信息技术外包（ITO），基于IT技术的业务流程外包（BPO），工程服务、研发（R&D）、软件产品三类业务。印度的服务外包涉及的最重要的知识产权是专利、著作权和商业秘密，与此相对应，印度《知识产权法》中的《专利法》、《著作权法》和《技术信息法》（保护存储于计算机中的商业秘密）与服务外包联系最为密切。

（1）《专利法》。印度《专利法》从诞生到历次修订都对印度医药界产生了巨大影响，对服务外包知识产权的保护有一个由宽泛到严格的过渡过程。1970年，印度出台了独立后的首部《专利法》，该法将药品排除在《专利法》保护范围之外，只保护药物的生产方法专利，而不保护药品专利。1970修订后的《专利法》允许印度公司仿制取得国外专利权的药物并在国内市场销售，印度一度生产着占全球22%的仿制药，[②] 为印度医药产业创造了广阔的发展空间。然而，印度在保持这些优势的同时也付出了代价，制约了国内医药自主研发的发展及国外医药业的进入。

为了加入世界贸易组织，印度于1994年按照《1994年专利修订法令》对《1970年专利法》加以修订。此法令于1995年1月生效，修改的范围涉及药品、专利的期限、强制许可制度、发明的概念、微生物的概念等方面。1999年，在欧美等国的强烈要求以及世界贸易组织的监督下，印度再次修订了《1970年专

① 中国知识产权局.发展中的印度知识产权保护体系.http：//www.sipo.gov.cn/ sipo2008/dtxx/gw/2007/200804/t20080401_353414.html.2008.

② 王海峰. 印度医药走向创新［N］. 医药经济报，2007-05-30.

利法》。此次修订对《1970年专利法》所做的最大修改是，除了对农用化学品的生产过程予以专利保护外，还允许对其产品予以专利保护。这些产品包括杀虫剂、杀菌剂、杀真菌剂、除草剂和其他一切用于保护和保存植物的物质，也包括作为中间产品用于生产药品的所有化学品。

根据TRIPS的规定，TRIPS条款于1996年对所有签约国生效，在履行所有义务方面，发展中国家有4年的过渡时期，另外还给予申请加入TRIPS协议时对技术领域的产品没有进行专利保护的国家5年过渡期，即印度必须在2005年前修改其《专利法》，对药品进行专利保护。印度充分地利用了TRIPS的过渡期，直到2005年通过的对《专利法》的最新修订中才废除了不允许诸如食品、药品等产品获得专利权的禁止条款，使申请医药品或农产品专利保护的申请人均有可能获得专利保护。

加入世界贸易组织后，由于印度逐步加强了对医药的知识产权保护，不仅激发了国内企业从事研发的热情，而且也吸引了大批外国制药企业到印度设立研发基地。近年来，欧美制药商越来越多地把临床试验和研发工作转移到印度，包括英国葛兰素史克公司、德国拜耳公司、法国安万特公司和美国辉瑞公司等世界大型制药公司都已经在印度开始外包工作。2003年，印度总共承接了60~80个临床研发外包（CRO）项目，仅仅在2007的前8个月内，印度就承接了260个CRO项目，发展十分迅速。[①] 2010年，欧美制药企业发包给印度进行临床研究的费用达到150亿美元。

（2）《著作权法》。印度的著作权保护程度，尤其是在计算机软件领域和影视娱乐业方面的保护程度很高。很多研究者认为，印度成为服务外包大国是与其严格的著作权保护分不开的。1957年，印度颁布了独立后的新《著作权法》。针对日益增多的盗版现象，印度又于1983年和1984年对该法两度进行修改。为了配合政府发展信息产业的政策，印度又多次修改了《著作权法》。在1992年的著作权增补法案中，把有线电视和计算机软件列入了保护范围。1994年的著作权增补法案把著作权的保护范围扩大到包括卫星广播、计算机软件和数字技术。其修改的内容涉及著作权所有者的权利、软件租用的政策、软件备份使用者的权利和计算机软件侵权的惩罚和罚金等方方面面。根据该增补法案，在没有得到一定或特别授权的情况下，制作和发售有著作权的计算机软件的拷贝是违法的。唯一的例外是此法案第52部分允许拷贝计算机软件作为预防原版的遗失、损坏之用。

---

① 朱羽舒. 印度CRO订单做不完［N］. 医药经济报，2007-10-10.

1994 年的增补法案还规定，没有著作权人的特别授权，禁止出售或租用计算机软件的拷贝本、禁止计算机软件的无授权复制、禁止把计算机软件的复制品给不同的使用者和禁止把非授权的拷贝本给另外的个人等方面。如果发现盗版计算机软件，盗版者将受到民法和刑法的起诉。民事和刑事行为都要承担法律责任和损失赔偿。在《1994 年印度著作权增补法案》中，计算机软件的刑事惩罚提高了许多，根据第 63B 部分规定，盗版计算机软件将被判 7 天至 3 年的监禁和惩罚 5 万~20 万卢比的罚金。[①] 该法案被誉为“世界上最苛刻的著作权法”，极大地促进了印度软件外包的发展。1990~1991 年印度的软件产品出口总额仅为 5000 万美元，但到了 1997~1998 年，印度软件产品收入已猛增到 18 亿美元，后一阶段比前一阶段增加了 30 多倍。[②]

1999 年 12 月 30 日，印度再次对《版权法》进行修改，并于 2000 年 1 月 15 日正式实施。通过此次修改，印度《版权法》实现了与《TRIPS 协议》的完全对接。自 NASSCOM 于 1994 年 8 月在新德里开通反盗版热线以来，印度警方与 NASSCOM 合作频频开展反盗版运动，在这种形势下，印度软件用户的版权意识开始增强，其软件产业的环境更加规范化，使得印度软件外包企业建立了良好的国际信誉，跨国公司在对印度进行软件外包时更加放心。2003 年 IBM 将其美国本土 4000 多个编程的工作岗位转移到印度，并于 2005 年进一步扩大了在印度的外包规模。

（3）《商业秘密法》。在服务外包中，70%~80%的发包方认为，商业秘密比其他的知识产权更加重要，也更加难以保护。因此，能否提供安全有效的商业秘密保护，是服务外包中知识产权保护的关键，也是外包业务成败的关键要素之一。印度没有专门为保护商业秘密进行立法，但为了达到 TRIPS 协议的要求以及发展服务外包产业，其对服务外包领域的商业秘密保护越来越重视。

在印度法律中，商业秘密被定义为未公开的已被当作秘密进行保护的信息，该信息可以在商业上应用并能带来经济利益。商业秘密包括技术数据、内部流程、专业的调查方法、配方、未申请专利的新发明、客户名单、技巧、公式、草图、培训材料、源代码等。印度没有商业秘密法，商业秘密主要由合同法和普通法的相关条款进行保护，而且最近印度法院也表示，愿意对遭受侵权的商业秘密

---

① India Copyright Act，http：//copyright.gov.in/CprAct.pdf.

② 孟长康. 印度成长为信息产业大国的启示［J］. 管理现代化，2001（5）：59-63.

给予临时禁令以进行救济。[①]

根据民法原则，合同是双方当事人的法律。在印度，服务外包双方会首先依靠合同来保护商业秘密。服务外包中保密协议主要有发包方和接包方签订的保密协议、接包方和自己员工签订的保密协议、接包方和自己员工签订的竞业禁止协议等。根据公平的原则，印度的普通法认为"违反信任"是侵权行为，即不论主合同是否成立都构成侵权。根据印度的司法实践，法院也已将违反保密义务作为一个独立于主合同的侵权行为。[②] 也就是说，无论服务外包合同是否成立，合同双方都对已获悉的对方商业秘密附有保密义务。

印度服务外包中的商业秘密除了受到上述的法律保护之外，印度政府、行业协会以及企业也都做了许多工作以保护发包方的商业秘密。为了打造有利承接服务外包的外部环境，印度政府要求印度企业全面接受并达到国际知识产权标准。印度接包企业为了确保用户的数据产权，多是通过在线加密之后读取客户信息，这样做的目的是要向客户证明"数据最终永远属于客户自己"。其实，在服务外包实践中，承接服务外包的企业有意侵犯发包方的商业秘密的事件极少，已发生的泄密事件，都是接包方的员工为了私利引起的。为此，NASSCOM 于 2006 年 1 月建立了全球第一个类似于银行个人信用的软件人才数据库，名为 National Skills Registry for IT Employees National Skills Registry for IT/ITES Professional（NSR-ITP）（NASSCOM，2009）。NSR-ITP 计划是通过指纹和照片来辨认从业人员，用数据库记录印度所有软件公司员工的有关信息，包括教育背景、身体状况、曾经担任的职务及承接过的项目、擅长的工作领域、雇主对其评价等。NASSCOM 在每个相关公司的协助下来确认每个注册人员的信息，并对数据进行严格的保密。只有当雇主向法院或警察局提起正式起诉或申诉时，雇主才能公布这些信息。同时，雇主的起诉或申诉会被严格审查，以防止雇主滥用权利损害雇员的合法利益。在软件行业的人员流动率高达 20%的情形下，NSR-ITP 系统的实施对防止商业诈骗、保护知识产权起到了重要的作用，增加了印度软件公司在欧美客户心中的诚信度。经过印度政府、行业与企业长期的共同努力，目前，印度服务外包中的商业秘密保护已初见成效，它们已经在国际上享有"能有效保护客户产权"的口碑。印度对商业秘密的保护在促进 IT 类和软件外包的同时，还吸引了世界

① Larry R. et al. Trade Secret Law and Protection in India [J]. Intellectual Property & Technology Law Journal, 2008, 20（10）：25-28.

② 胡水晶，余翔. 印度服务外包中的知识产权保护及启示 [J]. 电子知识产权，2009(9)：57-63.

500强公司将各种数据管理、呼叫中心、客户服务等大批工作职位向印度迁移。

（4）《信息技术法》。20世纪90年代以后，互联网的普及和信息技术的发展，使异地实时交付成为可能，大大降低了成本，提高了效率，因而全球国际服务外包得以飞速发展。但同时，由于互联网本身存在重要信息被泄露、窃取甚至系统被攻击的安全隐患增加了服务外包的风险，阻碍了外包的健康发展。虽然外包双方通过技术手段可以在一定程度上增强网络的安全性，但从根本上来说，仅仅依靠技术手段难以保证网络的安全性。因此，对网络安全进行法律保护就显得十分必要。为了打击网络犯罪，印度政府于2000年6月颁布了《信息技术法》，该法涉及刑事、行政管理、电子商务等内容。使得印度成为当时世界上12个在计算机和互联网领域内专门立法的国家之一。

2000年10月18日，印度政府颁布的《信息技术法》正式生效，该法律对过去的《印度刑法典》（1860年）、《印度证据法》（1872年）、《印度储蓄银行法》（1934年）和《银行背书证据法》（1891年）中的有关条文进行了修订。[①] 印度《信息技术法》的主要内容有两个方面：一是确认电子商务活动的法律地位并规范电子商务活动；二是防范与打击针对计算机和网络的犯罪。法令明确规定，电子商务得到法律承认和保护，包括“电子合同”在内的一切“电子文书”和“数字化签名”，只要经过适当的认证手续，即具有法律效力。同时，为了有效地防止和惩处针对计算机和网络的犯罪，印度《信息技术法》在涉及刑事的部分明确规定，未经许可侵入他人计算机、计算机系统和网络、私自下载他人计算机或其系统中的数据信息、制造和散播计算机病毒等行为构成“破坏计算机和计算机系统”犯罪；向任何计算机或计算机系统散播病毒或导致病毒散播的行为，均认定为犯罪；如果某人为获取电子签名认证而向有关主管部门或认证机构谎报、瞒报任何文件或事实，也被认定为犯罪。根据《信息技术法》的规定，网络犯罪分子通常可被判处3年以下有期徒刑或最高20万卢比的罚款（约合4670美元）。对电脑网络系统进行攻击的黑客，最高可被判处有期徒刑3年或罚款30万卢比（约合7000美元）。未经许可进入他人受保护的计算机系统，最高可被判处有期徒刑10年。同时还建议成立一个“计算机法规上诉法庭”，专门用以受理计算机和网络领域争议的案件。

从印度服务外包发展的角度看，印度《信息技术法》的出台，在很大程度上

① Gandhi，S.K.E. Commerce and Information Technology Act，2000 [J]. Vidyasagar University Journal of Commerce，2006，11（3）：82-91.

消除了发达国家跨国公司与印度进行服务外包时对网络信息安全的顾虑，也消除了一旦发生商业纠纷外包双方不能依法保护自己合法权益的顾虑。[①] 这是一个具有里程碑意义的法案，大大推动了外包以及电子商务在印度的良性发展。

① Meehan，M. J. Outsourcing Information Technology to India：Explaining Patterns of Foreign Direet Investment and Contracting in the Software Industry. Brigham Young University International Law & Management Review，2006(3)：28–43.

第五章　金融服务外包争端及其解决

在国际服务外包市场中，金融业服务的外包方兴未艾。作为金融机构提升核心竞争力的有效手段，金融服务外包已在全球范围引起广泛关注，并且出现了新一轮的浪潮，其范围覆盖银行、保险、证券、投资等各类金融机构。很多大型银行将其后台业务外包到国外，利用国外劳动力来降低成本，提高服务的质量和效率。金融服务外包在为金融业带来诸多好处的同时，也可能带来诸如战略风险、声誉风险、法律风险、操作风险、国家风险、履约风险等。如何借鉴国际先进的监管措施并完善相关法律环境无疑是金融服务外包发展的"重中之重"。

一、《服务贸易总协定》下的金融服务外包法律问题

（一）金融服务外包

金融服务外包，是指金融机构将其部分事务委托给外部机构或者个人处理，以便降低管理和经营成本，提高经营效率和竞争能力。《金融服务外包文件》[①] 将金融服务外包界定为"受管制实体在持续性的基础上利用第三方来完成一些一般由受管制实体现在或将来所从事的事务，而不论该第三方当事人是否为公司集团内的一个附属企业，或为公司集团外的某一当事人"。另外，该文件的前身《金融服务外包征求意见稿》对金融服务外包的表述是"指受监管实体持续地利用外包服务商（为集团内的附属实体或集团以外的实体）来完成以前由自身承担的业

① 这是 2005 年 2 月，巴塞尔银行监管委员会（BCBS）协同国际证监会组织（IOSCO）、国际保险监督官协会（IAIS）及国际清算银行（BIS）组成联合论坛工作组并与其他国际或区域性组织共同制定并出台的目前外包监管立法权威性参考文件。

务活动”。

金融业务外包已有多年历史。自1970年以来，证券行业的金融机构为节约成本，将部分准事务性业务（如打印及存储记录等）外包。随着全球化和技术更新的进一步推进，全球金融服务机构越来越多地将原先自行承担的业务转交外包服务商完成，以便节约成本与实现战略性发展。根据德勤会计师事务所的研究报告，至2008年，全球前100家大的金融服务公司希望“将3500万美元的成本费用转移到海外”；[①] 2004年，德勤会计师事务所估计，2004年后的5年内，美国金融服务业将有3560亿美元（占到此行业成本的15%）的业务外包到境外，并预测2010年的业务市场产值将达到4000亿美元，占整个行业总产值的20%。[②]

（二）《服务贸易总协定》下的金融服务外包法律问题

从《服务贸易总协定》（GATS）的视角看，金融服务外包涉及以下主要法律问题：

1. 金融服务外包的归类问题

（1）服务部门。从GATS的角度看，首先要解决的是金融服务外包是否属于GATS调整范围的问题。分析金融服务外包的内容及GATS服务部门分类，可以看到金融服务外包可以以两种方式归为GATS调整。第一是GATS的直接适用。在金融服务外包领域，某些业务属于金融机构的“核心业务”，可直接归属于W/ 120分类表的金融服务部门；即使某些业务属于“非核心”业务，也可归入直接相关的服务部门分类之中。例如，数据处理服务、电话答录服务和提供与转换金融信息、金融数据处理以及提供其他金融服务的相关软件等。第二是GATS的间接适用。GATS第28条（b）款对其中的“服务提供”进行了宽泛的定义，明确地包含一项服务的生产、分配、营销、销售和交付。因而，如果一项承诺针对某一“最终服务”而提出（如金融服务），那么，可以假设对服务提供者给予支持的所有经营过程（如发薪服务）应包括在内。由于多数金融外包服务为“非核心”的支持服务，当其无法直接归类到W/120的外包服务时，可以根据其所依附的“核心服务”或“最终服务”来推断其归属。例如，为金融机构提供的呼

---

① The Cusp of A Revolution–How Off–Shoring Will Transform the Financial Services Industry, Chris Gentle , Deloitte Research, 2003.

② 2004年，德勤会计师事务所在美联储理事会会议上做的《银行业务离岸及跨境外包情况》报告估计。

叫中心服务，可以被归类到“金融服务”中。[①]

（2）服务提供模式。根据服务提供者和消费者的来源地以及服务交付当时他们在地理上变化的程度和类型，GATS 把服务提供模式分为四种，即跨境交付（模式 1）、境外消费（模式 2）、商业存在（模式 3）和自然人流动（模式 4）。模式 1 和模式 2 的区别在于“服务是从另一成员向服务消费者所属的成员境内提供，还是完全在服务消费者所属的成员境外提供”。金融服务外包的特征之一就是境外服务提供者以电子方式交付服务，与其联系最为密切的服务提供模式为跨境交付与境外消费。但迄今为止，成员方之间尚未就电子交付服务属于跨境交付还是境外消费做出令人满意的回答。究其原因，“消费者所属的地域并不是决定服务交付地的依据”，[②] 特别是电子交付的方式使得金融服务在全球任何地点交付而无需消费者实际出现。由于明确服务交付地存在困难，导致了模式 1 与模式 2 区分的模糊性，因此以电子交付为主要交付方式的服务外包属于 GATS 下的哪种服务提供模式仍处于不明确的状态中。[③]

服务提供模式的不明确性不仅影响金融服务承诺的透明度，还为“有关成员方逃避其本应承担的义务提供漏洞和便利”。[④] 特别是当成员方在该两种模式下的承诺水平不同时，这一问题更为严重。尽管通信技术的发展使得跨境交付的技术障碍得到了解决，但该模式下的许多条目在乌拉圭回合中都被认为“由于缺乏技术便利而不受约束（unbounded）”，即成员方可在特定部门或分部门中对特定的提供方式自由地实施或维持与市场准入或国民待遇不一致的措施。这导致多数开放的部门（如商业和计算机服务）中缺乏对模式 1 的承诺，或者承诺处于较低水平。另外，“境外消费的承诺与跨境交付相比更为自由。这似乎说明各国愿意对在境外发生的交易采取更加自由的措施”。[⑤] 为了规避这种不确定性，在模式 1 和模式 2 中金融服务外包都需获得市场准入和国民待遇方面的承诺是必要的。

2. 金融服务外包的服务原产地确认问题

尽管乌拉圭回合谈判统一了货物贸易的原产地规则，但服务贸易的原产地规则问题则尚未涉及，因此，服务贸易的原产地规则未能统一。由于 GATS 在不同

①③ 龚柏华. 论中国承接金融服务离岸外包相关法律问题［J］. 上海财经大学学报，2007（1）：50–57.

② 世界贸易组织秘书处编著. 电子商务与 WTO 的作用：贸易、金融和金融危机金融服务自由化和《服务贸易总协定》［M］. 对外贸易经济合作部世界贸易组织司译. 北京：法律出版社，2002：109.

④⑤ 韩龙. 世贸组织与金融服务贸易［M］. 北京：人民法院出版社，2003：174.

来源的服务中对服务提供模式进行了区分，因此必须确定服务生产者的来源。在服务外包领域，服务的提供者（金融机构）和服务的实际生产者（境外服务承包方）脱离，“原产地的确认必须超越服务承包方的束缚去确认服务的真正来源”。①借鉴 GATT 的原产地解释规则，对 GATS 原产地的判断方法将基于“实质性转变”。因此，“与货物来源相似，为了确定服务的来源，成员方不仅需要证明服务的原产地和其所有投入，还需要证明服务投入提供者的身份”。②

3. 金融服务外包自由化的限制措施

随着服务外包的增加，尤其是多数服务进口国国内贸易保护主义的影响，对金融服务外包的限制也将会越来越大，这些也都必将对金融服务外包的发展产生深远的影响。

（1）市场准入的限制。作为非核心业务，金融服务外包尽管承诺必须依附于“核心服务”，但究其性质而言，却又与核心服务的生产、分配、营销、销售和交付存在密切联系。GATS 第 16 条关于市场准入的规定是，“在承担市场准入承诺的部门中，某一成员除非在其承诺表中明确规定，既不得在某一区域内，也不得在其全境内维持或采取以下措施：以配额或要求经济需求测试的方式限制服务业务的总量或以指定的数量单位表示的服务产出总量”。③ 在 GATS 市场准入的国内措施方面，“即使成员方对某一特定服务行为没有列明限制而做出了完全承诺，其仍可自由地维持限制‘提供服务的投入’的措施”。

（2）国民待遇的限制。尽管 GATS 第 17 条没有将服务的提供模式作为定义同类服务的考虑因素，但成员方做出的关于国民待遇的承诺是按服务提供模式列举的。由于对服务的相同性界定取决于服务提供模式，成员方可以允许通过一种模式而不允许通过另一种模式提供服务，从而在提供相同服务的不同服务提供模式之间出现歧视。这将导致“境外服务提供者通过特定模式提供的服务可能受不到保护”。④ 国际服务外包多以跨境交付和境外消费的方式提供服务，在“不同的服务提供模式有不同标准”⑤ 的情况下极易受到歧视。另外，解释性说明第 10 款规定，“GATS 所包含的义务不要求成员方在其领土管辖范围之外采取措施。因此，第 17 条中的国民待遇义务不要求一成员方将该待遇提供给另一成员方境内

① 房东. WTO《服务贸易总协定》法律约束力研究 [M]. 北京：北京大学出版社，2006：58.

② Ber nard Hoekman. Rules of Origin for Goods and Services –Conceptual Issues and Economic Considerations [J]. 世界贸易，1993：81–86.

③ 此项不包括一成员为限制提供服务的投入而采取的措施。

④⑤ Aaditya Mattoo. National Treatment in the Gats：Corner–stone or Pandora’s Box，1997：15.

服务提供者”。这似乎使境外金融服务提供者被排除在成员方国民待遇之外，有悖于 GATS 非歧视性的原则。[①]

二、金融服务外包的业务及存在的风险

（一）金融服务外包的业务

金融服务外包的内容通常包括具体操作（如不良贷款清收、信用卡账单制作）、联络功能（如呼叫中心）以及信息技术（如系统维护、应用程序开发）三种类型。常见的金融服务外包业务有不良贷款清收外包、信用卡账单制作外包、呼叫中心外包、信息技术外包等。[②]

1. 清收不良贷款的外包

传统上，金融机构对于产生的不良个人消费贷款都亲自清收。这种方法耗时长、成本高、影响主体业务。因此，部分金融机构就将不良消费贷款外包给专门的清收机构。外包清收的品种主要包括个人住房按揭贷款、汽车消费贷款、助学贷款、装修贷款、工程机械贷款等。清收的范围主要是可疑类和损失类贷款。清收外包业务中存在的风险主要有两点：一是外包清收资金控制存在风险漏洞。在执行过程中，承包商没有在金融机构存放保证金或只存放少量保证金，与清收大量资金的工作职责不匹配；金融机构单方面依据承包商反馈数据进行账务核对，没有与客户进行对账，有可能造成清收资金流失。二是客户信息存在安全隐患。承包商在工作过程中掌握大量客户信息，如果外包合同没有对客户资料保密进行详细规定，则存在法律风险。

2. 制作信用卡账单的外包

制作信用卡账单外包是指银行将信用卡账单制作业务外包给第三方的专业机构，承包商承担信用卡账单信函的打印、封装和投递功能。这首先会导致数据外泄的风险。银行将客户账单数据拷贝到存储介质上交给承包公司，客户账单数据将可能在第三方的系统中驻留，而且往往不会被加密存储。同时，承包商配置的

① 龚柏华. 论中国承接金融服务离岸外包相关法律问题［J］. 上海财经大学学报，2007（1）：50-57.
② 王铁山，等. 金融服务外包的风险及其监管对策［J］. 国际经济合作，2007（5）：88-92.

打印封装系统往往为分体式，操作人员有机会接触到打印在纸张上的客户隐私信息。其次，存在持卡人信息泄露的风险，比如承包商有可能将持卡人的个人信息泄露给广告公司。信用卡信息外泄事件屡见不鲜，美国某信用卡服务商曾遭受黑客攻击，造成近 4000 位持卡人的个人信息被泄露。①

3. 呼叫中心的外包

金融机构将呼叫中心业务外包给专门服务机构尤其是海外人力成本较低的地区，可以降低经营成本，但同时也可能导致客户数据和隐私外泄的风险。客户向呼叫中心咨询、求助、订购服务或产品的过程中信息或密码等个人隐私或商业机密，如果被呼叫中心有意或无意地被透露出去，可能导致经济损失或影响声誉。此外，呼叫中心的外包还存在着客户资料外泄的风险。

4. 信息技术外包

金融信息技术外包是指金融机构在规定的服务水平基础上将全部或一部分信息系统运作委托给外部信息技术服务提供商，由它们来管理并提供金融机构所需要的信息服务。②

如果金融信息技术外包对外包的内容控制有限、过度依赖服务商、对服务资源失去控制、失去信息技术应用方面的能力、灵活性降低、信息的安全性受到破坏或威胁等，则可能出现金融信息技术外包的风险。这首先表现在选择信息技术服务供应商的风险。金融机构一旦选择了不合适的供应商，外包服务质量和服务响应时间将难以保证，外包信息技术系统将可能严重失控。其次，存在着过分依赖供应商的风险。随着信息技术外包服务范围的日益扩大，金融机构对外包信息技术供应商所提供服务的依赖性逐渐增强，这会逐渐降低信息技术服务的灵活性，从而丧失竞争力。此外，供应商不能准确理解金融机构的业务需求或服务商内部的变更可能会影响服务质量，无法保证服务水平。③

---

①③ 王铁山，等. 金融服务外包的风险及其监管对策［J］. 国际经济合作，2007（5）：88–92.

② 张成虎，等. 金融机构信息技术外包的风险控制策略［J］. 当代经济科学，2003（2）：8–12.

（二）金融服务外包存在的风险

1.《金融服务外包》[①] 对金融业务外包风险的界定

巴塞尔联合论坛在《金融服务外包》中指出了 10 种主要风险，[②] 包括：①战略风险（strategic risk），是指承包方依照自己的利益自行处理业务而不符合发包方的总体战略和利益，发包方未对承包商实施有效监督，发包方没有足够的技术能力对承包方进行监督；②声誉风险（reputation risk），是指承包方服务质量低劣，对客户不能提供达到发包方要求标准的服务，或承包方的操作方式不符合发包方的规定做法；③法律风险（compliance risk），是指承包方不遵守有关隐私的法律，或未能充分遵守保护客户资料以及审慎监管的相关法律，或没有充分遵从监管和制度；④操作风险（operational risk），是指出现技术故障，或承包方没有充足的财力来完成承包的业务并无力采取补救措施，欺骗或过失或发包方难以对外包项目进行检查或检查成本过高；⑤退出风险（exit strategy risk），是指发包方过度依赖某一承包方，或自身缺乏对有关制度的熟悉而没有能力在必要时收回外包业务，或快速终止外包合同和更换承包商的成本过高；⑥信用风险（counterparty risk），是指保险或信用评估不当、应收账款质量下降；⑦国家风险（country risk），包括政治、社会和法律环境造成的风险，或商业可持续性规划更加复杂造成的风险；⑧履约风险（contractual risk），是指承包方不能履约完成合同规定任务的风险；⑨沟通风险（access risk），是指外包业务阻碍了发包方及时向监管当局提供数据和其他信息，监管当局理解承包方业务活动有额外的困难；⑩集中和系统风险（concentration and systemic risk），是指承包方给行业整体带来的风险较大，包括个别企业对承包方缺乏控制，以及行业整体面临系统性风险。

根据巴塞尔联合论坛《金融服务外包》对金融服务外包风险的界定，我们可以将贯穿于金融外包全过程的风险分为内部风险和外部风险。其中，内部风险主要包括战略决策风险、人力风险、财务风险、管理风险和市场风险；外包风险包括系统风险、技术风险以及承包方的风险。金融服务外包的风险形成受内外部环

---

① 该文件为金融服务外包制定了九大基本原则，并对与外包有关的主要问题及风险做了详细说明和举例。这些原则适用于银行、保险及证券业，而这些行业的国际委员会也可根据这些原则制定更为详细和有针对性的规定。由于上述三大国际委员会是由具有金融实力的发达国家所组成的，在金融全球化的趋势下，这些国家几乎主导着整个国际金融监管的合作和立法理念以及监管实践的走向，因此，该文件无疑会对各国金融服务外包监管的立法与实践产生较大的影响。

② 魏欣，李文龙翻译. 金融服务外包[J]. 中国金融，2005（13）：58-61.

境影响，是一种项目风险。[①]

2. 企业内部风险

企业内部风险包括决策风险、人力风险、财务风险、管理风险和市场风险。决策风险主要包括合同风险和退出风险。其中，合同风险包括合同修订、中止或终止，履行合同的能力以及国际外包中管辖法的选择。退出风险主要是由不适当的市场退出引起，即过度依赖单一承包方，导致退出外包的沉没成本很高。人力风险包括人员流失、缺乏，服务能力降低，学习能力下降，技术水平下降，后备人才缺乏，员工士气和信心下降等。金融业是人力资本密集型产业，因此人员的稳定性和人才的素质直接影响着金融服务的质量。由于薪资下降、上下层沟通不到位、语言障碍、文化差异以及文化融合度差等原因导致员工产生抵触情绪，人员流失；服务环节的外包导致金融机构内部的服务能力和学习能力的降低、技术水平下降、后备人才缺乏；信息不对称、信息沟通渠道不畅通以及机会主义行为导致的失误和欺诈；等等。财务风险包括连带风险、外汇风险以及操作风险。金融服务外包还涉及用外汇购买外包资产以及外汇结算的问题，因此，可能存在汇率风险。管理风险包括合规风险、操作风险、信息风险。合规风险表现为未遵守隐私法、未充分遵守客户与谨慎管理的法规以及委托方的合规金融服务外包及其风险研究与控制力不足等；操作风险表现为对承包方实施检查的成本过高；信息风险表现为外包协议影响受监管实体向当局及时提供数据及信息或信息被盗等。市场风险包括市场结构、市场机制和市场环境的完备程度、市场评价机制的健全程度、市场的利润构成以及利润空间等。市场风险主要表现为名誉风险（服务成本和质量问题）。随着金融外包经验和技术的成熟，金融外包市场格局发生变化，某些金融外包承包方竞争能力加强，从而提高了讨价还价的能力，导致外包成本上升；也有可能是行业标准、知识产权等法规完善加大了金融外包的进入门槛，导致总成本上升。而质量下降可能是由于金融机构对金融外包承包方进一步的低成本控制降低了其利润空间，导致金融外包承包方丧失服务积极性，也可能是由于金融外包承包方人才流失严重，从而导致质量下降。

3. 企业外部风险

企业外部风险包括系统风险、技术风险和承包方的风险。系统风险主要包括国家风险、集中与系统风险。国家风险主要是指政治、社会或法律因素的变动以及商业持续性计划的复杂性；集中与系统风险是指行业整体的风险集中于某一承

① 吴国新. 金融服务外包承包方选择与风险管理研究 [D]. 东华大学博士学位论文，2010.

包方，造成行业整体风险。技术风险包括技术不适用、技术泄密和技术被模仿。承包方的风险包括承包方不能履约完成合同规定任务的风险，对承包方的过度依赖，少量承包方对外包市场的垄断，发生法律诉讼和争议，承包方的投机活动、失误和欺诈。

（三）金融服务外包应当遵循的原则

根据《金融服务外包》的相关规定，以下九大原则是金融机构在实施金融服务外包时应当遵循的：①

1. 制定外包政策

金融机构应制定全面的政策来决定能否进行外包以及如何进行外包。金融机构的董事会或相关部门对外包政策及有关活动要全面负责。如果希望将某一业务外包，那么管理层应事先全面了解该业务的成本及收益状况，这就要求管理层对本机构的核心能力、管理能力、弱点及未来目标等进行全面评估。同时，如果将某项业务外包会妨碍监管机关评价或影响监管金融机构的业务，那么该业务就不能外包。

2. 建立外包风险管理机制

金融机构应建立全面的外包风险管理程序来指导外包业务的进行，同时管理其与服务商的关系。一般来说，评估金融机构的外包风险取决于如下几个方面的因素：外包业务的范围及重要性、金融机构的管理水平、外包风险的监控（包括对操作风险的一般管理）、服务商对潜在操作风险的管理与控制。其中，最后一点尤为重要，因为数据的安全和保护及其他风险可能因服务商所在地理位置而受到不利影响。为此，在评估及管理发生在本国境外的外包活动时，必须有专门的风险管理机构来评估涉及政治及法制环境等方面的国家风险。

3. 确保金融监管机关的监管效能

金融机构应确保外包行为既不能影响其对客户及监管当局的责任，也不能损害监管机关的监管效能。具体来说，外包行为不能妨碍客户在金融服务中应当享有的权利（比如客户根据有关法律获得适当赔偿的权利等），也不应损害监管机关对金融机构进行合理监管的能力。

4. 尽职选择外包服务商

在选择服务商之前，金融机构应制定专门的标准来评估服务商是否具有有

① 曾丽凌. 离岸外包几个法律问题研究［J］. 对外经贸实务，2006（3）：51-54.

效、可靠及高标准履约的能力，同时也应评价与特定服务商相关的潜在风险因素。具体而言，这些职责包括选择合格且具有充分能力履行外包业务的服务商、确保服务商能理解及满足金融机构在特定活动中的要求、确认服务商具有履行职能所需的稳健的财务状况。在未完成以上准备工作之前，金融机构不应将有关业务外包。

5. 谨慎签订外包书面合同

一般来说，一份全面的外包合同应当包括下列关键条款：双方明确界定需要外包的业务，包括适当的服务及执行水平；金融机构必须确保能够从服务商处获得有关外包业务的账簿、记录及信息；规定金融机构要能对服务商进行持续的监控，以便及时采取整改措施；在必要情况下，合同应包括终止条款及执行终止规定的最短期限；服务商将全部或部分外包业务进行转包的前提条件；若外包属于离岸外包，合同还应包括法律适用条款和争议解决条款。

6. 建立应急计划

应急计划包括灾害恢复计划及备份设施的定期测试计划。

如果金融机构和服务商缺乏应急意识，而且外包业务反复出现问题，则可能导致意外的信用暴露、财务损失、错失商机及信誉与法律问题等。所以，金融机构应确保服务商具有一定的信息技术安全保护及灾害恢复能力。

7. 确保客户数据隐私得到保护

金融机构应采取恰当措施要求外包服务商严守金融机构及其客户的保密信息。此类措施应包括：在与服务商的合同中禁止服务商或其代理人使用或披露金融机构或其客户的专有信息（除非是约定服务且满足监管及法律所要求的条件）；根据监管及法律规定，考虑是否有必要通知客户其资料可能被转移给了服务商。

8. 监管机关应把外包业务作为对金融机构评估的组成部分

为此，监管机关应能及时获得有关外包业务的账簿与记录及其他资料，包括要求账簿及记录必须保存在监管机关所在的国家；或者服务商承诺将账簿与记录的原件或复印件交至监管机关。这些最好能在外包合同中明确约定。

9. 防范集中风险的产生

集中风险主要出现在下列两种方式中：一是当多个金融机构将业务外包给同一家服务商时，一旦该服务商出现任何状况，这些金融机构都将被殃及；二是多家服务商依赖于同一个公共应急平台时，一旦有突发状况，应急资源可能不能够应付所有的状况。为此，金融机构可以采取一些措施来缓解集中风险，比如加强应急计划的制定（如第六条原则所述），实施实时监控、流程识别等。

从以上这些原则可以看出，《金融服务外包》文件分别对金融机构和金融监管机关这两大主体提出了相应的要求。金融机构作为一个外包关系的发起者承担着非常多的责任，而监管机关的任务就是要在金融机构未遵守相关义务时采取措施，确保金融机构落实这些责任，使外包关系中可能出现的风险降至最低。文件列举了德国、美国和澳大利亚等国监管外包关系的实例，从而也暗示着文件提出的原则和要求其实是在借鉴了世界各国监管外包关系的实践和经验后总结和提炼出来的基本原则，反映了各国在规范外包关系和降低外包风险方面的普遍期望。①

三、金融服务外包风险规避与监管

（一）金融服务外包风险规避

风险规避（risk avoicance）是一个在风险管理中常见的专业术语，是风险应对的一种方法。风险规避是指通过计划的变更来消除风险或风险发生的条件，保护目标免受风险的影响。风险规避并不意味着完全消除风险，规避的是风险可能造成的损失。它主要表现在两个方面：一是要降低损失发生的概率，主要是采取事先控制措施；二是要降低损失程度，主要包括事先控制和事后补救两个方面。

为了规避可能发生的风险，将可能造成的损失降到最低限度，金融机构在进行金融业务外包时必须制定相应的风险规避措施。一般而言，金融服务外包风险规避主要从对服务外包承包方的选择、签订外包合同条款以及服务外包执行过程中的风险规避三个方面来进行。②

1. 服务外包承包方选择过程中的风险规避

承包方的选择是有效规避风险的一个重要环节。金融机构如果在此环节能够选择好服务外包承包方，就会将外包的风险降低到最低限度。为了选择双方满意而外包风险又小的承包方，金融机构一般要做好以下工作：

（1）市场调研。市场调研包括两个方面的内容，一是对金融服务外包承包方

① 丁祎. 论国际金融服务离岸外包的法律规制——以美国与印度模式为视角［D］. 复旦大学硕士学位论文，2009.

② 吴国新. 金融服务外包承包方选择与风险管理研究［D］. 东华大学博士学位论文，2010.

市场做详细的调研，弄清金融服务外包市场的竞争结构，确定选择服务承包方的选择标准，检查可供选择的金融服务外包承包方是否与该要求标准相吻合；二是理清自身的业务，知道哪些是核心业务和核心竞争力，应该将哪些业务外包，如何与服务外包承包方取得广泛的沟通等。

（2）制定标准。一般来说，为了降低外包风险，金融机构选择服务外包承包商应该事先确定选择服务外包承包商的标准。选择标准一般包括行业信誉度好、具有丰富承接金融服务外包业务、规模较大和信息安全管理较好几个方面。同时，金融机构可以借鉴同行外包的经验，确定外包服务等级、规模、原则、行为规范等。

（3）选择承包商。一般来说，金融机构更偏向于选择与自身战略目标相一致、具有丰富的承接金融业务外包经验的承包商。金融机构要尽量选择信誉好、技术强、经验足、人力资源丰富的服务外包承包方。国际通行的方法是，通过项目招标，在公开、公平的基础上选择承包商（外包商）。此外，如果外包的业务是非常重要的，金融机构可以选择两个以上服务外包承包商，引进竞争机制，形成竞争格局，从而可以达到降低外包风险的目的。

（4）保持监控。在相关业务外包后，金融机构要加强对外包项目的监控，及时与金融服务外包承包商交换意见，发现引起风险的隐患因素，建立事前和事后监督机制和风险甄别警告机制。如果发现外包业务不适合外包，需要重新收回自己管理，或者由于其他原因需要退出外包的，要防止给外包双方造成损失，尽量将损失降低到最低限度。

2. 服务外包合同签订过程中的风险规避

根据委托—代理理论，交易风险源于信息不对称，由于信息不对称使得交易者容易产生多种风险倾向，而解决风险问题的主要措施就是合同条款的制定。只要交易双方设计好合同条款，委托人就能够让代理人“自觉”披露必要的私人信息、实现风险分担。因而，合理有效地签订合同是有效规避风险的措施之一。[①]在金融服务外包过程中，外包合同是约束金融机构和服务外包承包方的主要依据，金融机构可以通过签订详细的外包合同条款来规避风险。合同的主要条款与金融服务外包风险之间的关系表现在五个方面，即确定服务条款、明晰服务质量、确立检查报告机制、制定奖惩机制、规定争议解决和合同终结机制。

---

① Harris，A.，Giunipero，L.C.，Hult，G.T.M. Impact of Organizational and Contract Flexibility on Outsoureing Contraets［J］. Industrial Marketing Management，1998，27（5）：373-384.

（1）确定服务条款。服务合同是发包方与服务承包方各自应享有权利和承担义务的依据，因此，确定合同条款就是将发包商和服务承包方之间的义务加以确定。合同条款的明确规定使得外包双方都对约定条款有充分的了解和认识，避免了一方对另一方的信息隐藏，或是由于信息不对称而造成一方的不理解或不知晓，从而避免了将来在外包执行过程中因为需求过于抽象或是标准不统一而造成的风险。

（2）明晰服务质量。除了对服务条款进行明确规定外，金融机构还要将符合自身业务需求的服务质量指标明确地规定在服务合同中，让服务承包方务必按照这些指标的标准来提供服务，尽到自己应尽的义务。

（3）确立检查报告机制。为了确保服务外包合同的顺利实施，合同中应该确立合同履行情况的检查报告机制。金融机构可以不定期地对金融服务外包承包方的服务质量进行测试和测评，或者委托第三方机构对服务外包承包方的服务质量或满意度进行测评。同时，也可以要求服务外包承包方定期提供外包业务进展报告。这样就可以保障金融机构及时了解外包业务的最新情况，而不至于对错误失去控制，酿成无法挽回的后果。

（4）制定奖惩机制。金融机构通过对奖励和惩罚条款的规定，可以针对承包方提供服务的质量优劣而奖惩有别，这样适度的奖励和惩罚可以激励和鞭策服务承包方更好地提供服务，避免服务质量不过关最终影响金融机构的信誉等。

（5）规定争议解决和合同终结机制。合同履行过程中难免会出现影响合同进行的一些问题，从而导致争议发生或无法完成合同。因此，金融服务外包合同需要制定争议解决方式和合同终止机制等相关条款。一般做法是，规定在金融服务外包执行过程中双方对一些具体问题的处理方式和原则，以避免在发生诸如此类事件的时候，双方发生不必要的纠纷和冲突，建立良好的、规范化的交流机制。

3. 服务外包执行过程中的风险规避

金融服务外包涉及服务外包发包方（金融机构）、承包方以及交易行为三个方面，因此，金融服务外包应该加强源于这三个方面的风险的管理，以便更好地规避服务外包过程中出现的风险。

（1）源于服务外包发包方的风险规避。在金融服务外包中，由服务外包发包方自身所引发的风险主要有不能够及时更新金融方面的专业知识、缺乏创新能力、外包的业务资源与核心业务紧密相关、与服务承包方及技术人员之间缺乏交流等方面。在金融服务外包执行过程中双方应保持积极沟通，并规定如果达不到相应的服务质量时责任方应该承担相应的赔偿责任。

（2）源于服务承包方的风险规避。在金融服务外包中，由服务承包方所引发的风险主要有服务人员缺乏经验、服务商疏于掌握新技术、金融机构过于依赖服务承包方而对自己的相关业务逐渐生疏最终在必要时无力收回、由于服务承包方劣质的服务对金融机构声誉造成很大的影响、由于服务承包方的工作人员可能将顾客的资料外泄而产生法律风险等。服务外包发包方可以通过为客户建立知识管理体系，并帮助他们建立服务外包合作管理团队等方法来解决，也可以为承包方所提供的服务确立一个可以度量的标准并定期进行检查和评估来规避风险。

（3）源于交易的风险规避。交易风险主要表现在两个方面，一是交易过程可能会削弱金融机构对外包项目的管理以及发生多项隐藏的成本而出现风险。例如，客户选择服务承包方时的交易成本，将业务转交给服务承包方的转接成本，在交易过程中服务未能达到标准而产生的损失成本等。二是在交易过程中双方可能因为商业上的不确定性而引起纠纷和冲突，还包括可能在交易过程中由于双方缺乏沟通而引起矛盾。因此，在金融服务外包交易实施过程中，发包方和承包方需要进行定期的项目评估以达到跟踪服务进程，从而及时将可能的损失降到最低的目的。

（二）金融服务外包风险监管

金融行业的特殊性决定了金融服务外包风险监管的特殊要求。这种特殊性使得金融机构对风险的防范和控制不仅需要市场的力量，而且需要国家、国际组织等第三方力量对外包业务进行监管。

1.《金融服务外包》文件——国际组织的监管立法

（1）《金融服务外包》文件评析。2004 年 4 月，CEBS 发布了关于业务外包的一套原则并公开对外征求意见。此外，CESR 正在为将欧盟关于业务外包的立法纳入《金融交易工具市场指引》（Markets in Financial Instruments Directive，MiFID）提供意见。CEIOPS 也很关注对业务外包的监管。巴塞尔委员会电子银行小组对其成员的 IT 业务外包情况进行评估。IOSCO 常务委员会起草了一套业务外包原则，在证券业内征求意见。此外，IOSCO 常务委员会还对业务外包的证券公司展开调查并对调查的结果进行评估。IAIS 密切关注不断出现的业务外包做法和对它的监管手段。

2004 年 8 月，巴塞尔银行监管委员会、证券交易委员会国际组织、国际保险监督官协会共同举办联合论坛并组成工作小组，发布了《金融服务外包征求意见稿》，规定了9条指导原则，其中前7条原则涉及实施外包的受监管实体的义务和责任，以防范、控制外包的各种风险，后两个涉及监管者的角色与义务。其中，第3条、第7条体现了金融外包区别于其他领域外包的特殊性，因此显得尤为重要。2005年2月，联合论坛的《金融服务外包》（Outsourcing in Financial Services）文件正式出台。《金融服务外包》文件虽然不具有法律约束力，但由于巴塞尔银行监管委员会是由具有金融实力的西方发达国家组成，对其组织内部的各成员国来说，具有一定的约束力；而对于非成员国来说，则具有示范性或追随性的效果。

巴塞尔银行监管委员会及“联合论坛”并非正式的国际组织，因此所发布的文件对其组织内部的各成员国来说具有约束力，但对于非成员国而言，则只具有示范性或追随性的效果。① 同时，文件内容的抽象性也大大影响了它的实施效果。

巴塞尔银行监管委员会由具有金融实力的西方发达国家组成，而在金融全球化的趋势下，这些国家几乎主宰了整个国际金融监管法的立法理念及监管实践的走向，在全球面临金融监管危机时，包括《金融服务外包》文件在内的巴塞尔协议的作用会大大加强；另外，由于参加《金融服务外包》文件制定的除巴塞尔银行监管委员会之外，还包括CEBSO、CESR、CEIOPS、巴塞尔电子集团、IOSCO及IAIS等国际或区域性组织，因此经由这些“论坛”产生的最后决议，在各国金融外包立法还处于一个探索时期时，必将对各国金融外包立法起到巨大的指导示范作用。

《金融外包服务》文件本就是金融发达国家立法与实践的提炼，因此由金融发展水平、市场经济发展的阶段、金融监管理念等各不相同而引发的技术壁垒问题也是各国在借鉴与移植时必须深入思考的。

（2）《金融服务外包》文件实践案例。《金融服务外包》文件是各国金融外包立法与实践的结晶，在文件的附录A中，“联合论坛”运用了很多国家的实践来对文件的合理性进行说明。

案例一：德国贷款工厂案

越来越多的德国信贷机构将贷款业务外包给专门的且不受监管的服务商，这些服务商被形象地称为“贷款工厂”。贷款工厂为贷款及抵押提供专业化的后台支持服务，有时甚至可决定是否发放贷款。2003年，某一信贷机构不仅要将还

① 代明. 透视核心竞争力［J］. 企业经济，2004（9）.

贷业务外包，也想将发放贷款的决定权外包，这涉及 250 万欧元以下的常规零售贷款业务及非常规业务。在本案例中，尽管发放贷款的决定权掌握在“贷款工厂”手中，但信贷机构仍需负责业务运营且承担由此带来的风险。对这一案例的研究结果有两个：一是可能带来新的风险暴露的业务审批流程外包，只有在不损害金融机构有效监管风险能力的前提下才是可行的，而在非常规业务中，信贷机构无法对贷款工厂发放的贷款进行监察；二是上述前提只在以下情形下成立，即受管制实体严格要求服务提供商在贷款审批过程中采用精确的、可检验的评估标准。就当前金融行业使用的系统而言，这只在常规零售贷款业务中才可能实现。

案例二：OCC[①] 对某一银行和服务提供商采取制裁措施案

2002 年，OCC 对一家加利福尼亚银行及其服务商采取了强制措施。此服务商为该银行在 18 个州及哥伦比亚特区的部分贷款提供发放及回收等服务。该服务商的问题是未能保全客户贷款资料，因为其工作人员于 2002 年将这些贷款资料丢弃。在该案中，OCC 认为服务提供商对存款档案处置不当，违反了法律和监管规章。同时，还认定这家服务提供商有其他不安全和不稳健的活动。这说明银行将核心功能外包给第三方，如不能妥善监管的话，则会带来风险。在银行方面，OCC 还发现银行没有以安全和稳健的方式处理好自己与服务提供商的关系，除了违反《公平信贷机会法》、《贷款诚信法》外，还违反了《金融服务现代化法》关于隐私权保护的规定。

案例三：澳大利亚监管当局调查银行业务外包情况案

澳大利亚银行的外包业务包括信息技术、信用卡服务、采购、支票、其他电子清算服务、抵押贷款处理及薪酬发放等。这些外包存在的问题是，如果服务商运作出现问题或不能持续提供服务，就可能给客户资料保密及银行的财务状况和声誉带来风险。

研究《金融服务外包》文件，我们能够发现德国、美国及澳大利亚的外包实践的启示已在文件的指导原则中得到再现，如德国贷款工厂案的“结论一”的内容便与原则 3 的内容基本相符，美国的 OCC 调查的结论亦在原则 1、2、3、7 中

---

① OCC（Office of Comptroller of Currency），即美国货币监理署。

得到反映。除了案件分析研究外，事实上各国成功的金融外包规则也给“联合论坛”的《金融服务外包》文件的成功出台提供了良好的素材。[①]

2. 联合论坛与其他国际工作组合作简介

2004 年 4 月，欧洲银行监管委员会（Committee of European Banking Supervisors，CEBS）发布了关于业务外包的一套原则并公开对外征求意见。该原则的适用对象主要是欧盟内的银行，同时该原则给予监管者一些指引。2006 年 4 月，该委员会又参照有关国家的外包立法与实践，发布了《外包标准》（建议稿）。此建议稿在基本理念上强调要将金融服务外包的风险纳入金融机构及金融监管部门的风险管理中。同时，金融外包不能影响金融监管机构的监管能力，也不能影响金融机构本身应当承担的各项义务。此建议稿强调了对客户金融隐私的保护，修正了金融监管部门对外包的监管权，使外包业务的分类更加明确。

《外包标准》对金融外包共有 12 个指导性标准，分为 3 部分。第一部分包括 1 项标准，对金融外包、购买、外包服务商、外包机构、受监管实体、实质性业务、高级管理人员以及转包进行了界定。第二部分包括 9 项标准，第 7 项标准指导金融机构如何进行业务外包；第 2 项标准规定外包风险管理最终由金融机构的高级管理人员负责；第 3 项到第 5 项标准区分金融机构外包业务重要性的不同，规定了不同的监管规则；第 6、7 项标准规定金融机构应当制定外包政策，对外包业务进行控制，对外包风险进行管理；第 8 项标准规定了外包合同必须是正式的，而且应当包含外包服务商应保护公开信息的条款；第 9 项标准规定外包机构必须与外包服务商签订服务水平协议；第 10 项标准规定了转包。第三部分包括 2 项标准，指导金融监管部门对外包的监管。第 11 项标准规定金融机构必须确保监管部门获得由外包服务商所掌握的相关数据以及对外包服务商的检察权；第 12 项标准涉及外包的集中风险问题。[②]

此外，欧洲证券监管委员会（CESR）依据《金融交易工具市场指引》（Markets in Financial Instruments Directive，MiFID），为欧盟执行有关外包的法律提出意见。巴塞尔委员会与国际保险监督协会（International Assoeiation of Insuranee Superisors，IAIS）关注新出现的外包业务及监管对策。证券交易委员会国际组织（International Organization of Securities Commissions，IOSCO）常务委员

① 刘倩. 金融服务外包及其风险研究［D］. 东北财经大学硕士学位论文，2007.

② 郭玉军，胡秀娟.欧洲银行监管委员会（外包标准）〔建议稿〕介评［J］. 河北法学，2007（8）：15.

会制定了针对证券公司的一套专门的外包原则，该原则旨在为联合论坛制定的高级原则作补充。欧洲保险和职业养老金监管委员会（Committee of European Insurance and Occupational Pensions Supervisors，CEIOPS）也很关注对业务外包的监管。[①②]

3. 部分国家对金融服务外包的立法监管实践

目前，一些发达国家已经建立了对金融服务外包的监管标准及立法控制，这些国家包括美国、英国、法国、澳大利亚、比利时、加拿大、德国、日本、荷兰、瑞士、印度。以下简要介绍这几个国家规范金融外包监管的情况。

（1）美国。美国是最早开始制定金融服务外包规则的国家。1999 年纽约联邦储备银行就如何防范金融服务外包的风险问题发表了报告，并提出了一套系统的规范做法。纽约股票交易所规则 342、346 和 382 被解释为排除或限制外包，或者是全部，或者是针对受监管个体。《证券交易法》的限制性规定禁止非注册人员从事某些证券业务。银行联邦金融机构检查委员会（FREC）[③] 发布一系列指导方针和公告，明确银行在 IT 业务外包关系中的风险管理责任，并为监管者提供指南。最新的版本特别关注第三方关系中的信息安全风险。最近，美国关于银行外包的监管指引包括货币监理署（OCC）公告 2001-47 号，即《第三方关系：风险管理原则》；FFIEC 的《技术服务外包风险管理指引》；联邦存款保险公司（DFCI）的三个技术公告，即《选择外包商的有效办法》、《对技术外包商操作风险的管理工具：服务水平协议》、即《管理多方外包商的技术》；FREC 的《技术外包商（TSP）监管手册》；等等。2004 年，美国银行监管部门完成了新版的《FFIEC 技术服务外包 IT 检查手册》，这一文件对如何评价一家金融机构建立、管理和监督 IT 外包关系的风险管理水平提供了指导方针和检查办法。[④]

（2）英国。2004 年年底，英国金融服务局（FSA）将银行业外包业务的监管规则纳入了手册，建议银行应建立必要的外包程序，以最小化风险暴露和处理可能出现的问题。这些程序包括外包战略的制定、尽职检查程序、合同和服务水平安排、变革管理、合同管理、退出战略和应急方案等。在每道程序中，都要求在风险估计的基础上设计风险管理措施。英国金融服务管理局制定了对银行和住房

① Outsourcing in Finaneial Services. Basel Committee on Banking Supervision [J]. The Joint Forum，2005 (4).

② 唐柳，廖海波. SCP 框架下我国金融服务外包产业组织研究 [J]. 经济管理，2008 (21)：33-39.

③ 美国存贷款机构五大监管当局的联合组织。

④ 陆小斌. 国外规范金融外包情况简介，www.financialnews.com，2005-02-16.

合作社的指导方针，包括实质和非实质性外包，但主要是针对实质性外包。一家公司进行实质性外包应该事先向金融服务管理局报告。这个指导方针也基本上适用于保险公司。

（3）法国。2005 年初，法国第 97–02 条例增加了涉及信贷机构及投资公司的内部控制条款。这些条款与外包业务有关，并对外包“核心”业务做出了特别规定。外包业务必须以书面合同订立，并且合同中必须规定允许金融机构及银行委员会进行现场调查。外包及相关风险必须是向董事会报告的内容之一。

（4）德国。2001 年 12 月，德国有关当局发布对所有信贷机构和金融服务机构的指引。这些指引提出了对外包的要求，操作业务的外包应该确保不损害：①相关业务或服务的秩序；②管理层对这些活动的管理、监督能力；③联邦金融监管局对信贷机构的合法审计和监督职权。

（5）日本。2001 年日本银行发布金融机构稳健运行文件，制定了对外包风险管理的规范意见。金融服务局发布对金融机构检查指南，规定了对外包的风险管理检查点。

（6）荷兰。2001 年 4 月 1 日，荷兰银行（信贷机构监管当局）发布《机构和控制条例》，其中一部分是针对业务流程外包的。2004 年 2 月，养老金和保险业监管局发布了保险公司外包条例。

（7）瑞士。1999 年 8 月，瑞士联邦银行委员会（SFBC）发布对银行和证券公司的《外包指引》，允许外包可不经 SFBC 明确批准，但须接受年度外部审计。外包必须制定书面协议，并须将外包业务纳入金融机构内部控制体系之中。外包协议必须明确允许金融机构、它的内部和外部审计部门以及 SFBC 的检查和控制。不允许将董事会职能和金融机构的核心管理功能进行外包。

（8）澳大利亚。2002 年 7 月 1 日，澳大利亚关于银行外包的“审慎标准”发布并生效。保险行业也被建议遵循这些标准。

（9）比利时。2004 年 6 月，银行、金融和保险委员会（CBEA）发布了银行和投资服务业外包的共同指引。

（10）加拿大。2001 年 5 月，金融机构监管局（OSFI）发布指导方针 B–10，对外包进行规范。2003 年 12 月，又进行了修订。所有的受联邦监管的机构，都在 2004 年 12 月 15 日以后遵照执行。

（11）印度。印度虽然没有专门针对金融业务外包的立法或文件，但是印度政府出台了一系列保护专利、保护客户知识产权的相关法规，并成立了专门的机构，监管并强化保护知识产权的执行力度。特别是在解决金融外包领域的客户数据保密与安全保障问题上，印度政府正全力构建金融服务法律框架，并要求印度企业全面接受并达到国际知识产权标准。目前，印度的很多金融服务外包在“四大”① 的审计中都获得了高分评定。

此外，新加坡、中国香港、中国台湾等国家和地区也都针对金融服务外包制定并颁布了相关指引，这里不再一一详述。

4. 中国金融服务外包监管立法

我国金融服务外包兴起的时间不长，相对于发达国家，我国在外包监管建设方面比较滞后。2006 年 1 月，中国银行业监督管理委员会颁布《电子银行业务管理办法》，对电子银行业务外包做出了明确的规定。11 月，又颁布《银行业金融机构信息系统管理指引》，对金融服务外包的风险管理做出了相关规定。然而，这些规定对金融服务外包的诸多领域没有涉及。2009 年 9 月 7 日，中国人民银行、商务部、银监会、证监会、保监会、外汇局六部委共同发布《关于金融支持服务外包产业发展的若干意见》，从银行信贷、直接融资、保险、外汇和政策指导等方面提出指导意见，敦促金融机构加大对产业转移和产业升级的支持力度，重点做好 20 个示范城市服务外包产业发展的金融服务工作。2009 年 12 月，保监会颁布《保险公司信息化工作管理指引（试行）》，明确规定保险公司应当加强信息化工作外包服务管理，不得将信息化管理责任外包。同时，应当按照监管部门的要求，结合外包服务实际需要，制定外包服务的基本规范，确保对信息系统安全的控制能力。

① “四大”是国际四大会计师事务所的简称，是指普华永道（PWC）、毕马威（KPMG）、德勤（DTT）和安永（EY）。

第六章 信息技术服务外包争端及其解决

随着经济全球化和信息化的迅速发展，信息技术服务外包的发展也是日新月异，发展范围也不断从发达国家逐渐扩大到发展中国家。随着信息技术服务外包规模越来越大，业务范围越来越广，随之而来的是越来越多的争端和日益严重的风险问题。由于相应的风险控制体系和争端解决机制尚未完全建立起来，风险控制和争端解决问题已经逐渐成为信息技术服务外包的"瓶颈"，严重制约着信息技术服务外包的进一步发展。为了保证信息技术服务外包能够更好、更健康地发展，必须加强对信息技术服务外包风险的研究和对其风险的监控。

一、信息技术服务外包风险的内涵

（一）信息技术服务外包风险的含义

信息技术服务外包风险是指在把信息技术活动的部分或全部内容外包的过程中，由于经营环境的复杂性，对自身核心竞争力的识别能力有限，对外包预测估计不足，造成实际外包结果与预期目标相悖，甚至有导致整个信息技术服务外包活动失败的可能性。①

信息技术服务外包能够帮助企业减少成本，获得所需的专业技术支持，拓展服务渠道，提高企业服务水平。但是，在信息技术服务外包活动中，如果管理和控制不当，就会出现风险，发生服务外包争端。一般情况下，按照风险产生的来源，信息技术服务外包风险分为失控风险、不确定性风险、丧失能力风险等几种

① 蔡华利，张翠英. 企业软件外包风险管理研究［J］. 中国管理信息化，2006（4）：56-58.

类型。[①] 失控风险是企业无法像管理内部的部门一样来管理承包商，因此难以监督和控制承包商的行为，如服务质量、提供效率、对服务需求变化的灵活性掌握、潜在费用、企业的商业秘密和内部资讯乃至知识产权等。不确定性风险指由信息技术发展和整个业务环境的变化所带来的风险，如信息技术的更新和企业的商业环境变化难以预测等。丧失能力风险是企业由于信息技术的外包可能使组织丧失学习的能力、变革的能力、灵活应变的能力，如对信息技术的错误理解导致发挥核心作用的信息技术资源或业务被外包等。[②] 信息技术服务外包风险可能来源于企业自身所处环境的变化，也可能源于外包商，甚至可能来源于外部经济环境。信息技术服务外包风险是一种普遍现象，不可能完全避免，企业在制定外包战略时要充分考虑各种风险对信息技术服务外包产生的可能影响，做到有备无患才能保证信息技术服务外包顺利开展。

信息技术服务外包的风险一旦变成现实，就可能发生争端和冲突，也将可能产生以下几个方面的危害：一是项目半途而废。半途而废是企业信息技术外包活动进行到一定阶段的时候，由于某些原因进行不下去，造成的有始无终的局面，是目前市场上企业信息技术外包失败案例中的一个典型表现。二是项目成本费用增加。在信息技术服务外包过程中，由于价格的原因导致采购中价格上涨、资金周转不灵，致使有些项目不能开展甚至停顿造成成本增加、服务商在合同履行过程中提出附加服务而造成成本增加，等等。虽然项目成功了，但是却面临着成本增加的风险。三是项目时间延长。在信息技术服务外包过程中，有些突发事件如在技术方面遇到了障碍、没有预见到信息技术的变化和企业业务环境的变化、企业筹措资金需要花费大量的时间，这都有可能延长项目的完成时间。四是项目性能不佳。由于不确定性所需要的业务功能、外包自身的业务特点，导致项目虽然完成了但是性能不佳，不能达到企业想要的效果，最终给企业带来风险。五是信息泄露。企业内部信息和国家信息泄露，从而使企业面临着长期的潜在风险。[③]

（二）信息技术服务外包风险的特征

相对于其他服务外包风险，信息技术服务外包风险有其自身的特点，[④] 主要表现在：一是动态性。信息技术服务需求随着企业的发展和环境的变化也随之发

---

① 聂规划，周晓光. 企业信息技术外包的风险与防范［J］. 科技进步与对策，2002（4）：69-70.
②③ 朱玥. IT 外包风险评估和风险规避研究［D］. 北京交通大学硕士学位论文，2008.
④ 王桂森. 企业 IT 服务外包风险控制模型研究［D］. 哈尔滨工业大学硕士学位论文，2011.

生变化，风险因素也就随之变化，所以，信息技术服务外包风险具有较强的动态性。二是随机性。信息技术服务外包是一个长期的委托行为，在订立信息技术服务外包合同时，有些权利责任事先无法界定清晰，外包商的服务是软性的，外包商可发挥的空间较大。因此，信息技术服务外包风险具有较大的随机性。三是复杂性。企业接受的服务是外包商依托信息技术系统提供给企业的服务，从一定意义上说，企业所购买的是有形的产品加无形的服务。风险控制不但要着眼于服务，还要重视服务所依托的信息技术系统。因此，信息技术服务外包风险具有较大的复杂性。四是全程性。企业在接受信息技术服务外包的过程中，需要随时与外包商进行大量的信息交流与沟通，全程参与服务外包的监督与控制。因此，信息技术服务外包风险具有全程性。

二、信息技术服务外包的风险识别

信息技术服务外包风险识别是信息技术服务外包风险管理和控制的首要工作，没有风险识别就无从进行风险管理。信息技术服务外包风险识别就是具体全面地认识和把握风险的来源，它是一项连续的反复的过程。对风险加以识别的目的就是确认风险的来源、风险的种类、风险产生的条件及风险可能带来的影响，明确了这些内容有利于对信息技术服务外包风险进行有效管理，合理控制。①

信息技术服务外包风险识别是指风险管理人员在现有资料和调查研究的基础上，对项目当前潜在的或未来所面临的风险加以查找、归类和对各种风险因子进行判断的过程。信息技术服务外包风险识别既可以通过感性认识和历史经验来判断，也可以通过对各种客观资料和风险事故的记录来进行分析、归纳和整理以及必要的专家访问，从而找出各种明显的风险及其损失规律。因为信息技术服务外包风险具有动态性、随机性、复杂性和全程性特征，所以风险识别是一项持续性和系统性的复杂工作，需要风险管理者密切监控风险的变化，并随时发现新的风险。信息技术服务外包风险识别是一个反复和不间断的作业过程，有效的风险识别原则是基于不同的维度或者不同的侧面去寻找和发现引起

① 刘婷婷. IT 外包风险控制方法研究［D］. 东北财经大学硕士学位论文，2010.

风险的主要因素。风险因素一旦得到识别之后，就可以为风险评估的定量计算提供具体的指标集合。

信息技术服务外包风险识别的常用方法是专家调查法，就是主要依靠专家的经验来获取风险信息，识别出各种潜在的风险因素，总结分析其可能带来的后果。在缺少足够的统计数据和原始资料时，采用专家调查法具有明显的优势，但它很容易受到心理因素和个人主观意识的影响，所以可以结合其他的方法一起使用。其他的方法还有面谈或访谈法、鱼刺图法、财务报表分析法、流程图法、风险分解结构法、核对表法等，为了全面准确地识别风险，应该交叉使用各种方法。

三、信息技术服务外包风险的类别分析

信息技术服务外包涉及发包商、承包商、交易过程和外部环境四个方面，因此，其风险也就可能来源于这四个方面。刘婷婷（2010）从这四个方面对信息技术服务外包风险的类别进行了分析和探讨。①

（一）源于发包商的信息技术服务外包风险

从发包商自身角度看，信息技术服务外包风险主要有以下几种情况：

1. 决策的风险

一个正确的信息技术服务外包决策是保障客户企业顺利开展信息技术服务外包的前提，企业一旦制定信息技术服务外包这一战略决策，就需要明确外包的目的、内容，并对外包的范围进行界定，科学地估算出外包的全部成本，明确企业选择信息技术服务外包项目是具有商业价值和竞争优势的。信息技术服务外包决策阶段的主要任务是企业经过细致的规划和准确的分析来确定企业对信息技术服务外包的需求，如果进行了外包却不能满足企业的需求，那就说明外包决策是不明智的，很显然决策过程中会伴随着失误的风险，所以企业应对决策人、决策信息和承包商的选择进行风险监控。

① 刘婷婷. IT 外包风险控制方法研究［D］. 东北财经大学硕士学位论文，2010.

2. 选择承包商的风险

选择承包商带来的风险是最为严重的风险，假如选择了不合适的承包商，在日后的服务过程中就会出现各种各样的问题，轻则造成企业不可挽回的经济损失，重则导致整个外包失败。企业在外包前若没有全面考察和仔细评估承包商的外包经验、财政能力、创新和持续发展能力以及外包管理能力等综合服务水平，忽略服务过程和售后维护，而过分地追求承包商的局部信息技术服务优势，尤其是技术开发方面的能力，有可能会导致企业选择到不适合自己的或者服务质量比较好的承包商。另外，由于资金实力不足、缺乏外包经验、管理思想落后等问题，服务商也可能无法提供给客户完善的服务。因此，企业对承包商的选择是一个重大的风险源，必须做相应的控制。

3. 企业人员的风险

企业实施信息技术服务外包业务的出发点主要是为了得到更有利的信息技术服务和及时应用新的信息技术，以谋求自身更好更快的发展。因此，企业在制定外包决策时必须进行广泛的民意调查，以得到员工的认可和支持，假如企业没有及时地与员工进行沟通，那么在实施外包活动时，就很容易受到企业内部人员的抵制，对项目产生不良影响，增加项目的不稳定性；如果企业没有使得员工对外包有正确的理解，员工很容易过分依赖供应商提供的服务人员，而自身的学习能力和应用能力就会下降，导致工作的积极性和技术水平也逐渐降低，影响信息技术服务外包的实际效果。

4. 财务风险

信息技术服务外包在给企业带来收益的同时，也必然要支付相应的外包费用，所以企业在决定信息技术服务外包战略时要对其进行科学的估算并做好成本效益分析。企业可以通过信息技术服务外包方式来降低生产成本，但节约下来的生产成本会与实施信息技术服务外包所产生的费用相抵消，如果花费的外包费用多于节约下来的生产成本，那么企业就应慎重选择信息技术服务外包。另外，在信息技术服务外包的具体实施过程中，可能会出现技术上的变化和费用增多等事先没有预料到的问题，因此，企业应对财务和投资进行详细地分析和控制，防范可能出现的财务风险。

5. 管理风险

企业选择实施信息技术服务外包以后，为了适应内部需求，通常由承包商来开发和维护信息技术系统，而不再由企业自行研制和开发，这样，企业就会失去信息技术资源的自主权。就承包商而言，在签订了信息技术服务外包项目以后，他就具有了一定的主动权，就有可能在合同和技术上对企业设置技术等方面的障碍，甚至向发包企业提出额外的要求。当发包企业遇到这种情况时，就可能要付出成本投入或者面临损失。因此，发包企业在信息技术资源的管理上必须积极主动地进行风险控制。

（二）源于承包商视角的信息技术服务外包风险

在信息技术服务外包过程中，严格履行外包合同，为发包企业提供完善的、满意的服务是承包商应尽的义务。加强对承包商的风险管理，能有效规避信息技术服务外包的风险。

1. 资金不足的风险

在信息技术服务外包活动中，企业很少一次性付给承包商全部的费用，通常是在签订协议后支付一部分资金给承包商。如果承包商企业没有雄厚的资金作支撑，其服务质量就会受到影响，甚至不能维持外包项目的正常运行。如果出现特殊事件，作为保障的资金不够充足就会造成承包商企业破产倒闭，发包企业的信息技术服务外包将无法继续，就会导致外包失败，从而形成外包风险。

2. 专业技能的风险

企业在选择承包商时，一般都会对每个候选承包商进行一系列评估，其中评估的关键是承包商的技术力量，因为承包商的技术力量是保证信息技术服务外包成功的关键因素。承包商的专业技能一般包括承包商企业提供服务的能力、信息技术服务人员的技术水平、对新技术的学习能力和创新能力等。另外，承包商的经验以及对突发事件采取的响应方式和应急措施也反映了承包商处理问题的能力。如果承包商的技术水平和服务质量不高，会导致信息技术服务外包项目不能达到预期的效果；如果承包商缺乏快速应对技术迅速发展的能力和对市场前景的敏锐洞察力，同样会导致发包企业不能及时得到最先进的技术。这些情况都会形成信息技术服务风险。

3. 管理能力的风险

承包企业是否具备科学的管理体制和较高的管理水平是保证信息技术服务外包顺利实施的一个重要方面。承包商不仅要对所承接的信息技术服务项目进行技术分析，还要对项目的人员、资金、进度、范围、质量等进行科学合理的管理。如果承包商的管理能力存在问题，或者承包商利用合同条款本身的弹性故意放松对项目的管理，都会影响信息技术服务外包项目的进度、质量和成本，给发包企业带来损失和不良后果。

4. 信息不对称的风险

企业选择信息技术服务外包的目的是专注于本企业的核心业务，以提高整个企业的生产效率或者效益。由于发包企业和承包商的行业领域存在差异，承包商在信息技术上比较专业，但对发包企业的业务有可能不太熟悉，在这种情况下，如果承包商没有和发包企业进行充分有效的沟通交流，甚至对发包企业的业务需求和技术变更没有及时进行确认，就会引发信息不对称的风险，影响信息技术服务外包的效果。

（三）源于外包交易过程的信息技术服务外包风险

签订外包合同是外包项目实施过程的开端，也是非常关键的环节，签订严谨合理的外包合同有助于保护双方的权益和维护双方的合作关系。所以，签订一个能够有效管理双方的“双赢”合同，直接决定了信息技术服务外包执行过程的有效性，也关系到外包项目能否成功。在合同中双方应该明确规定各自的责任、权利和义务，以及激励和惩罚制度。同时，正确地看待外包交易过程中的风险，并进行相应的风险分析和监控，也是不可或缺的。

1. 外包合同的风险

外包合同是确定发包商和承包商委托—代理关系的重要文件，是执行信息技术服务外包所遵照的标准。合同是具有法律效力的，合同中应合理规定双方的权利和义务，以利于当双方出现冲突时快速有效地解决矛盾，维护各自的合法权益。从根本上说，特别完善的信息技术服务外包合同是不存在的，因为由于多种因素的存在，双方不可能完全预料到未来实施过程中可能发生的所有状况。此外，在信息技术服务外包的执行过程中，对合同内容的理解不一致也经常会引起双方的争议，尤其是涉及不同国家的国际服务外包会因为文化差异而引起争议，在签订信息技术服务外包合同时就需要特别注意。

2. 缺乏沟通的风险

客户企业与承包商及其技术人员的沟通问题同样是引发风险的因素。在信息技术服务外包的实施过程中，承包商的技术出现了问题、发包商的需求又有了新变化、一些环节需要进行改进和变更等，这些问题需要发包商和承包商进行及时有效的沟通才能得到解决。如果发包商和承包商缺乏沟通，承包商会单方面按照合同和计划书去实施，发包商不仅变得被动，而且结果有可能偏离自己的外包目标。双方如果缺乏良好的沟通，还有可能影响到合作关系，带来风险。

3. 缺乏第三方监管的风险

在信息技术服务外包过程中，发包商和承包商毕竟是利益的相对者，为了追求各自企业的利益最大化，很容易出现投机行为，如果没有第三方监管，难免会出现一些争端。一旦双方出现了利益争端，为了体现公平原则，更好地实现“双赢”，需要一个双方都信任的第三方来对合同进行监管，并跟踪监管以后的外包实施过程。

（四）源于外部环境的信息技术服务外包风险

企业选择实施信息技术服务外包项目，除了要针对上述三个风险来源进行监控，还要对企业的外部环境进行风险分析。了解外部环境的风险因素和风险环境，对信息技术服务外包的风险控制具有积极的意义。

1. 国家风险

国家风险是政治、经济和法律等因素的变动而引起的风险。政治力量可以使一个国家的商业环境产生巨大变化，它不仅涉及外包活动的外部环境，而且直接影响外包目标的实现，因此，国家风险影响的范围较广。一个国家的政府廉政状况、法制建设水平和不同文化的融合程度也能够间接影响信息技术服务外包合同的执行效果。

2. 环境风险

环境风险主要包括社会环境风险和自然环境风险。社会环境风险是指国际、国内的政策、行业标准变动给外包项目带来的风险。自然环境风险是指自然界产生的灾害给外包项目带来的风险，如地震、洪水、台风等无法抗拒的因素。环境风险还包括市场不完全的风险、缺乏明确的行业标准、没有综合评定外包商资质等级的方法等带来的风险。

3. 技术风险

由于信息技术的快速发展和不断更新，企业的竞争环境在不断改变，发包企业与承包商签订的信息技术服务外包项目可能很快就不再具有竞争优势，技术上的不确定性和更新速度会直接影响外包的实施效果和企业原来估算的经济收益，由此也可能会造成信息技术服务外包出现风险。

四、信息技术服务外包风险的控制

信息技术服务外包风险的控制就是采取一定措施对企业信息技术服务外包风险进行检测评价，使风险降到最低程度，并将其控制在某一可以接受的水平上。控制的目标在于减少损失，保护有关企业的经济利益，也是为了保护企业核心竞争力。在风险控制过程中，企业应采取相应的措施来控制信息技术外包风险，尽量避免、降低外包的风险。前面本章从发包商、承包商、交易过程和外部环境等方面分析了信息技术服务外包风险，这一部分综合参考刘婷婷（2010）、[①] 吴晓英(2007)、[②] 王雅薇（2008）、[③] 张云川（2005）、[④] 杨农（2003）[⑤] 等人的观点，继续从这四个方面来分析风险控制问题。

（一）源于发包商的信息技术服务外包风险控制

1. 科学估计外包的商业效益

企业进行每一项商业活动的最终目的都是提高企业的商业价值，在信息技术服务外包中，不同的外包服务标准带给企业的商业价值不一样，不能盲目地选择最高标准，而应该科学估计每一个服务标准带给企业的商业效益，然后选择最佳商业效益下的外包服务标准。

2. 科学估计外包的成本

科学估算外包成本，包括前期决策成本、与服务商协商谈判、合同签订和合同变更的成本以及第三方监督代理成本。企业需要对整个外包环节的成本科学估计，才能根据前面的商业效益，在合同中制定出科学的利润机制。

3. 成立专家小组，审查外包项目的需求分析

合同中，企业要明确、清晰、准确地提出自己的需求服务标准和服务内容，以便服务商按照企业的要求成功地完成外包项目。所以，企业的需求分析的表述

---

① 刘婷婷. IT 外包风险控制方法研究［D］. 东北财经大学硕士学位论文，2010.

② 吴晓英. 企业信息技术外包风险研究［D］. 华中师范大学博士学位论文，2007.

③ 王雅薇. IT 外包实施过程中的风险分析及控制［D］. 吉林大学博士学位论文，2008.

④ 张云川. IT 外包服务及其执行过程风险规避的研究［D］. 华中科技大学博士学位论文，2005.

⑤ 杨农. 信息系统外包的决策和风险分析［J］. 学术界，2003（6）：184-193.

非常关键。企业应该成立专家小组，反复审查需求分析，制定服务内容，确保服务商能正确理解，并制定相应的验收指标，便于项目完成后进行验收工作。

4. 注重学习相关法律，注重了解对方文化

合同是有法律效应的契约，企业要注重学习外包相关法律，以便在合同中合理有据地要求对方承担责任和义务，以维护自己的权益。另外，在国际服务外包中，企业还应该注意双方的文化差异，甚至通过第三方的介入弥补这种差异。

5. 组建专门的风险监控机构

为了更好地跟踪服务商的进程，及时有效地处理实施过程中出现的风险，企业应根据自身的外包规模和性质，委派专门人员担任外包项目监理工程师，组建专门的控制小组，负责跟踪服务商的进程，监督服务商的服务质量，明确项目目标、项目内容和具体要求，控制服务范围和内容，确保一切按照合同标准行事，监控实施过程中的每一个环节，及时处理并向企业回报出现的风险，准确估计监理工作量、监理费用，代表企业对整个外包风险进行控制工作。

6. 建立信息技术服务外包实施过程风险评估体系

由于风险的不确定性，在外包风险的管理中，可以采用风险等级制度衡量风险水平。外包风险等级的评价，需要在风险识别和估计的基础上，综合考虑各个风险源的各种风险因素，定性分析其发生的可能性，定量分析其损失的程度，确定外包风险等级，由此决定应采取什么措施，达到什么程度和效果。同时做好敏感性分析，这样便于动态控制风险。

7. 注意与员工的沟通，组织内部员工学习

员工是企业的基本，外包活动也离不开员工的支持和响应，企业应该做如下措施：①前期的民意调查，了解员工对外包的看法；②定期对员工进行培训教育，让员工认识到外包的必要性和优势，带动员工的积极性；③新系统应用后，要安排一定时间，培训员工操作新系统，及时和员工交流，以便发现新系统的不足，同时也让员工感觉很受重用，而提高工作积极性。

8. 保证新系统与业务的结合，培育和升级企业的核心竞争力

服务商只是提供技术支持，对运用这些技术的业务却不了解，所以很容易出现新系统与业务衔接不完善的问题，企业应该在风险监控小组中保证有一些专门的技术人员，时刻与服务商进行沟通，以便新系统与原来的业务顺利衔接。

9. 对服务商提供有效的激励措施

一个科学的激励机制，会加大服务商的动力，使其更好地完成项目，所以，企业应该在“双赢”原则下，制定相应的激励措施，保证外包项目的高质

量完成。

（二）源于承包商视角的信息技术服务外包风险控制

客户在将信息技术服务外包出去的过程中面临各种风险，这些风险不一定是承包商的原因造成的，但承包商不能对其漠然置之，因为发包方存在的风险会传递给服务商，成为后者风险的一个来源。[①] 为了保证信息技术服务外包顺利实施，应做好以下风险防范措施：[②]

1. 科学估算服务成本

每个服务标准下，承包商的成本不一样，承包商要根据企业提出的服务标准正确合理估算每个标准下的服务成本，以便在合同中提出合理的利润率。

2. 准确制定服务项目、服务标准和服务内容

承包商在合同中要罗列服务项目以及这些项目的具体服务内容，做到表述准确、详细和清除，确保与企业提出的要求一致，以免由于对某一项目表达不清楚，造成最后的终结项目失败。另外，在服务的过程中，发包企业还可能需要添加一些临时性的服务项目，虽然无法罗列出所有可能的临时项目，但是承包商在合同中要指定对这些服务的定价原则，例如要求合同以外项目的定价不低于服务商的媒体报价的 60%。[③]

3. 注重学习相关法律，注重了解对方文化

承包商也是整个信息技术服务外包活动的主体之一，在合同中，承包商与发包企业都是法律效应的承载者，所以，承包商也应该注意相关法律政策的学习，以便在合同中维护自己的权益。

4. 保证充足的资金

信息技术服务外包的规模性质不同，需要的资金也不一样，承包商必须有足够的资金作为后盾，才能及时购买先进的信息技术和引进有能力的信息技术开发人员，保证外包项目的高质量完成。

5. 提高专业技术

精湛的技术是完成外包项目的最基本保障，承包商要注意提高自身的技术水平，时刻跟踪行业的先进技术，做到真正有能力完成客户委托的外包项目。如果

---

① 张云川. IT 外包服务及其执行过程风险规避的研究［D］. 华中科技大学博士学位论文，2005.

② 王雅薇. IT 外包实施过程中的风险分析及控制［D］. 吉林大学博士学位论文，2008.

③ 杨农. 信息系统外包的决策和风险分析［J］. 学术界，2003（6）：184-193.

在项目进程中发现自己某些方面技术不精，承包商应该采取外包新技术人员等办法及时解决，保证顺利完成外包项目。

6. 成立专门项目小组，进行科学管理

承包商承接社会组织的信息技术外包项目后，在整个项目进程中进行科学管理，必须做到：①进行技术管理，注意不同阶段需要的技术水平和技术人员的调配，包括原客户企业内部的信息技术员工的衔接和培训工作；②对所承接项目的资金进行合理安排；③对项目的进度、质量进行科学而有效的控制。

7. 保证良好的信誉

承包商和发包企业存在着信息不对称性的问题，服务商很可能利用自己的信息优势，在资金和服务质量等方面进行投机行为，这样就可能造成服务质量没达到企业的要求，引起双方的纠纷。承包商应该在“双赢”原则下保证自己的信誉，通过和企业协商激励制度来提高利润。

（三）源于外包交易过程的信息技术服务外包风险控制

1. 合同中相关术语标准化

合同中会涉及很多外包和信息技术方面的术语，双方首先应将各自对术语的理解和对方交流、协商，直到双方对每个术语的理解都一致，再进行合同签订，这样可以避免以后由于双方对术语的理解不同造成企业对外包结果不满意，导致双方的合作失败和法律纠纷。

2. 合同中充分注明各自的责任和义务以及惩罚办法

在合同中应合理明确双方的责任和义务，并秉着“双赢”原则，经过协商，双方共同制定相应的惩罚措施，避免出现冲突时没有合理的依据解决问题。

3. 注意合同的灵活性、激励性

外包项目的不确定性决定了合同的灵活性，尤其是长期外包合同，应具有充分的弹性以允许在技术和操作方面进行改革或应对技术、业务，甚至策略目标方面可能出现的变化。同时，为了提高对服务商的管理，合同应明确采取分期付款制度，即将费用根据具体情况分为几个阶段支付。另外，承包商为了追求利润最大化，往往会通过降低服务成本来实现，因此要制定一个有效的激励策略，使承包商有动力去按标准或超标准完成项目。

4. 运用第三方监管

企业和承包商毕竟是利益的相对者，合同中难免会为了追求各自的最大利益而产生投机行为，所以为了公平，为了更好地体现“双赢”，应该有一个双方信任的第三方来监管企业合同，并追踪监管以后的外包活动。

5. 保证双方及时的沟通

由于外包的不确定性，在合同执行过程中，难免会有一些变化，比如企业的需求可能会随着技术的变革和业务的需求有所变化，服务商可能会出现一些技术问题而不能用合同规定的标准服务，这时，双方就需要及时沟通。共同协商来解决问题。

6. 注意跟踪社会环境的变化

信息技术服务外包活动受到宏观社会环境的影响，在相应的市场机制和调节功能下，外包市场的稳定性也会随着变化，为了避免这个风险，双方应做到：①熟悉现有的法律政策，根据具体情况及时沟通以便及时修改合同中的相关规定；②选择第三方监理公司，由于相关法律政策的不完善，双方在遇到矛盾时，可能会无理可依，陷入僵局。所以双方应选择共同信任的第三方监理公司，监理人员具有专业上的优势，他们以自身信誉为保证，以信息服务为主要活动内容，监理人员对外包活动进行监督和管理，是为企业提供专业的监督管理服务的，可以减少因为信息不对称给企业带来的风险。

7. 商业上的不确定性

为了避免由于商业上的不确定性而造成的终结项目不满足企业的需求，双方就要保证良好的客户—服务商关系，这样能让双方建设性地解决新出现的问题，这也再一次体现了“双赢”的重要性。

（四）源于外部环境的信息技术服务外包风险控制

1. 熟悉、了解承包商所在国家的政治、经济和自然环境

熟悉一个国家的政治、经济和法律等方面的因素，深入了解一个国家的政府状况、法制建设水平和不同文化的融合程度；国内的政策、行业标准变动情况；地震、洪水、台风等无法抗拒的自然因素的变化规律；市场不完全程度、是否具有明确的行业标准和综合评定外包商资质等级的方法等。

2. 了解相关技术的变化状况

随时了解和掌握相关信息技术的发展现状和趋势、发包企业与承包商签订的信息技术服务外包项目最新成果和研究进展、外包的实施效果和对企业经济收益的影响等。

第七章　附件

附件一：服务贸易总协定（GATS）

各成员：

认识到服务贸易对世界经济的增长和发展日益重要；

希望建立一项包括服务贸易的各项原则和规则的多边贸易框架，借以在有透明度和逐步自由化的条件下扩大服务贸易，作为促进所有贸易伙伴和发展中国家经济的增长和发展的一种手段；

希望在适当考虑国内政策目标的同时，通过连续不断的多边谈判，促使各成员在互利的基础上获益，并保障权利和义务的整体平衡，早日实现更高水平的服务贸易自由化；

认识到各成员为了实现国内政策的目标，有权对其境内所提供的服务制定和施行新的法规，并考虑到在制定服务贸易法规时，不同国家在服务法规制定方面存在的不平衡以及发展中国家行使这项权利的特殊需要；

希望有助于发展中国家更多地参与国际服务贸易和扩大服务贸易的出口，特别是通过提高其国内服务的能力、效率和竞争力；

鉴于最不发达国家特殊的经济状况以及其在发展、贸易和财政上的需要，对其严重困难应予以特别考虑。现达成协议如下：

一、范围和定义

第一条　范围和定义

1. 本协定适用于成员所采取的对服务贸易有影响的各项措施。

2. 就本协定而言，服务贸易被定义为下述服务的提供：

（a）从一成员境内向任何其他成员境内提供的服务；

（b）在一成员境内向任何其他成员的服务消费者提供的服务；

（c）由一成员的服务提供者，通过在其他成员境内的商业呈现提供的服务；

（d）一成员的服务提供者，通过在其他成员境内的自然人呈现所提供的服务。

3. 就本协定而言：

（a）成员所采取的措施有：

（i）中央、地区或地方政府和当局所采取的措施；

（ii）由中央、地区或地方政府和当局授权行使权力的非政府性团体所采取的措施；

为了履行本协定的责任和义务，各成员应采取适当措施确保其境内的地区和地方政府及非政府团体履行其职责。

（b）本协定所指的"服务"，包括所有行业提供的一切服务，但政府当局实施职能所提供的服务除外。

（c）所谓"政府当局实施职能所提供的服务"，系指既不是商业性质的也不与一个或多个服务提供者竞争的服务。

二、一般责任和纪律

第二条　最惠国待遇

1. 在本协定所覆盖的任何措施方面，成员给予任一成员的服务或服务提供者的待遇，应无条件地不低于给予任何其他国家相同的服务或服务提供者的待遇。

2. 各成员可以保持与本条第 1 款不一致的措施，但该项措施必须被列入附录并符合附录第二条有关免责条款所规定的条件。

3. 本协定条款不得解释为阻碍任何成员与其邻国，仅限于为了方便在边境毗邻地区交换当地生产和消费的服务所提供或赋予的利益。

第三条　透明度

1. 除非在紧急情况下，各成员应迅速将所有涉及或影响本协定实施的有关通用措施，最迟在它们生效以前予以公布。成员是签字国且对服务贸易有影响的国际协议也应公布。

2. 如按本条第 1 款要求进行公布是不实际的，则应采用其他方法向公众提供。

3. 各成员在制定或修改法律、法规或行政规定时，且对做出具体承诺的行业里的服务贸易有重大影响时，应立即或至少每年向服务贸易理事会进行通报。

4. 对于任何成员索取本条第 1 款所述通用措施或国际协定信息的要求，各成员应迅速予以答复。各成员都应设立一个或多个咨询点，应请求向其他成员提供有关这类问题的具体信息以及本条第 3 款所述的通告信息。上述咨询点应在《世界贸易组织协定》（在本协定中称《世界贸易组织协定》）生效后的两年内建立。发展中国家成员建立咨询点的时间，可根据具体情况给予适当的灵活性。这类咨询机构不必是法律和法规的收集机构。

5. 任何成员可将它认为其他成员所采取的影响本协定实施的措施通知服务贸易理事会。

第三条　副则 机密资料的泄露

本协定并未要求任何成员提供那些一旦泄露就会阻碍法律的实施或有害于公众利益，或损害包括国营或私营企业合法商业利益的机密资料。

第四条　发展中国家更多的参与

1. 通过按本协定第三和第四部分的规定，各成员做出的具体承诺，从下述方面促进发展中国家成员更多地参与世界贸易：

(a) 通过引进技术，加强发展中国家国内服务业能力、效率和竞争力；

(b) 改进销售渠道和信息网络；

(c) 市场准入自由化和有利于其出口的供应方式。

2. 发达国家成员及其他成员，应在《世界贸易组织协定》生效后两年内建立联系点，以便向发展中国家成员服务提供者提供有关市场准入的信息，包括：

(a) 在商业和技术方面对所提供服务的要求；

(b) 登记、认可和获得服务业专业资格方面的规定；

(c) 现有的服务技术。

3. 对上述第 1 款和第 2 款两款的实施，应特别优先考虑最不发达国家成员。鉴于它们的特别经济状况以及它们在发展经济、贸易和财政上的需要，对它们在接受协定承诺上存在的严重困难，应给予特殊的考虑。

第五条　经济一体化

1. 本协定不应阻止任何成员成为双边或多边服务贸易自由化协议的成员或参与该类协议，如果该项协议：

(a) 包括众多的服务行业。①

(b) 按照本协定第十七条的含义，通过下述方法在本款 (a) 项所述各行业

---

① 这个条件应理解为行业数量、涉及的贸易量和供应方式。为符合这一条件，这类协议不应事先规定有任何例外的供应方式。

消除或取消所有的歧视，除了本协定第十一条、十二条、十四条及十四条副则规定所允许采取的措施外，在该协定生效时或在一个合理的时间内：

(i) 取消现有的歧视性措施；

(ii) 禁止新的或更多的歧视性措施。

2.在评估是否符合本条第 1 款（b）所规定的条件时，应考虑到协定与有关国家间更广泛的经济一体化进程或贸易自由化的关系。

3.（a）如果发展中国家是本条第 1 款所述协议的参加方，在本条第 1 款，特别是涉及第 1 款（b）项方面，应按这些国家所有的和个别的服务行业及分行业的发展水平，给予适当的灵活性；

（b）尽管下面第 6 款有规定，如果涉及第 1 款这种类型的一项协议仅有发展中国家参与，则对这项协议成员的自然人所拥有或控制的法人应给予更优惠待遇。

4. 本条第 1 款所述及的任何协议应有利于该协议参加方之间的服务贸易，对该协议外的任何成员方，不应提高在各个服务部门或分部门中在该协议之前已适用的服务贸易的壁垒水平。

5. 总之，在对本条第 1 款所述任何协议的内容作补充或作重大修改时，有关成员想要撤销或要对原承诺表中所列条件做出不相一致的修改时，应于上述修改或撤销的 90 天前发出通知，并按本协议第二十一条第 2、第 3 及第 4 款所规定的程序进行。

6. 任何成员的服务提供者，根据本条第 1 款所述的一协议参加方的法律被确定为法人时，倘若它在该协议参加方境内从事实质性的经营，则有权享受该协议项下所给予的待遇。

7.（a）成员如系本条第 1 款所述的任何协议的参加方，应立即将这类协议以及对该协议的任何补充或重大修改通知服务贸易理事会。应要求向理事会提供上述资料。理事会可设立一工作组，用以审查此类协议或其补充和修改，并将其与本条规定是否一致问题向理事会报告。

（b）成员如系本条第 1 款所述的任何协议的参加方，而协议的实施是以时间进程为基础，则对其服务贸易的实施情况应定期向服务贸易理事会报告。理事会如认为需要，可设立一工作组以审查此类报告。

（c）理事会在认为适宜时，可以把本款（a）、（b）项所述的工作组的报告推荐给各成员。

8. 本条第 1 款所述及的参加任何协议的一个成员，对其他成员从此项协议中可能增加的贸易利益不得谋求补偿。

第五条　副则 劳动力市场一体化协议

本协定不阻止任何成员参加双方或多方建立完全一体化劳动力市场协议，[①]倘若这项协议：

（a）免除对协议参加方公民在居留权和工作许可方面的要求。

（b）已通报给服务贸易理事会。

第六条　国内法规

1. 在做出承诺的行业，各成员应合理、客观和公正地对影响服务贸易的措施进行管理。

2.（a）在受影响的服务提供者的请求下，各成员应尽快使用或制定切实可行的司法、仲裁、行政手段或程序，以便对影响服务贸易的行政决定迅速做出审查，并给予公正的决定和适当的补偿，如果该项程序并非独立于授予做出有关行政决定的机构时，成员应确保该程序能在客观和公正审查的情况下进行。

（b）上述（a）项的规定不能解释为要求成员制定与其宪法结构或法律制度的性质不一致的制裁手段或程序。

3. 在收到要求并做出具体承诺的服务行业里提供服务的申请时，如果申请符合其国内法律和规定且内容完备，成员的主管当局应在合理的时期内，将对该项申请的决定通知申请者。在申请者的请求下，该成员主管当局应毫不拖延地向其提供当前申请处理情况的信息。

4. 为了确保资格条件、程序、技术标准和许可证方面的措施不构成服务贸易的壁垒，服务贸易理事会应通过建立适当的机构以制定必要的规则。这些规则应确保这些措施要求是：

（a）建立在目标明确和透明的标准之上，如提供服务的资格和能力；

（b）不超出为确保服务质量的必要范围；

（c）许可证程序本身不应对提供服务形成一种限制。

5.（a）对成员已做出承诺的行业，按照本条第 4 款在这些行业所制定的规则尚未生效前，成员不应使用与所作承诺相违背的许可证要求、资格要求及技术标准，包括：

（i）与本条第 4 款（a）、（b）或（c）各项不符的标准；

（ii）当成员做出特定承诺时，无合理理由存在的要求。

---

① 典型一体化市场允许成员公民自由进入其他成员就业市场，并在工资、就业和社会福利方面有相应规定。

(b) 在决定某成员是否符合上述第 5 款 (a) 项所规定的义务时，应考虑到该成员采用的有关国际组织的国际标准问题（“有关的国际组织”一词系指它的会员资格是对有关团体，至少是对世界贸易组织所有成员方开放的国际组织)。

6. 在做出承诺的专业性服务行业，各成员应提供用于验证其他成员提供专业性服务能力的适当程序。

第七条 承认

1. 出于验证服务提供者是否全部或部分符合有关核准、许可或认可方面的标准或准则的目的，成员可承认某个国家的教育程度、经历、符合资格条件以及所颁发的许可证和认可。这种通过协调或其他办法取得的承认可以建立在与有关国家签订协议的基础上，也可建立在自动给予承认的基础上。

2. 成员如系第 1 款中述及的无论是已存在的，或以后订立的这类协议的参加方之一，应给予其他成员谈判参与这类或类似的协议或协定的适当机会。当一成员采取自动承认方式，则它应给予任何其他成员显示应得到承认的其教育、经历、许可证或证书，以及满足其境内要求的机会。

3. 成员在处理服务提供者的申请时，不应在核准、许可和认可标准的实施上采取国家间歧视或对服务贸易设置障碍。

4. 各成员应：

(a) 在《世界贸易组织协定》生效之日起的 12 个月内，将其现行的有关承认的措施通知服务贸易理事会，并说明这些措施是否建立在本条第 1 款述及的这类协议或协定的基础上；

(b) 在本条第 1 款述及的协议或协定开始谈判前，尽可能迅速地将情况通知服务贸易理事会，以便使其他成员在谈判进入实质性阶段之前有足够的机会表达其参加谈判的意愿；

(c) 当采取新的承认措施或对现有的措施已作重大修改时，应立即通知服务贸易理事会，并说明这些措施是否基于本条第 1 款述及的这类协议或协定。

5. 承认应建立在多边同意的准则之上。在合适的情况下，各成员应与有关的政府和非政府机构，就建立和采用有关承认的共同国际标准以及有关服务贸易和行业实施的共同国际标准进行合作。

第八条 垄断及专营服务提供者

1. 各成员应确保在其境内的任何垄断服务提供者，在相关的市场上提供垄断服务方面，不得采取与本协定第二条有关成员义务及其承诺不相一致的行动。

2. 当一成员的垄断服务提供者，不论是直接或通过其分支机构在其垄断权范围之外，但在该成员承诺范围之内参与提供服务的竞争时，该成员应确保其服务提供者在境内不滥用其垄断地位，不采取与其承诺不一致的行动。

3. 当一成员有理由确信另一成员的垄断服务提供者采取了与本条第 1、第 2 两款不相一致的行动，因而向服务贸易理事会提出时，理事会可要求建立、维护或批准上述服务提供者的成员提交有关运营的具体资料。

4. 在世界贸易组织协定生效后，如果一成员在做出特定承诺的范围内授予提供服务的垄断权时，在所拟垄断权付诸实施前，该成员应在三个月内通知服务贸易理事会，且本协定第二十一条第 2、第 3、第 4 三款的规定适用。

5. 本条规定也同样适用于专营独家服务提供者，在此情况下成员正式地或实际上：

（a）批准或建立少量的服务提供者；

（b）阻止这些服务提供者在其境内竞争。

第九条 商业惯例

1. 各成员承认不属于本协定第八条界定范围内的某些服务提供者的商业惯例，会抑制竞争从而限制服务贸易的开展。

2. 各成员在任何另一成员的请求下，应就取消本条第 1 款所述的商业惯例与其进行磋商。被要求的成员对此类请求应给予充分的同情的考虑，并通过提供与此事有关的、公开的、非机密性的资料予以合作。被要求的成员也应根据国内法规以及与请求方就保证机密达成的协议，向请求方提供其他资料。

第十条 紧急保障措施

1. 紧急保障措施方面的问题应在非歧视原则基础上通过多边谈判方式解决。上述谈判结果应在《世界贸易组织协定》生效后不迟于三年内付诸实施。

2. 在本条第 1 款述及的谈判结果生效前，尽管本协定第二十一条第 1 款作了规定，任何成员可以把其承诺实施一年后意欲修改或撤销其承诺的意向通知服务贸易理事会；在这种情况下，该成员应将不能根据第二十一条第 1 款等待三年后才能修改或撤销的原因向理事会说明。

3. 本条第 2 款的规定，应在《世界贸易组织协定》生效三年后停止施行。

第十一条 支付和汇出

1. 除本协定第十二条所述的情况外，任何成员在与特定承诺机关的国际现金汇出和支付方面不应实行限制。

2. 在成员对任何资本交易，除本协定第十二条规定，或国际货币基金组织所要求的以外，没有采取与其特定承诺不一致的限制条件下，本协定对国际货币基金组织成员的权利和义务没有任何影响，包括使用与本协定条款一致的货币交换行为。

第十二条　对保障国际收支平衡的限制

1. 在发生国际收支严重失调和对外财政困难或因此受到威胁的情况下，成员可以对做出特定承诺的服务贸易采取限制措施，包括有关交易的支付与转让。成员在经济发展或经济过渡的过程中，如因在国际收支平衡上受到特殊压力，则确认它有必要使用限制，以确保特别是为了保持一个适当的财政储备水平，以便实施其经济发展或经济过渡的计划。

2. 本条第 1 款述及的限制：

（a）不应在成员之间造成歧视；

（b）应与《国际货币基金组织协议》的条款保持一致；

（c）应避免对任何其他成员的贸易、经济和财政方面的利益造成不必要的损害；

（d）不应超出为处理本条第 1 款所叙述情况的必要范围；

（e）随着本条第 1 款所述情况的改善，第 1 款应当是临时性的和逐步被取消的措施。

3. 在决定此类限制的影响时，成员可以优先考虑对其经济或发展计划更为重要的服务。然而，这些限制不应是为了维持和保护某一特定服务行业。

4. 根据本条第 1 款规定所采用或维持的任何限制，或对这些限制的任何变更，都应立即通知服务贸易理事会。

5.（a）采用本条规定的成员应就本条有关限制规定，尽快与国际收支平衡限制委员会进行磋商。

（b）部长会议应建立定期磋商的程序，[①] 其目的是在适宜时，把相应建议提供给有关成员。

（c）上述磋商应对有关成员的国际收支状况及对本条项下所采用或维持的限制情况实行评估，特别要考虑下述因素：

（i）有关国际收支和对外财政困难的性质和程度；

（ii）被磋商成员的对外经济和贸易环境；

（iii）其他正确措施。

（d）磋商应讨论限制是否符合本条第 2 款，特别是第 2 款（c）项的逐步取消

① 本条第 5 款所指的程序与 GATT 1994 中所指的程序相同。

限制问题。

（e）在这类磋商中，对国际货币基金组织所提供的有关外汇、货币储备和国际收支平衡方面的统计资料和其他事实的调查结果应予以接收，结论应以国际货币基金组织对参加磋商成员的国际收支平衡和它的对外财政状况为基础。

6. 如果非国际货币基金组织成员的本协定成员愿意采用本条的规定，则部长会议应建立复审程序和其他必要程序。

第十三条　政府采购

1. 本协定第二、第十六、第十七条的规定不适用于政府服务机构采购服务的法律、法规或规程，这类采购是政府目的，不是为商业转销或为商业销售提供服务。

2. 在《世界贸易组织协定》生效后两年内，应在本协定下就政府服务采购进行多边谈判。

第十四条　一般例外

在实施这类措施上不应在情况相同的国家间构成武断的或不公正的歧视或对服务贸易的隐蔽限制。本协定的规定不得解释为阻止任何成员为以下目的采用或实施的措施：

（a）为保护公共道德或维护公共秩序[①] 的需要。

（b）为保护人类、动物或植物的生命或健康的需要。

（c）为确保与本协定规定不相抵触的法律和规定的需要，包括与下述有关的：

（i）防止欺诈和欺骗的习惯做法或处理服务合同的违约事情；

（ii）保护个人隐私和有关个人资料的处理与扩散，以及保护个人记录和账户的秘密；

（iii）安全问题。

（d）只要实施差别待遇目的是为确保向其他成员的服务或服务提供者公正、

① 只有当某一社会基本利益受到真正和极其严重的威胁时，才可行使公共秩序例外行动。

有效地[①]征收或收取直接税,[②]则不违反本协定第十七条规定。

（e）一成员因避免双重征税或因参加任何避免双重征税的国际协议或协定而实施差别待遇，则不违反本协定第二条规定。

第十四条　副则 安全例外

1. 本协定不得解释为：

（a）要求任何成员提供公开后会使其基本安全利益遭受不利的任何资料。

（b）制止任何成员为保护其基本安全利益所争取的其认为必要的任何行动。

（i）直接或间接为军事设施提供的服务；

（ii）有关裂变或聚变材料或提炼这些材料的原料；

（iii）在战时或国际关系处于其他紧急情况期间，采取的行动。

（c）制止任何成员根据联合国宪章执行为维护国际和平安全的职责而采取的行动。

2. 应把根据本条副则第 1 款（b）、（c）两项规定所采取的措施及其终止情况尽可能完全地通知服务贸易理事会。

第十五条　补贴

1. 各成员认识到，在某些情况下补贴对服务贸易可能会有畸形的影响。鉴于要制定一项必要的多边纪律以避免这类畸形贸易的影响,[③]成员应举行多边谈判。这类谈判也应讨论适当的反补贴程序。谈判应承认补贴对发展中国家发展计划的作用，并考虑到成员特别是发展中国家成员在这方面需要的灵活性。为进行谈判，所有成员应交换其提供给本国服务提供者的服务补贴的有关资料。

2. 任何成员如认为另一成员的补贴使其受到损害时，可就此事要求与该成员

---

① 旨在为确保公正、有效地征纳或收取直接税的各项法规，包括一成员方根据它的税收制度而采用的那些法规：

(i) 基于对既成事实的认可，此条适用于非居民服务提供者，由于非居民的纳税义务是取决于纳税科目的来源或原设置在成员方境内；或

(ii) 适用于非居民以确保在成员方境内征纳或收取税款；或

(iii) 适用于非居民或居民以防止回避或遗漏税款，包括通过合法措施；或

(iv) 把支付世界普遍采用的征税项目的服务提供者与其他服务提供者区分开来，以识别它们之间在税收起点性质上的差别；或

(v) 决定、分派或分配居民或机构、或有关几个私人间或同一个人的各分支机构间收入的利润、所得、损失、扣款或赊欠，以维护成员方的课税依据。

根据成员方所实施的国内法，在本协定第十四条（d）款所述的税收名词和概念及其脚注，系根据税收定义和概念或是相同或相似的定义和概念决定的。

② 本脚注内容已移至第二十八条（n）项规定中。

③ 一项未来的工作计划将决定如何与何时来磋商制定这方面的多边纪律。

进行磋商，这种要求应给予同情考虑。

三、特定承诺

第十六条　市场准入

1. 在有关通过本协定第一条所认定的服务提供方式的市场准入方面，各成员给予其他成员的服务和服务提供者的待遇，应不低于其承诺清单所同意和规定的条件。①

2. 在做出市场准入承诺的服务行业里，成员除了在其承诺清单中明确标出外，不应以某一地区分部门为基础或以整个国境为基础来维持或采用下述措施：

（a）以采用数量配额、垄断专营服务提供者或要求测定经济需求的方式，限制服务提供者的数量的措施；

（b）采用数量配额或要求测定经济需求的方式，限制服务交易或资产的总金额的措施；

（c）采用配额或要求测定经济需求的方式，限制服务交易的总数或以数量单位表示的服务提供的总产出量② 的措施；

（d）采用数量配额或要求测定经济需求的方式，限制某一服务部门或服务提供者为提供某一特定服务而需要雇用自然人的总数的措施；

（e）对服务提供者提供服务所需要通过的法人实体或合营企业进行限制或对其类型进行限制的措施；

（f）对参加的外国资本限定其最高股权比例或对个人的或累计的外国资本投资额予以限制。

第十七条　国民待遇

1. 各成员应在其承诺的行业中，依照表内所述的各种条件和资格，给予其他成员的服务和服务提供者的待遇，在影响服务提供的所有措施方面，不应低于给予其本国相同的服务和服务提供者③ 的待遇。

2. 成员可通过给予其他任一成员的服务或服务提供者与给予己方相同服务或

---

① 如果一成员方对服务提供的市场准入承担的义务，接受通过本协定第一条第 2 款（a）项所述的提供方式，又如果跨越国境的资本流动是该项服务的重要部分，则该成员方因而有义务允许进行这类资本流动。如果一成员方对服务提供的市场准入承担的义务，接受通过本协定第一条第 2 款（c）项所述的提供方式，则该成员方得允许有关的资本转移至其境内。

② 本条第 2 款（c）项的规定，并不包括一成员方为限制服务提供投入量的措施。

③ 本条项下所谓承担特定义务不应解释为要求任何成员方对外国相关的服务或服务提供者，因其本身的特性而形成内在的竞争劣势进行补偿。

服务提供者形式上相同或不同的待遇，来达到本条第 1 款的要求。

3. 如果一成员修改其服务和服务贸易提供者的竞争条件，以有利于它自己的服务和服务提供者，则形式上相同的待遇或形式上不同的待遇都应被认为是对其他成员的同类服务或服务提供者不公平的待遇。

第十八条　附加承诺

成员可以在本协定第十六条或第十七条的范围之外就影响服务贸易的措施在承诺方面进行谈判，包括有关资格、标准或许可等事宜，这类承诺应列入该成员的承诺清单中。

四、逐步自由化

第十九条　特定承诺的谈判

1. 为实现本协定的目标，从《世界贸易组织协定》生效之日起不迟于五年内，所有成员应就使服务贸易自由化逐步达到较高水平的问题进行后续的多边谈判。这些谈判作为有效市场准入的手段，旨在减少或消除各项措施对服务贸易的不利影响。上述进程应在互利的基础上促进所有成员的利益，并谋求达到权利和义务的全面平衡。

2. 贸易自由化的进程应取决于各成员相应的国家政策目标以及各成员包括它的整体和个别服务行业的发展水平。对发展中国家成员在较少开放一些部门、放宽较少类型的交易和逐步扩大市场准入程度等方面，应根据它们的发展情况给予适当的灵活性。当其向外国服务提供者给予市场准入时，准入条件方面旨在达到本协定第四条所述的目标上。

3. 每一回合谈判应先确立谈判指南和程序。为确定这些指南，服务贸易理事会应根据本协定的目标，包括本协定第四条第 1 款的规定。对服务贸易的整体情况和部分情况进行一次评估。谈判指南应为各成员从上次谈判以来自动采取的自由化措施以及在本协定第四条第 3 款项下为最不发达国家成员的特殊待遇建立模式。

4. 通过每一回合的双边或多边谈判提高各成员特定承诺的整体水平，使服务贸易逐步自由化的进程有所推进。

第二十条　特定承诺清单

1. 各成员应根据本协定第三部分的规定，制定一个特定承诺清单。对于做出这类承诺的行业，其清单中应详细说明：

（a）有关市场准入的条件、限制和情况；

(b) 有关国民待遇的条件和资格;

(c) 承担有关的附加承诺;

(d) 实施这些承诺的时间框架;

(e) 这些承诺的生效日期。

2. 与本协定第十六条和第十七条规定不符的措施，应在第十六条的有关栏目中说明。在这种情况下，这项说明也可作为第十七条有关条件和资格的规定。

3. 特定承诺计划表应附录于本协定之后，并应作为本协定的整体组成部分。

第二十一条 承诺清单的修改

1. (a) 根据本条规定，成员（本条以下称“修改成员”）可以在承诺开始实施三年以后的任何时间修改或撤销清单的任何承诺。

(b) 修改成员若要修改或撤销承诺时，应在三个月前通知服务贸易理事会。

2. (a) 当任何成员（以下称“受影响成员”）在本协定项下的利益受到本条第 1 款（b）项所述修改或撤销的影响而提出要求时，修改成员应与受影响成员进行磋商，旨在达成一项必要的补偿协议。在这类磋商和协议中，有关成员应努力达成互利的承诺，其互利的水平不低于谈判前的承诺清单中的特定承诺规定。

(b) 补偿调整应在最惠国待遇的基础上做出。

3. (a) 如果在规定的谈判期结束前，修改成员和任何受影响成员未能达成协议，则该受影响成员可将此事提交仲裁。任何希望有权获得赔偿的受影响成员必须参加仲裁。

(b) 如果没有受影响成员提出仲裁要求，则修改成员可以自由实施其拟议中的修改或撤销。

4. (a) 修改成员在按仲裁的裁决进行补偿前，可以不修改或撤销其承诺。

(b) 如果修改成员实施其拟议中的修改或撤销，但未按照仲裁的裁决办理，则参加仲裁的任何受影响成员可以进行根本修改或撤销，以使其实质上得到的利益与裁决相一致。尽管有第二条的规定，但这种修改或撤销的实施可以是只针对修改成员。

5. 服务贸易理事会应制定承诺计划表批准和修改程序。任何成员对承诺清单上的承诺作修改或撤销，应根据此程序进行。

五、制度条款

第二十二条 磋商

1. 当任一成员就影响本协定执行的任何事项向某成员提出请求时，该成员应给予同情的考虑并给予适当的机会进行磋商。争端解决谅解（DSU）应适用于这类磋商。

2. 若根据本条第 1 款规定进行的磋商，仍未能取得圆满解决，应一成员要求，服务贸易理事会或争端解决机构可以与某成员或某些成员进行磋商。

3. 根据本条或第二十三条规定，属于两国间有关避免双重征税的国际协定范围内的问题，一成员对另一成员采用的措施，不能援用本协定第十七条规定。如果双方对这一措施是否属于这类国际协定的范围看法不一致，则任何一方可以将此事提交服务贸易理事会，[①] 由理事会将此事提交仲裁。仲裁员的裁决应是终局的，并对成员具有约束力。

第二十三条　争端解决和实施

1. 任何成员如果认为另一成员未能履行本协定的义务和特定承诺，为了达到双方都满意的解决，该成员可诉诸于争端解决机构。

2. 如果争端解决机构认为情况严重必须采取行动时，则它可指示一个成员或某些成员根据争端解决谅解第 22 款的规定，暂停实施对任何其他成员所承担的义务和特定承诺。

3. 任何成员如果认为根据本协定第三部分规定，在由另一成员的特定承诺下可预期得到的任何合理利益，由于采用了与本协定条款并不抵触的措施，结果导致该利益丧失或受到损害时，可诉诸争端解决机构。如果这项措施被“争端解决机构”认定为取消或损害了上述利益，受损害的成员有权根据本协定第二十一条第 2 款，要求做出双方满意的调整，包括修改或撤销该措施。如果双方未能就此事达成协议，则可援用争端解决谅解第 22 款的规定。

第二十四条　服务贸易理事会

1. 为便于实施本协定和促进实现它的目标，授权服务贸易理事会履行这项职责。为了使理事会更有效地履行其职责，它可设立附属机构。

2. 除非理事会另有规定，理事会与其附属机构应对本协定所有成员的代表开放。

3. 理事会主席应由全体成员选举产生。

第二十五条　技术合作

1. 在技术合作上需要帮助的成员服务提供者可与本协定第四条第 2 款述及

---

① 关于在《世界贸易组织协定》生效后施行避免双重征税协议问题，只有在双方同意这一协议的情况下才可将此类事情提交服务贸易理事会。

的服务联系点联系。

2. 对发展中国家提供技术援助，应由世界贸易组织（WTO）秘书处根据服务贸易理事会的决定在多边水平上提供。

第二十六条　与其他国际组织的关系

理事会应做出适当的安排，以便与联合国和它的专门机构以及其他政府间与服务有关的组织进行磋商和合作。

六、最后条款

第二十七条　利益的拒绝

成员可以拒绝本协定的下述服务：

(a) 服务由非本协定成员境内所提供或者由某成员境内提供，但《世界贸易组织协定》不适用于拒绝接受该服务的成员与该成员之间。

(b) 海运服务，如这项服务的提供：

(i) 来自非成员法律注册的船只或来自某成员法律注册的船只，但《世界贸易组织协定》不适用于该成员与拒绝接受的成员之间；

(ii) 来自非成员的全部或部分由个人运营和/或使用的船只，或来自某成员的船只，但《世界贸易组织协定》不适用于拒绝接受服务的成员与该成员之间；

(c) 对一具有法人资格的服务提供者，但该提供者不是另一成员的服务提供者，或虽是另一成员的服务提供者，但《世界贸易组织协定》不适用于拒绝接受服务的成员与该成员之间。

第二十八条　定义

就本协定而言：

(a)“措施”是指由一个成员，不论是以法律、法规、规则、程序、决定、行政行为或任何其他形式所采取的任何措施。

(b)“提供服务”包括服务的生产、分配、营销、销售和交付。

(c)“成员采取的影响服务贸易的措施”包括与下列内容有关的措施：

(i) 购买、支付或使用一项服务；

(ii) 进入和使用某些与提供服务有关的服务，这些服务是被成员要求向社会提供的；

(iii) 一成员的公民在另一成员境内现场提供服务，包括商业呈现；

(d)“商业呈现”指任何形式的商业或专业企业，包括出于提供服务目的，在一个成员境内：

（i）组建、购入或维持一个法人单位；

（ii）建立或维持一个分支机构或代表机构；

（e）一个服务“行业”指：

（i）在成员承诺计划表中，一项特定承诺中的一个、多个或全部分行业。一个或更多，或全部或分支部门；

（ii）或者是整个某服务行业，包括其所有分行业；

（f）“另一成员的服务”指由下述方面提供的服务：

（i）来自或在另一成员境内，在海洋运输情况下，在另一成员的法律下注册的船只，或由另一成员的人通过对一船只的全部或部分的运营和/或利用所提供的服务；

（ii）在商业呈现或通过自然提供服务的情况下，由其他成员的服务提供者提供的服务。

（g）“服务提供者”是指提供一项服务[①]的任何人（法人或自然人）。

（h）“垄断提供服务者”指在一成员境内相应市场上的国营或私营任何人，被该成员正式授予或委派或事实上作为该项服务的唯一提供者。

（i）“服务消费者”是指接受或使用一项服务的任何人。

（j）“人”系指自然人或法人。

（k）“另一成员的自然人”是指居住在另一成员或任何其他成员境内并受制于该成员法律的自然人。

（i）是该成员的国民；

（ii）具有在该成员的永久居留权，倘若该成员：没有国籍或在有关服务贸易的措施上，对永久居民和对本国国民给予实质上的同等待遇。其他成员没有义务给上述居民比该成员给予更多的优惠。根据该成员的法律和法规该成员在接受《世界贸易组织协定》的通告中应保证这些永久居民应与国民一样，受到其他成员的同等待遇。

“法人”指在适用的法律下设立或组建的任何合法实体，不论它是为了盈利还是为别的目的，也不论是私有还是政府拥有，它包括任何公司、托拉斯、合伙企业、合营公司、独资或联合体。

---

① 当一项服务不是直接地由一法人所提供，而是通过诸如分公司或代表机构的商业现场的其他形式所提供；然而，通过上述形式的到场，服务提供者（法人）应与本协定项下对服务提供者所规定的待遇相一致。这类待遇应延伸到通过现场的服务提供，但不需延伸到服务提供者在境外任何其他地区的服务提供。

(l)“其他成员法人”指下述的法人：

(i) 在其他成员法律下设立或组建的，并在该成员或任何其他成员境内从事商业活动；

(ii) 在通过商业呈现提供服务的情况下，法人属于或受控于：该成员的自然人，或根据本款 (i) 项所认定的其他成员的法人；

(m) 一个法人应是：

(i) 被某成员的人所拥有，其利润中的 50 %以上的股权利润归该成员的人所占有；

(ii) 被某成员的人们所控制，这些人们有权任命大部分董事或合法地指挥其行动；

(iii)“从属”于另一个人，当其控制他人或被他人所控制，或当其与其他人均被同一人所控制。

(n)“直接税”系包括全部所得税、全部资本税、所得税或资本税的组成部分，包括从财产转让所得的税款、财产、继承和馈赠税、企业支付的全部工资或薪金税以及资本的增值税。

第二十九条　附录

本协定的附录均系本协定的整体组成部分关于免除第二条义务的附录

范围

1. 本附录规定了成员在本协定生效时，免除第二条第 1 款项下规定义务的条件。

2. 在《世界贸易组织协定》生效后，实施任何新的免除义务，应按该协定第九条第 3 款处理。

复审

3. 服务贸易理事会应对所有准许 5 年以上的免除义务予以复审。首次复审应在《世界贸易组织协定》生效后 5 年内进行。

4. 服务贸易理事会复审时应：

(a) 审查产生需要免除义务的条件是否仍然存在；

(b) 确定今后复审的日期。

终止

5. 用特殊措施免除成员对本协定第二条第 1 款的义务应在规定的日期终止。

6. 原则上，上述免除的期限应不超过 10 年，在任何情况下它们应在下一个回合的贸易自由化谈判中作为谈判内容。

7. 成员在免除终止时应通知服务贸易理事会。

免除第二条义务的清单

（在第二条第 2 款下同意免除义务的清单将作为《世界贸易组织协定》的附件）。

提供服务的自然人移动的附录

1. 本附录适用于对自然人影响的措施。这里的自然人可以是一个成员的服务提供者，也可以是受雇于某服务提供者的某成员自然人。

2. 本协定不适用于对自然人谋求进入某成员就业市场所采取的措施，也不适用于有关国籍、永久居留或永久性就业所采取的措施。

3. 按照本协定的第三和第四部分，各成员可根据本协定规定，就提供服务的各类流动的自然人方面的承诺进行谈判。根据承诺条件，承诺范围内的自然人应被允许提供服务。

4. 本协定不得阻止成员对控制自然人进入或暂时居留其境内，包括那些必须保护其边界的完整与保证自然人有秩序地通过其边界所采取的措施。上述措施在实施中应不取消或损害成员特定承诺所提供的利益。

空中运输服务的附录

1. 本附录适用于影响空中运输服务（无论是定期还是非定期）和辅助性服务贸易的措施。本协定下的任何特定承诺都不应当降低或影响各成员在《世界贸易组织协定》生效前所签订的双边或多边协定的义务。

2. 本协定，包括争端解决程序，不适用于与下述方面有关的措施：

（a）不论以何种方式给予的交通权；

（b）与行使交通权直接相关的服务。

3. 本协定适用于与下述方面有关的措施：

（a）飞机的修理和保养服务；

（b）空中运输服务的销售和营销；

（c）计算机储存系统的服务。

4. 本协定规定的争端解决程序，只有在敦促有关成员承担它们的义务和特定承诺以及在双边和其他多边协议里的争端解决程序已试尽的情况下才可援用。

5. 服务贸易理事会应定期或至少每 5 年一次，复审空中运输行业的发展和对本附录的运行情况，旨在考虑在这一领域进一步实施本协定的可能性。

6. 定义

（a）“飞机修理和保养服务”，指当飞机离开服务运行时对整架飞机或某一部分采取的维修活动，但不包括所谓在线保养。

(b)“空中运输服务的销售和营销”，指有关的航空公司在销售和自由营销它的空中运输服务的机会，包括诸如市场调研、广告和市场分布等营销的所有方面。但这类活动不包括空中运输服务的定价和适用条件。

(c)“电脑储存系统服务”指由计算机系统提供的服务，该系统包含空运工具时间表、适用性、票价和票价规则等信息，通过这一系统可以订购座位或发送机票。

(d)“交通权”指以定期或不定期的航班，运送旅客、货物和邮件的前往、返回，或在成员境内往返或越境外运的权利，包括定点的服务、航线的操作计划、运载工具的种类、可提供的运载量、收费标准及其条件以及选用运载机型的标准，包括飞机的数量、所有权和控制等标准。

金融服务的附录一

1. 范围和定义

(a) 本附录适用于影响提供金融服务的措施。本附录内金融服务的提供应理解为按照本协定第一条第 2 款对服务提供的解释。

(b) 出于本协定第一条第 3 款 (b) 项所述目的，“政府职能方面的服务提供”含义如下：

(i) 中央银行、货币权力机构或任何其他从事与货币或汇率政策有关的公共机构所进行的活动；

(ii) 构成社会安全和公共退休计划的法律体系方面的各项活动；

(iii) 由公共机构为财务、担保或使用政府财政资金所进行的其他活动。

(c) 出于本协定第一条第 3 款 (b) 项所述目的，如果一成员允许它的金融服务提供者，实施与上述 (b) (ii) 或 (b)(iii) 两项规定有关的任何活动与公共机构或金融服务提供者进行竞争，则这些活动都应包括在“服务”范围内。

(d) 本协定第一条第 3 款 (c) 项不适用本附录所包括的服务。

2. 国内法规

(a) 不应阻止成员出于稳妥的原因，如包括对投资者、存款者、投保者或为金融服务提供者的信托义务拥有人所作的保护，或为保证金融体系的完整和稳定而采取措施。如果这些措施与本协定的条款规定不符，则这些措施不应当被用作避免本协定和承诺的工具。

(b) 本协定内容不得解释为要求成员公开有关消费者个人事务和账务方面的资料，或公共机构处理的任何机密或财产方面的资料。

3. 承认

(a) 成员在决定如何实施金融服务方面的措施时，可以承认其他成员的慎重措施。这种可通过协调或其他办法而取得的承认可以建立在与有关国家的协议或安排的基础上，或自动地认可。

(b) 一成员如是上述 (a) 项中述及的协议或安排中的一方，不管是未来或现在，应对其他有关系的成员就商谈加入这样的协议或安排，或达成类似的文件提供适当机会。并采用相同的法规，监督法规的实施和协议或安排的各参加方分享信息的程序。当一成员给予自动承认时，它应给其他成员展示存在同样情况的机会。

(c) 当一成员意欲对其他任何国家的谨慎措施给予承认时，第七条第 4 款 (b) 项规定应不予适用。

4. 争端解决

处理慎重问题和其他金融事务争端的专家小组应对所处理的金融服务具有必要的专业知识。

5. 定义

就本附录而言：

(a) 金融服务是由成员的金融服务提供者所提供的任何金融方面的服务。金融服务包括所有保险和与保险有关的服务以及所有银行和其他金融服务 (保险除外)。金融服务包括下列活动：

保险及与保险有关服务：

(i) 直接保险 (包括使用保险)；

(A) 人寿；

(B) 非人寿。

(ii) 再保险和再再保险；

(iii) 保险中介，如中间人业务和代理；

(iv) 辅助性保险服务，如咨询、保险统计、风险评估和索赔清算服务；银行和其他金融服务 (保险除外)；

(v) 接受公众储蓄和其他应偿付的资金；

(vi) 各类借贷，包括消费信贷、抵押贷款、信用贷款、代理和商业交易的资金融通；

(vii) 融资性租赁；

(viii) 所有的支付和货币交换服务，包括信贷、应付项目和借方信用卡、旅行支票和银行汇票；

（ix）担保和委托业务；

（x）自有账户和消费者账户的交易，不论是兑换、证券经纪人，市场交易或其他方式；

（A）货币市场证券（包括支票、汇票、储蓄单）；

（B）外汇；

（C）派生业务，包括但不局限于期货交易与期权交易；

（D）汇率和利率凭证，包括互换交易、远期汇率协议；

（E）可转让证券；

（F）其他可转让票据和金融资产（包括金银）。

（xi）参与各类证券的发行，包括认购和代理职务（不管公开的或私下的）以及有关发行服务的提供；

（xii）货币代理；

（xiii）资产管理，为现金或有价证券的管理，各种形式的集体投资的管理、年金管理、监督、保管和信托服务；

（xiv）金融资产的处理清算服务，包括证券、派生业务和其他可转让票据；

（xv）金融信息的提供转让，金融数据处理和其他有关金融服务提供者的软件；

（xvi）顾问、中介和在（v）至（xv）项列明的其他辅助性金融服务的所有活动，包括信用贷款业务的参考和分析，投资和有价证券的研究和建议，开拓性业务和对社团改组和战略的建议。

（b）金融服务提供者是指希望提供或正在提供金融服务的任何自然人或法人，但“金融服务提供者”一词，不包括公共机构。

（c）“公共机构”指：

（i）成员的政府、中央银行或货币机构，或由成员所拥有或控制的，主要为实施政府职能或为政府的意向而活动的机构，但不包括主要从事商业性金融服务供应活动的机构；

（ii）一私营机构，它履行着通常是由中央银行或货币机构执行的职能。

金融服务的附录二

1. 尽管有本协定第二条和关于免除第二条义务的附录第 1 和第 2 款的规定，各成员在《世界贸易组织协定》生效四个月后的 60 天内，应将有关金融服务与本协定第二条第 1 款不一致的措施列入附录。

2. 尽管有本协定第二十一条的规定，各成员在《世界贸易组织协定》生效四个月后的60天内可以对金融服务承诺清单中的特定承诺进行改进、修改、全部或部分撤销。

3. 服务贸易理事会应为实施本附录第1和第2款的规定制定必要的程序。

海运服务谈判的附录

1. 本协定第二条和关于免除第二条义务的附录，包括把成员将采取的与最惠国待遇不相一致的任何措施。对国际运输、辅助服务及进入和使用港口设施将在下列日期列入附录要求。

（a）第4款海运服务谈判日期；

（b）如果谈判失败，海运服务谈判组将决定最终报告的日期。

2. 上述第1款不适用于列入成员承诺清单中的任何海运服务特定承诺。

3. 从第1款述及的谈判结束至实施日之前，尽管有第二十一条的规定，各成员可以全部或部分改进、修改或撤销其在此行业的特定承诺并不需要做出补偿。

电信服务的附录

1. 目标

认识到电信服务部门的特殊性，它是具有经济活动的独特行业，和其他经济活动的基本传递手段的双重职能，为在影响进入和使用公共电信传送网及其服务的措施方面实施本协定，各成员同意下述附录。同时本附录提供了对本协定的注释和补充条款。

2. 范围

（a）本附录应适用于各成员影响进入和使用公共电信传送网及其服务范围①的所有措施。

（b）本附录不适用于影响无线电或电视节目的有线或无线广播的措施。

（c）本附录不得解释为：

（i）要求成员在其承诺清单之外批准其他成员的服务提供者，设立、建设、获取、租赁、经营或提供电信传送网或服务；

（ii）要求成员（或要求一成员在它的管辖权内答应服务提供者）设立、建设、获取、租赁、经营或提供一般不向公众提供的电信传送网或服务。

3. 定义

就本附录而言：

---

① 本款应理解为每一成员方应保证通过必要的各项措施，使公共电信传送网及其服务的提供者适合本附录所规定的义务。

(a)“电信”指通过电磁方法发送和接收信号。

(b)“公共电信传送服务”指被成员要求向社会提供的任何电信传递服务。这类服务可包括，特别是电报、电话、电传和在两点或多点间按实时传送用户提供的信息并在终端不需在格式和内容上作任何改变的数据传送。

(c)“公共电信传送网”指在两个或多个确定的网络终端点进行通信的公共电讯设施。

(d)“企业内部通信”指一公司的内部或与它的子公司、分公司，或这些公司之间的，按照成员国内法律和法规成立的分支机构间的通信。这里的“子公司”、“分公司”和“分支机构”应由各成员自己定义。本附录中的“企业内部通信”不包括提供给公司用户或潜在用户的或与子公司、分公司、分支机构无关的公司的商业性或非商业性服务。

(e)本附录段落或分段落包括所有分项。

4. 透明度

在应用本协定第三条时，各成员应确保把进入和使用公共电信传送网及其服务的条件对社会公开，包括：关税和其服务条件；这类网络和服务的技术接口指标；负责起草和制定影响进入和使用的标准的机构；对终端或其他设备的要求；以及通知、注册或许可证要求等。

5. 公共电信传送网及其服务进入和使用

(a)各成员应确保其他成员的服务提供者在合理的和非歧视性原则的条件下提供承诺清单中的服务，能进入和使用公共电信传送网及其服务。该项义务特别应通过下述的（b）项和（f）项[①]予以实施。

(b)各成员应确保其他成员的服务提供者可以使用境内或跨越边境的任何公共电信传送网及其服务，包括私人租用线路，并确保这些服务提供者被允许。

(i)购置或租借和连接带有网络接口的和服务提供者所需的终端或者其他设备；

(ii)把私人拥有或租用的线路与公共电信传送网及其服务相连接，或与其他服务提供者拥有或租用的线路相连接；

(iii)采用营运议定书得到选定的任何服务，否则必须确保电信传送网络和服

---

① “非歧视性”一词应理解为指本协定中所述及的最惠国待遇和国民待遇的解释。也表示了这一词的行业特有习惯用法，即指“在同等情况下，其条件不能低于那些已给予其他任何公共电信传送网，或其服务使用者所享有的优惠”。

务对社会提供。

（c）各成员应确保其他成员的服务提供者可以使用公共电信传送网及其服务，作为境内和越境信息交流使用，包括用于该服务提供者企业内部通信以及进入任一成员境内的以数据或以其他机器可读形式存储的信息。某成员的任何新的或修改措施如严重影响这样的使用，应通告并按照本协定的有关规定进行磋商。

（d）尽管有前款规定，成员为确保信息的安全和保密可以采取必要措施。但上述措施不应用来构筑垄断不公平歧视或对服务贸易的隐蔽限制。

（e）各成员应保证对进入和使用公共电信传送网及其服务不附加任何条件，除了因需要：

（i）为了维护公共电信传送网及其服务提供者的公共服务职责，特别是它们的网络或服务为公众服务的能力；

（ii）为了保护公共电信传送网及其服务的技术完整性；

（iii）为了确保其他成员的服务提供者不提供承诺清单之外的服务。

（f）如果各方对上述（e）项所定的标准满意，那么进入和使用公共电信传送网及服务的条件可包括：

（i）对再销售或分享使用这类服务的限制；

（ii）为与这类网络和服务进行内部连接对使用特殊技术接口的要求，包括接口协议；

（iii）必要时，对这类服务的兼容性的要求，即鼓励达到第 7 款（a）项所述目标的要求；

（iv）与网络相连的终端和其他设备的型式批准，和把这些设备与网络连接方面的技术要求；

（v）对私人租用的或拥有的线路与这类网络或服务连接，或与其他服务提供者租用的或拥有的线路连接的限制；

（vi）通知、注册与许可。

（g）尽管有前述这些款项的规定，发展中国家的成员可以根据其发展水平，对进入和使用公共电信传送网及服务设置合理的条件，以加强其国内电信基础设施和服务能力，及促进其对国际电信服务贸易的参与。这些条件应在成员的承诺清单中予以标明。

6. 技术合作

（a）各成员认识到在所在国家中，特别是在发展中国家中，先进的电信基础设施是扩大它们服务贸易的基础条件。为此各成员同意并鼓励发达国家和发展中国家，它们的公共电信网络和服务的提供者及其他企业尽最大可能参加国际组织和区域组织包括国际电信联盟、联合国发展计划署和发展建设国际银行的发展计划活动。

（b）各成员应鼓励和支持发展中国家在国际区域及分地区水平上的通信合作。

（c）各成员方应与有关的国际组织合作尽可能向发展中国家提供电信服务及电信发展和信息技术方面的信息，以帮助它们增强国内电信服务业。

（d）各成员对最不发达国家应给予特别的关切，鼓励外国电信服务提供者对最不发达国家在技术转让、培训和其他活动方面给予帮助，从而支持它们发展电信基础设施并扩大它们的电信服务贸易。

7. 与国际组织和有关协议的关系

（a）各成员认识到国际标准对电信网络和服务的内部连接和全球兼容的重要性，并通过有关国际组织，包括国际电信联盟和国际标准化组织推动这些标准的制定。

（b）各成员认识到政府间和非政府组织的各种协议，特别是国际电信联盟，对确保国内和全球电信服务的有效运行的作用。各成员应做出适当的安排以就实施本附录中出现的问题与这些组织进行磋商。

基础电信谈判的附录

1. 本协定第二条和免除第二条义务的附录包括把成员采取的与最惠国待遇不一致的措施列入附录的要求仅在下述日期生效：

（a）依照第 5 款由基础电信谈判的部长决议决定的实施日期；

（b）如果谈判失败，基础电信谈判组在最终报告中确定的日期。

2. 上述第 1 款不适用于列入成员承诺清单中的任何基础电信方面的特定承诺。

附件二：与贸易有关的知识产权协定

全体成员，期望着减少国际贸易中的扭曲与阻力，考虑到有必要促进对知识产权充分、有效的保护，保证知识产权执法的措施与程序不至于变成合法贸易的障碍；认识到欲达此目的，有必要制定与下列内容有关的新规则与制裁措施：

（a）1994 年《关税与贸易总协定》的基本原则及有关知识产权的国际协议或公约的基本原则的可适用程度；

(b) 涉及与贸易有关的知识产权的效力、范围及利用的适当标准与原则的规定；

(c) 涉及与贸易有关的知识产权执法的有效与恰当的措施规定，并顾及各国法律制度的差异；

(d) 以多边方式防止及解决政府间争端的有效及快速程序规定；

(e) 目的在于全面接受谈判结果的过渡安排。

承认为处理国际假冒商品贸易而在原则、规则、纪律上建立多边结构的必要性；承认知识产权为私权；承认保护知识产权的诸国内制度中被强调的保护公共利益的目的，包括发展目的与技术目的；也承认最不发达的国家成员在其域内的法律及条例的实施上享有最高灵活性的特殊需要，以使之能建立起健全、可行的技术基础；强调通过多边程序解决与贸易有关的知识产权争端，从而缓解紧张的重要性；期望着在世界贸易组织与世界知识产权组织及其他有关国际组织之间建立相互支持的关系；就此达成如下协议：

第一部分　总条款与基本原则

第一条　成员义务的性质与范围

1. 成员均应使本协定的规定生效。成员可在其域内法律中，规定宽于本协定要求的保护，只要其不违反本协定，但成员亦无义务非作这类规定不可。成员有自由确定以其域内法律制度及实践实施本协议的恰当方式。

2. 对于本协定，"知识产权"术语，系指第二部分第一至第七节中所包括的所有类别的知识产权。

3. 成员均应将本协定提供的待遇，赋予其他成员的国民。

本协定所说"国民"，在世界贸易组织的成员是"独立关税区"的情况下，系指居住于该区内或在该区内有实际有效之工商营业所的自然人或法人。

对有关的知识产权，"其他成员的国民"应理解为合乎《巴黎公约》1967 年文本、《伯尔尼公约》1971 年文本、《罗马公约》及《集成电路知识产权条约》所规定的标准，从而可享有保护的自然人或法人。

在本协定中，《巴黎公约》系指《保护工业产权巴黎公约》；《巴黎公约》1967 年文本系指 1967 年 7 月 14 日该公约之斯德哥尔摩文本。《伯尔尼公约》系指《保护文学艺术作品伯尔尼公约》；《伯尔尼公约》1971 年文本系指 1971 年 7 月 24 日该公约之巴黎文本。《罗马公约》系指 1961 年 10 月 26 日在罗马通过的《保护表演者、录音制品制作者与广播组织国际公约》。《集成电路知识产权条约》系指

1989年5月26日在华盛顿通过的该条约。

就此而言，世界贸易组织的全体成员亦应视为上述公约的全体成员。任何可能适用《罗马公约》第五条第3款或第六条第2款的成员，应依照规定通知“与贸易有关的知识产权理事会”。

第二条　知识产权公约

1. 就本协定第二、第三及第四部分而言，全体成员均应符合《巴黎公约》1967年文本第一条至第十二条及第十九条之规定。

2. 本协定第一至第四部分之所有规定，均不得有损于成员之间依照《巴黎公约》、《伯尔尼公约》、《罗马公约》及《集成电路知识产权条约》已经承担的现有义务。

第三条　国民待遇

1. 除《巴黎公约》1967年文本、《伯尔尼公约》1971年文本、《罗马公约及集成电路知识产权条约》已规定的例外，各成员在知识产权保护上，对其他成员之国民提供的待遇，不得低于其本国国民。就表演者、录音制品制作者及广播组织而言，该义务仅适用于本协定所提供的权利。任何成员如果可能适用《伯尔尼公约》第六条或《罗马公约》第十六条第1款（b）项者，应依照规定通知“与贸易有关的知识产权理事会”。

就本协定第三、第四条而言，所谓“保护”，既应包括涉及本协定专指之知识产权之利用的事宜，也应包括涉及知识产权之效力、获得、范围、维护及行使的诸项事宜。

2. 在司法与行政程序方面，包括在某成员司法管辖范围内，服务地址的确定或代理人的指定，成员均可自行适用本条第1款允许之例外，只要其为确保不违背本协定之法律及条例的实施所必需，只要其未以构成潜在性贸易限制的方式去应用。

第四条　最惠国待遇

在知识产权保护上，某一成员提供其他国国民的任何利益、优惠、特权或豁免，均应立即无条件地适用于全体其他成员之国民。但一成员提供其他国国民的任何下述利益、优惠、特权或豁免，不在其列：

（a）由一般性司法协助及法律实施的国际协定引申出且并非专为保护知识产权的；

（b）《伯尔尼公约》1971年文本或《罗马公约》所允许的不按国民待遇而按互惠原则提供的；

（c）本协定中未加规定的表演者权、录音制品制作者权及广播组织权；

(d)“建立世界贸易组织协定”生效之前业已生效的《知识产权保护国际协定》中产生的，且已将该协议通知“与贸易有关的知识产权理事会”，并对其他成员之国民不构成随意的或不公平的歧视。

第五条　获得或维持保护的多边协议

上述第三条至第四条之义务，不适用于由世界知识产权组织主持缔结的多边协议中有关获得或维持知识产权的程序。

第六条　权利穷竭

在符合上述第三条至第四条的前提下，在依照本协定而进行的争端解决中，不得借本协定的任何条款，去涉及知识产权权利穷竭问题。

第七条　目标

知识产权的保护与权利行使，目的应在于促进技术的革新、技术的转让与技术的传播，以有利于社会及经济福利的方式去促进技术知识的生产者与使用者互利，并促进权利与义务的平衡。

第八条　原则

1. 成员可在其国内法律及条例的制定或修订中，采取必要措施以保护公众的健康与发展，以增加对其社会经济与技术发展至关紧要之领域中的公益，只要该措施与本协定的规定一致。

2. 可采取适当措施防止权利持有人滥用知识产权，防止借助国际技术转让中的不合理限制贸易行为或消极影响的行为，只要该措施与本协定的规定一致。

第二部分　有关知识产权的效力、范围及利用的标准

第一节　版权与相关权利

第九条　与《伯尔尼公约》的关系

1. 全体成员均应遵守《伯尔尼公约》1971 年文本第一条至第二十一条及公约附录。但对于《伯尔尼公约》第六条之 2 规定之权利或对于从该条引申的权利，成员应依本协议而免除权利或义务。

2. 版权保护应延及表达，而不延及思想、工艺、操作方法或数学概念之类。

第十条　计算机程序与数据的汇编

1. 无论以源代码或以目标代码表达的计算机程序，均应作为《伯尔尼公约》1971 年文本所指的文字作品给予保护。

2. 数据或其他材料的汇编，无论采用机器可读形式还是其他形式，只要其内

容的选择或安排构成智力创作，即应予以保护。这类不延及数据或材料本身的保护，不得损害数据或材料本身已有的版权。

第十一条 出租权

至少对于计算机程序及电影作品，成员应授权其作者及其合法继承人许可或禁止将其享有版权的作品原件或复制件向公众进行商业性出租。对于电影作品，成员可不承担授予出租权之义务，除非有关的出租已导致对作品的广泛复制，其复制程度又严重损害了成员授予作者或作者之合法继承人的复制专有权。对于计算机程序，如果有关程序本身并非出租的主要标的，则不适用本条义务。

第十二条 保护期

除摄影作品或实用艺术作品外，如果某作品的保护期并非按自然人有生之年计算，则保护期不得少于经许可而出版之年年终起 50 年，如果作品自完成起 50 年内未被许可出版，则保护期应不少于作品完成之年年终起 50 年。

第十三条 限制与例外

全体成员均应将专有权的限制或例外局限于一定特例中，该特例应不与作品的正常利用冲突，也不应不合理地损害权利持有人的合法利益。

第十四条 对表演者、录音制品制作者及广播组织的保护

1. 对于将表演者的表演固定于录音制品的情况，表演者应有可能制止未经其许可而为的下列行为：对其尚未固定的表演加以固定；将已经固定的内容加以复制。表演者还应有可能制止未经其许可而为的下列行为：以无线方式向公众广播其现场表演；向公众传播其现场表演。

2. 录音制品制作者应享有权利许可或禁止对其作品的直接或间接复制。

3. 广播组织应享有权利禁止未经其许可而为的下列行为：将其广播以无线方式重播，将广播固定；将已固定的内容复制以及通过同样方式将其电视广播向公众传播。如果某些成员不授予广播组织上述权利，则应依照《伯尔尼公约》1971 年文本，使对有关广播之内容享有版权之人，有可能制止上述行为。

4. 本协定第十一条有关计算机程序之规定，原则上适用于录音制品制作者，适用于成员域内法所确认的录音制品的任何其他权利持有人。在部长级会议结束乌拉圭回合多边贸易谈判之日，如果某成员已实施了给权利持有人以公平报酬的制度，则可以维持其制度不变，只要在该制度下录音制品的商业性出租不产生实质性损害权利持有人的复制专有权的后果。

5. 照本协定而使表演者及录音制品制作者享有的保护期至少应当自有关的固定或表演发生之年年终延续到第 50 年年终。而本条第 3 款所提供的保护期则应自有关广播被播出之年年终起至少 20 年。

6. 任何成员均可在《罗马公约》允许的范围内，对本条第 1 款至第 3 款提供的权利规定条件、限制、例外及保留。但《伯尔尼公约》1971 年文本第十八条应在原则上适用于表演者权及录音制品制作者权。

第二节　商标

第十五条　可保护的客体

1. 任何能够将一企业的商品或服务与其他企业的商品或服务区分开的标记或标记组合，均应能够构成商标。这类标记，尤其是文字（包括人名）字母、数字、图形要素、色彩的组合以及上述内容的任何组合，均应能够作为商标获得注册。即使有的标记本来不能区分有关商品或服务，成员亦可依据其经过使用而获得的识别性，确认其可否注册。成员可要求把“标记应系视觉可感知”作为注册条件。

2. 不得将上述第 1 款理解为阻止成员依据其他理由拒绝为某些商标注册，只要该其他理由未背离《巴黎公约》1967 年文本的规定。

3. 成员可将“使用”作为可注册的依据，但不得将商标的实际使用作为提交注册申请的条件，不得仅因为自申请日起未满 3 年期不主动使用而驳回注册申请。

4. 申请注册的商标所标示的商品或服务的性质，在任何情况下均不应成为该商标获得注册的障碍。

5. 在有关商标获注册之前或即在注册之后，成员应予以公告，并应提供请求撤销该注册的合理机会。此外，成员还可提供对商标的注册提出异议的机会。

第十六条　所授予的权利

1. 注册商标所有人应享有专有权防止任何第三方未经许可而在贸易活动中使用与注册商标相同或近似的标记去标示相同或类似的商品或服务，以造成混淆的可能。如果确将相同标记用于相同商品或服务，即应推定已有混淆之虞。上述权利不得损害任何已有的在先权，也不得影响成员依使用而确认权利效力的可能。

2.《巴黎公约》1967 年文本第六条之 2，原则上适用于服务。确认某商标是否系驰名商标，应顾及有关公众对其知晓程度，包括在该成员地域内因宣传该商标而使公众知晓的程度。

3.《巴黎公约》1967 年文本第六条之 2，原则上适用于与注册商标所标示的商品或服务不类似的商品或服务，一旦在不类似的商品或服务上使用该商标，即会暗示该商品或服务与注册商标所有人存在某种联系，从而注册商标所有人的利益可能因此受损。

第十七条　例外

成员可规定商标权的有限例外，诸如对说明性词汇的合理使用之类，只要这种例外顾及了商标所有人及第三方的合法利益。

第十八条　保护期

商标的首期注册及各次续展注册的保护期，均不得少于 7 年。商标的续展注册次数应系无限次。

第十九条　使用要求

1. 如果要将使用作为保持注册的前提，则只有至少 3 年连续不使用，商标所有人又未出示妨碍使用的有效理由，方可撤销其注册。如果因不依赖商标所有人意愿的情况而构成使用商标的障碍，诸如进口限制或政府对该商标所标示的商品或服务的其他要求，则应承认其为“不使用”的有效理由。

2. 在商标受其所有人控制时，他人对商标的使用，亦应承认其属于为了保持注册所要求的使用。

第二十条　其他要求

商标在贸易中的使用不得被不合理的特殊要求所干扰，诸如要求与其他商标共同使用、以特殊形式使用或以不利于商标将一企业的商品或服务与其他企业区分开的方式使用。本规定不排除在使用某商标以区分不同企业之商品或服务的同时，要求使用另一商标来区别同一企业的特殊商品或服务。但这两个商标之间未必有联系。

第二十一条　许可与转让

成员可确定商标的许可与转让条件；而“确定条件”应理解为不得采用商标强制许可制度，同时，注册商标所有人有权连同或不连同商标所属的经营一道转让其商标。

第三节　地理标志

第二十二条　地理标志的保护

1.本协定的地理标志，系指下列标志：其标示出某商品来源于某成员地域内，或来源于该地域中的某地区或某地方，该商品的特定质量、信誉或其他特征，主要与该地理来源相关联。

2. 在地理标志方面，成员应提供法律措施以使利害关系人阻止下列行为：

（a）不论以任何方式，在商品的称谓或表达上，明示或暗示有关商品来源于并非其真正来源地，并足以使公众对该商品来源误认的；

（b）不论以任何使用方式，如依照《巴黎公约》1967 年文本第十条之 2，则将构成不正当竞争的。

3. 如果某商标中包含有或组合有商品的地理标志，而该商品并非来源于该标志所标示的地域，于是在该商标中使用该标志来标示商品，在该成员地域内即具有误导公众不去认明真正来源地的性质，如果立法允许，则该成员应依职权驳回或撤销该商标的注册，或者依一方利害关系人的请求驳回或撤销该商标的注册。

4. 如果某地理标志虽然逐字真实指明商品之来源地域、地区或地方，但仍误导公众以为该商品来源于另一地域，则亦应适用本条以上三款。

第二十三条　对葡萄酒与白酒地理标志的补充保护

1. 各成员均应为利害关系人提供法律措施，以制止用地理标志去标示并非来源于该标志所指的地方的葡萄酒或白酒，即使在这种场合也同时标示出了商品的真正来源地，即使该地理标志使用的是翻译文字，或即使伴有某某“种”、某某“型”、某某“式”、某某“类”，或相同的表达方式，也均在制止之列。

虽然本协定第四十二条第一句规定了应采用民事程序，但成员在履行此项义务时，可以不采用民事程序而采用行政程序。

2. 如果某葡萄酒或白酒的商标中包含有或组合有标示该酒的地理标志，则对于所标示者并非该酒之来源地的商标，如果域内立法允许，成员应依职权驳回或撤销该商标的注册，或应根据一方利害关系人的请求，驳回或撤销该商标的注册。

3. 在遵守上述第二十二条第 4 款的前提下，如果诸多葡萄酒使用同音字或同形字的地理标志，则保护应及于每一标志。各成员均应在顾及确保给有关生产者以平等待遇而且不误导消费者的情况下，确定出将有关同音字或同形字地理标志之间区别开的实际条件。

4. 为便利葡萄酒地理标志的保护，应在“与贸易有关的知识产权理事会”中举行谈判，以建立葡萄酒地理标志通告及注册的多边体系，使加入该体系的成员在保护地理标志方面可利用该体系。

第二十四条　国际谈判：例外

1. 全体成员同意：进行目的在于依上述第二十三条加强保护各个地理标志的谈判。成员不得借本条第 4 款至第 8 款的规定拒绝谈判或拒绝缔结双边或多边协议。在谈判中，全体成员均应自动顾及本条第 4 款至第 8 款对原先曾经是谈判对象的各地理标志的继续适用程度。

2. “与贸易有关的知识产权理事会”应经常对本节规定的实施进行审查，首次审查应在建立《世界贸易组织协定》生效起两年之内。凡影响履行依本节规定产生之义务的任何事宜，均可送审理事会。在有关事宜已经不可能通过相关成员双边或多边协商获满意结果时，根据某一成员请求，理事会应当就该事宜与一方或多方成员协商。理事会应采取可能达成一致的行动，促使实现及发展本节要达到的目的。

3. 成员在实施本节规定时，不得降低建立《世界贸易组织协定》生效日临近前业已存在的该成员保护地理标志的水平。

4. 如果某成员之国民或居民已连续在该成员地域内，于相同或有关的葡萄酒或白酒商品或服务上，使用了另一成员用于标示有关商品或服务的地理标志，同时，其于部长级会议结束乌拉圭回合谈判之前已使用至少 10 年，或在该日前系善意使用，则本节之任何规定均不应要求该成员制止其继续以同样方式使用。

5. 如果在某成员适用下文第六部分规定之前或在有关地理标志于来源国获得保护之前，某商标已善意申请或获得注册，或已通过善意使用获商标权，则本节措施的实施不得因该商标与某地理标志相同或近似，而损害该商标注册的利益或效力，或损害该商标的使用权。

6. 如果某成员在其地域内的商品或服务上以惯用的通常语文作为通常名称使用时，与其他成员地理标志相同，则本节并不要求该成员适用本节之规定。如果在建立《世界贸易组织协定》生效之日，某成员地域内已有的葡萄酒品种的惯用名称与其他成员葡萄酒产品之地理标志相同，则本节并不要求该成员适用本节之规定。

7. 成员可做出规定：依本节而提出的任何有关（将地理标志作为商标）使用或注册的请求，均须在受保护的地理标志不被作为地理标志使用在该成员域内已经为人所共知之后的 5 年内提出，如果该商标在注册之日已被公布，并且公布之日早于上述“人所共知”之日，则须在该商标注册后 5 年内提出，只要对该地理标志的使用或注册不是恶意的。

8. 本节不得损害任何人在贸易活动中对其姓名或其继续用之营业名称的使用权，但若以误导公众的方式使用，则不在其列。

9. 对于在其来源国不受保护或中止保护的地理标志，或在来源国已废止使用的地理标志，依本协定无保护义务。

第四节　工业品外观设计

第二十五条　保护要求

1. 对独立创作的、具有新颖性或原创性的工业品外观设计，全体成员均应提供保护。成员可以规定，非新颖或非原创，系指某外观设计与已知设计或已知设计特征之组合相比，无明显区别。成员可以规定，外观设计之保护，不得延及主要由技术因素或功能因素构成的设计。

2. 各成员应保证其对保护纺织品外观设计的要求，特别是对成本、检验或公布的要求，不至于不合理地损害求得保护的机会。成员有自由选择用工业品外观设计法或用版权法去履行本款义务。

第二十六条　保护

1. 受保护的工业品外观设计所有人，应有权制止第三方未经许可而为商业目的制造、销售或进口带有或体现有受保护设计的复制品或实质性复制品之物品。

2. 成员可对工业品外观设计的保护规定有限的例外，只要在顾及第三方合法利益的前提下，该例外并未与受保护设计的正常利用不合理地冲突，也未不合理地损害受保护设计所有人的合法利益。

3. 可享有的保护期应不少于 10 年。

第五节　专利

第二十七条　可获专利的发明

1. 在符合本条下述第 2 款至第 3 款的前提下，一切技术领域中的任何发明，无论产品发明或方法发明，只要其新颖、含创造性并可付诸工业应用，均应有可能获得专利。在符合第 65 条第 4 款、第 70 条第 8 款及本条第 3 款的前提下，获得专利及享有专利权，不得因发明地点不同、技术领域不同及产品是进口或是本地制造之不同而给予歧视。

本条所指的“创造性”及“可付诸工业应用”，与某些成员使用的“非显而易见性”、“实用性”是同义语。

2. 如果为保护公共秩序或公德，包括保护人类、动物或植物的生命与健康，或为避免对环境的严重破坏所必需，各成员均可排除某些发明于可获专利之外，可制止在该成员地域内就这类发明进行商业性使用，只要这种排除并非仅由于该成员的域内法律禁止该发明的使用。

3. 成员还可以将下列各项排除于可获专利之外：

（a）诊治人类或动物的诊断方法、治疗方法及外科手术方法；

（b）除微生物之外的动物、植物，以及生产动物、植物主要是生物的方法；生产动物、植物的非生物方法及微生物方法除外；但成员应以专利制度或有效的专门制度，或以任何组合制度，给植物新品种以保护。对本项规定应在建立《世界贸易组织协定》生效的4年之后进行检查。

第二十八条　所授予的权利

1. 专利应赋予其所有人下列专有权：

（a）如果该专利所保护的是产品，则有权制止第三方未经许可的下列行为：制造、使用、提供销售、销售或为上述目的而进口该产品；这项权利，如同依照本协定享有的有关商品使用、销售、进口或其他发行权利一样，均适用上文第六条。

（b）如果该专利保护的是方法，则有权制止第三方未经许可使用该方法的行为以及下列行为：使用、提供销售、销售或为上述目的进口至少是依照该方法而直接获得的产品。

2. 专利所有人还应有权转让或通过继承转移其专利，应有权缔结许可证合同。

第二十九条　专利申请人的条件

1. 成员应要求专利申请人以足够清楚与完整的方式披露其发明，以使同一技术领域的技术人员能够实施该发明，并可要求申请人指明在申请日或（如提出优先权要求）在优先权日该发明的发明人所知的最佳实施方案。

2. 成员可要求专利申请人提供其相应的外国申请及批准情况的信息。

第三十条　所授权利之例外

成员可对所授的专有权规定有限的例外，只要在顾及第三方合法利益的前提下，该例外并未对专利的正常利用产生不合理的冲突，也并未不合理地损害专利所有人的合法利益。

第三十一条　未经权利持有人许可的其他使用

如果成员的法律允许未经权利持有人许可而就专利的内容进行其他使用（“其他使用”，系指除第三十条允许之外的使用）包括政府使用或政府授权的第三方使用，则应遵守下列规定：

（a）对这类使用的（官方）授权应备案酌处。

（b）只有在使用前，意图使用之人已经努力向权利持有人要求依合理的商业条款及条件获得许可，但在合理期限内未获成功，方可允许这类使用。一旦某成员进入国家紧急状态，或在其他特别紧急的情况下，或在公共的非商业性场合，则可以不受上述要求约束。但在国家紧急状态或其他特别紧急状态下，应合理可行地尽快通知权利持有人。在公共的非商业使用场合，如果政府或政府授权之合同人未经专利检索而知或有明显理由应知政府将使用或将为政府而使用某有效专利，则应立即通知权利持有人。

(c) 使用范围及期限均应限于原先允许使用时的目的之内；如果所使用的是半导体技术，则仅仅应进行公共的非商业性使用，或经司法或行政程序已确定为反竞争行为而给予救济的使用。

(d) 这类使用应系非专有使用。

(e) 这类使用不得转让，除非与从事使用的那部分企业或商誉一并转让。

(f) 任何这类使用的授权，均应主要为供应授权之成员域内市场之需。

(g) 在适当保护被授权使用人之合法利益的前提下，一旦导致授权的情况不复存在，又很难再发生，则应中止该使用的授权。主管当局应有权主动要求审查导致授权的情况是否继续存在。

(h) 在顾及有关授权使用的经济价值的前提下，上述各种场合均应支付权利持有人使用费。

(i) 关于这种授权之决定的法律效力，应接受司法审查或接受更高级主管当局的其他独立审查。

(j) 任何规范这类使用费的决定，均应接受司法审查或接受该成员的显然更高级主管当局的其他独立审查。

(k) 如果有关使用系经司法或行政程序业已确定为反竞争行为的救济方才允许的使用，则成员无义务适用上述 (b) 项及 (f) 项所定的条件。确定这类情况的使用费额度时，可考虑纠正反竞争行为的需要。一旦导致授权的情况可能再发生，主管当局即应有权拒绝中止该授权。

(l) 如果这类授权使用是为允许开发一项专利（“第二专利”），而若不侵犯另一专利（“第一专利”）又无法开发，则授权时应适用下列条件：

(i) 第二专利之权利要求书所覆盖的发明，比起第一专利之权利要求书所覆盖的发明，应具有相当经济效益的重大技术进步；

(ii) 第一专利所有人应有权按合理条款取得第二专利所覆盖之发明的交叉使用许可证；

(iii) 就第一专利发出的授权使用，除与第二专利一并转让外，不得转让。

第三十二条　撤销与无效

撤销专利或宣布专利无效的任何决定，均应提供机会给予司法审查。

第三十三条　保护期

可享有的保护期，应不少于自提交申请之日起的 20 年年终。

对于无原始批准制度的成员，保护期应自原始批准制度的提交申请之日起算。

第三十四条　方法专利：举证责任

1. 在第二十八条第 1 款（b）项所指的侵犯专利所有人之权利的民事诉讼中，如果专利的内容系获得产品的方法，司法当局应有权责令被告证明其获得相同产品的方法，不同于该专利方法。所以，成员应规定至少在下列情况之一中，如无相反证据，则未经专利所有人许可而制造的任何相同产品，均应视为使用该专利方法而获得：

（a）如果使用该专利方法而获得的产品系新产品；

（b）如果该相同产品使用该专利方法所制造，而专利所有人经合理努力仍未能确定其确实使用了该专利方法。

2. 任何成员均应有自由规定：只有满足上述（a）或（b）规定之条件，被指为侵权人的一方，才应承担本条第 1 款所说的举证责任。

3. 在引用相反证据时，应顾及被告保护其制造秘密及商业秘密的合法利益。

第六节　集成电路布图设计（拓朴图）

第三十五条　与《集成电路知识产权条约》的关系

全体成员同意，依照《集成电路知识产权条约》第二条至第七条（其中第六条第 3 款除外）、第十二条及第十六条第 3 款，为集成电路布图设计（拓扑图，下称“布图设计”）提供保护；此外，全体成员还同意遵守下列规定。

第三十六条　保护范围在符合下文第三十七条第 1 款前提下，成员应将未经权利持有人许可而从事的下列活动视为非法：为商业目的进口、销售或以其他方式发行受保护的布图设计；为商业目的进口、销售或以其他方式发行含有受保护布图设计的集成电路；或为商业目的进口、销售或以其他方式发行含有上述集成电路的物品（仅以其持续包含非法复制的布图设计为限）。

本节中“权利持有人”一语含义与《集成电路知识产权条约》之“权利的持有者”相同。

第三十七条　无须获取权利持有人许可的活动

1. 对于第三十六条所指的从事任何含有非法复制之布图设计的集成电路或含有这类集成电路之物品的活动，如果从事或提供该活动者，在获得该物品时不知、也无合理根据应知有关物品中含有非法复制的布图设计，则不论第三十六条如何规定，任何成员均不得认为该活动非法。成员应规定：在上述行为人收悉该布图设计原系非法复制的明确通知后，仍可以就其事先的库存物品或预购的物品从事上述活动，但应有责任向权利持有人支付报酬，支付额应相当于自由谈判签订的有关该布图设计的使用许可证合同应支付的使用费。

2. 上文中第三十一条（a）至（k）项规定的条件，原则上应适用于有关布图设计的任何非自愿许可证，或政府使用的，或为政府而使用的、未经权利持有人授权的活动。

第三十八条　保护期

1. 在要求将注册作为保护条件的成员中，布图设计保护期不得少于从注册申请的提交日起或从该设计于世界任何地方首次付诸商业利用起 10 年。

2. 在不要求将注册作为保护条件的成员中，布图设计保护期不得少于从该设计于世界任何地方首次付诸商业利用起 10 年。

3. 无论上述第 1 款、第 2 款如何规定，成员均可将保护期规定为布图设计创作完成起 15 年。

第七节　未披露过的信息的保护

第三十九条

1. 在保证按照《巴黎公约》1967 年文本第十条之 2 的规定为反不正当竞争提供有效保护的过程中，成员应依照本条第 2 款，保护未披露过的信息；应依照本条第 3 款，保护向政府或政府的代理机构提交的数据。

2.只要有关信息符合下列三个条件：①在一定意义上其属于秘密，就是说，该信息作为整体或作为其中内容的确切组合，并非通常从事有关该工作之领域的人们所普遍了解或容易获得的；②因其属于秘密而具有商业价值；③合法控制该信息之人，为保密已经根据有关情况采取了合理措施。则自然人及法人均应有可能防止他人未经许可而以违背诚实商业行为的方式披露、获得或使用合法处于其控制下的该信息。

在本节中，“以违背诚实商业行为的方式”，应至少包括诸如违约、泄密及诱使他人泄密的行为，还应包括通过第三方以获得未披露过的信息（无论该第三方已知或因严重过失而不知该信息的获得将构成违背诚实商业行为）。

3. 当成员要求以提交未披露过的实验数据或其他数据，作为批准采用新化学成分的医药用或农用化工产品上市的条件时，如果该数据的原创活动包含了相当的努力，则该成员应保护该数据，以防不正当的商业使用。同时，除非出于保护公众的需要或除非已采取措施保证对该数据的保护、防止不正当的商业使用，成员均应保护该数据以防其被泄露。

第八节 协议许可证中对限制竞争行为的控制

第四十条

1. 全体成员一致认为，与知识产权有关的某些妨碍竞争的许可证贸易活动或条件，可能对贸易具有消极影响，并可能阻碍技术的转让与传播。

2. 本协定的规定不应阻止成员在其国内立法中具体说明在特定场合可能构成对知识产权的滥用，从而在有关市场对竞争有消极影响的许可证贸易活动或条件。如上文所规定，成员可在与本协定的其他规定一致的前提下，顾及该成员的有关法律及条例，采取适当措施防止或控制这类活动。这类活动包括诸如独占性返授条件、禁止对有关知识产权的有效性提出异议的条件或强迫性的一揽子许可证。

3. 如果任何一成员有理由认为作为另一成员之国民或居民的知识产权所有人正从事违反前一成员的有涉本节内容之法规的活动，同时前一成员又希望不损害任何合法活动也不妨碍各方成员作终局决定的充分自由，又能保证对其域内法规的遵守，则后一成员应当根据前一成员的要求而与之协商。在符合其域内法律，并达成双方满意的协议以使要求协商的成员予以保密的前提下，被要求协商的成员应对协商给予充分的、真诚的考虑，并提供合适的机会，并应提供与所协商之问题有关的、可公开获得的非秘密信息以及该成员能得到的其他信息，以示合作。

4. 如果一成员的国民或居民被指控违反另一成员的有涉本节内容的法律与条例，因而在另一成员境内被诉，则前一成员应依照本条第 3 款之相同条件，根据后一成员的要求，提供与之协商的机会。

第三部分 知识产权执法

第一节 总义务

第四十一条

1. 成员应保证本部分所规定的执法程序依照其国内法可以行之有效，以便能够采用有效措施制止任何侵犯本协议所包含的知识产权的行为，包括及时地防止侵权的救济以及阻止进一步侵权的救济。这些程序的应用方式应避免造成合法贸易的障碍，同时应能够为防止有关程序的滥用提供保障。

2. 知识产权的执法程序应公平合理。它们不得过于复杂或花费过高，或包含不合理的时效或无保障的拖延。

3. 就各案的是非做出的判决，最好采取书面形式，并应说明判决的理由。有关判决至少应及时送达诉讼当事各方。对各案是非的判决应仅仅根据证据，应向当事各方就该证据提供陈述机会。

4. 对于行政的终局决定以及（在符合国内法对有关案件重要性的司法管辖规定的前提下）至少对案件是非的初审司法判决中的法律问题，诉讼当事人应有机会提交司法当局复审。但是对刑事案件中的宣布无罪，成员无义务提供复审机会。

5. 协定本部分之规定被认为并不产生下列义务：为知识产权执法，而代之以不同于一般法律的执行的司法制度，本部分也不影响成员执行其一般法律的能力。本部分的任何规定均不产生知识产权执法与一般法的执行之间涉及财力、物力分配的义务。

第二节　民事与行政程序及救济

第四十二条　公平合理程序

成员应为权利持有人提供本协定所包括的任何知识产权执法的民事司法程序。被告应有权获得及时的、足够详细的、包含权利主张之依据的书面通知。应允许独立的法律顾问充当各方当事人的代理人，有关的程序不得强行规定强制当事人本人出庭以增加额外负担。应正式赋予程序中的当事各方证明其权利主张以及出示一切有关证据的权利。该程序应提供措施以便识别和保护秘密信息，除非有关措施与现行宪法的要求相背离。

本部分之“权利持有人”，包括有合法地位主张这类权利的联盟与协会。

第四十三条　证据的提供

1. 如果一方当事人已经提供足已支持其权利主张的并能够合理取得的证据，同时指出了由另一方当事人控制的证明其权利主张的证据，则司法当局有权在适当场合确保对秘密信息给予保护的条件下责令另一方当事人提供证据。

2. 如果诉讼的一方当事人无正当理由主动拒绝接受必要的信息，或在合理期限内未提供必要的信息，或明显妨碍与知识产权之执法的诉讼有关的程序，则成员可以授权司法当局在为当事人对有关主张或证据提供陈述机会的前提下，就已经出示的信息（包括受拒绝接受信息之消极影响的当事人一方所提交的告诉或陈述）做出初步或最终确认或否认的决定。

第四十四条　禁令

1. 司法当局有权责令当事人停止侵权，尤其有权在海关一旦放行之后，立即禁止含有侵犯知识产权的进口商品在该当局管辖范围内进入商业渠道。对于当事人在已知或有充分理由应知经营有关商品会导致侵犯知识产权之前即已获得或已预购的该商品，成员无义务授予司法当局上述权力。

2. 不论本部分的其他条文如何规定，在符合第二部分规定的无权利持有人许可的政府使用或政府授权第三方使用的条件下，成员可规定：针对这类使用的救济仅限于依照上文第三十一条（h）项，支付使用费；在其他情况下，则应适用本部分所规定的救济，如果这类救济不符合国内法，则应做出确认权属的宣告并给予适当补偿。

第四十五条　损害赔偿

1. 对已知或有充分理由应知自己从事之活动系侵权的侵权人，司法当局有权责令其向权利人支付足以弥补因侵犯知识产权而给权利持有人造成损失的损害赔偿费。

2. 司法当局还有权责令侵权人向权利持有人支付其他开支，其中可包括适当的律师费。在适当场合即使侵权人不知或无充分理由应知自己从事之活动系侵权，成员仍可以授权司法当局责令其返还所得利润或令其支付法定赔偿额，或二者并处。

第四十六条　其他救济

为了对侵权活动造成有效威慑，司法当局有权在不进行任何补偿的情况下，将已经发现的正处于侵权状态的商品排除出商业渠道，排除程度以避免对权利持有人造成任何损害为限，或者只要不违背现行宪法的要求，有权责令销毁该商品。司法当局还有权在不进行任何补偿的情况下，责令将主要用于制作侵权商品的原料与工具排除出商业渠道，排除程度以尽可能减少进一步侵权的危险为限。在考虑这类请求时，应顾及第三方利益，并顾及侵权的严重程度和所下令使用的救济之间相协调的需要。对于假冒商标的商品，除了个别场合，仅将非法附着在商品上的商标拿掉，尚不足以允许这类商品投放商业渠道。

第四十七条　获得信息权

成员可规定，只要并非与侵权的严重程度不协调，司法当局均有权责令侵权人将卷入制造和销售侵权商品或提供侵权服务的第三方的身份及其销售渠道等提供给权利持有人。

第四十八条 对被告的赔偿

1. 如果一方当事人所要求的措施已经采取，但该方滥用了知识产权的执法程序，司法当局有权责令该当事人向误受禁止或限制的另一方当事人对因滥用而造成的损害提供适当赔偿。司法当局还有权责令原告为被告支付开支，其中包括适当的律师费。

2. 在对涉及知识产权的保护或行使的任何法律进行行政执法的场合，只有政府当局及官员们在这种执法的过程中，系善意采取或试图采取特定的救济措施时，成员方可免除他们为采取措施而应负的过失责任。

第四十九条 行政程序

在以行政程序确认案件的是非并责令进行任何民事救济时，该行政程序应符合基本与本节之规定相同的原则。

第三节 临时措施

第五十条

1. 司法当局有权下令采取及时有效的临时措施：

(a) 制止侵犯任何知识产权的活动发生，尤其是制止包括刚由海关放行的进口商品在内的侵权商品进入其管辖范围的商业渠道；

(b) 保存被诉为侵权的有关证据。

2. 如果认为适当，司法当局有权在开庭前依照一方当事人请求，采取临时措施，尤其是在一旦有任何迟误则很可能给权利持有人造成不可弥补的损害的情况下，或在有关证据显然有被销毁的危险的情况下。

3. 司法当局有权要求临时措施之请求的申请人提供任何可以合法获得的证据，以使该当局自己即足以确认该申请人系权利持有人，确认其权利正在被侵犯或侵权活动发生在即，该当局还有权责令申请人提供足以保护被告和防止申请人滥用权利的诉讼保证金或提供与之相当的担保。

4. 如果临时措施系开庭前依照单方请求而采取，则应及时通知受此影响的当事各方，至少在执行该措施之后不得延误通知。在通知之后的合理期限内根据被告的请求应提供复审，包括给被告以陈述的权利，以决定是否须修改、撤销或确认该临时措施。

5. 可要求提出请求的申请人提供其他必要信息，以便将要执行临时措施的司法当局认证有关商品。

6. 在不妨害本条第 4 款的前提下，如果合理期限内未提起判决案件是非的诉讼，则应根据被告的请求，撤销依照本条第 1 款、第 2 款而采取的临时措施或中止其效力。如果国内法律允许，则上述期限由发出临时措施令的司法当局确定。如果无司法当局的确定，则上述期限不得超过 20 个工作日或 31 个日历日，以二者中期限长者为准。

7. 如果临时措施被撤销，或如果因申请人的任何行为或疏忽失效，或如果事后发现始终不存在对知识产权的侵犯或侵权威胁，则根据被告的请求，司法当局有权责令申请人就有关的临时措施给被告造成的任何损害向被告提供适当赔偿。

8. 如果行政程序的结果可以责令采取任何临时措施，则该程序亦应符合基本与本节规定相同的原则。

第四节　有关边境措施的专门要求

第五十一条　海关当局中止放行

成员均应在符合下文规定的前提下，采用有关程序，以使有合法理由怀疑假冒商标的商品或盗版商品的进口可能发生的权利持有人，能够向主管的司法或行政当局提交书面申请，要求海关中止放该商品进入自由流通。对其他侵犯知识产权的活动，成员也可以规定同样的申请程序，只要其符合本节的要求，成员还可以提供相应的程序，对于意图从其地域内出口的侵权商品，由海关当局中止放行。

第五十二条　申请

凡申请采用上文第五十一条之程序的权利持有人，均应提供适当证据足以向主管当局证明，依照进口国法律对其知识产权的侵犯，已经不言而喻地存在；同时还应提供使海关当局可以及时识别有关侵权商品的足够详细的说明。主管当局应在合理期限内通知申请人是否已经接受其申请，如果由主管当局决定时间，则还应将海关采取行动的期限通知申请人。

如果一方成员与另一方成员均参加了同一海关联盟，因此已经基本取消了二者边境间商品跨界流通的一切控制，则不得要求在其边境适用本节规定。应认为成员无义务对权利持有人本人或经其许可而投放另一国家市场的商品的进口或运输适用这一程序。

对于本协定：①假冒商标的商品，系指其未经授权使用了与在该商品上有效注册的商标相同的商标，或者使用了其实质部分与有效注册的商标不可区分的商标，因而依照进口国的法律侵犯了该商标所有人的权利；②盗版商品，系指其未经权利持有人本人或在商品制造国的被正当授权之人许可而复制，其直接或间接依照某物品制造，而该物品的复制依据进口国的法律已经构成侵犯版权或有关权利。

第五十三条　保证金或与之相当的担保

1. 主管当局应有权要求申请人提供足以保护被告和该主管当局并防止申请人滥用权利的保证金或与之相当的担保。这类保证金或相当的担保不得不合理地妨碍上述程序的采用。

2. 如果根据本节规定的申请，经海关当局依照非司法当局或非其他独立当局的决定，中止了含有工业品外观设计、专利、布图设计或未披露之信息的商品的放行，而经正式授权的当局未能在下文第五十五条所规定的期限内批准临时救济，而此时有关进口的一切其他条件又均已符合，则有关商品的所有人、进口人或收货人在提交保证金的前提下，应有权获得该商品的放行，这一保证金数额应足够保护权利持有人受到的任何侵犯。这一保证金的交付不应妨害权利持有人能够获得的任何其他救济。应当认为如果权利持有人未能在合理期限内行使其权利提起诉讼，则当局应交还上述保证金。

第五十四条　中止放行通知

根据上文第五十一条对商品放行的中止，应立即通知进口人和申请人。

第五十五条　中止放行期限

如果在向申请人发出中止通知后不超过 10 个工作日的期限内，海关当局未被通知除被告之外的当事人已经就判决案件的是非提起诉讼，或未被通知经合法授权的当局已决定采取临时措施延长对该商品的放行中止期，只要进口或出口的一切其他条件均已符合，则该商品应予放行；在适当场合，这一期限可以再延长 10 个工作日。如果已提起判决案件是非的诉讼，则在合理期限内，根据被告的请求，应进行复审，包括给被告以陈述的权利，以便确定是否应修改、撤销或确认这些措施。尽管有本条上述规定，如果依照临时司法措施执行或继续中止放行，则仍应适用上文第五十条第 6 款。

第五十六条　对进口商及商品所有人的赔偿

对于误扣商品造成的损失或按照上文第五十五条的规定已放行的商品因扣留而造成的损害，有关当局有权责令申请人向该商品的进口商、收货人及商品的所有人支付适当补偿。

第五十七条　检查权及获得信息权

在不妨害对秘密信息给予保护的前提下，成员应授权主管当局为权利持有人提供足够的机会请人检查海关扣下的任何产品，以便证实其权利主张。该主管当局还有权向进口人提供同样机会以请人检查任何该产品。如果案件确系侵权已有定论，则成员可授权该主管当局将发货人、进口商及收货人的姓名、地址以及有关商品数量等提供给权利持有人。

第五十八条　依职权的行为

如果成员要求主管当局在其已获得初步证据表明有关商品侵犯知识产权时，主动采取行动中止放行，则：

（a）该主管当局可以随时向权利持有人索取可能有助于其行使权利的任何信息；

（b）应立即将中止放行通知进口商及权利持有人。如果进口商已向该主管当局提出反对中止的申诉，则该项中止行为原则上应遵守上文第五十五条的规定；

（c）只有对政府当局及官员们系善意采取或试图采取特定救济措施的情况，成员才应免除其为采取措施而应负的过失责任。

第五十九条　救济

在不妨害权利持有人有自由采取行动的其他权利，并使被告有权寻求司法当局进行复审的前提下，主管当局有权依照上文第四十六条的原则，责令销毁或处置侵权商品。对于假冒商标的商品，除个别场合外，主管当局不得允许该侵权商品按照原封不动的状态重新出口，或以不同的海关程序处理该商品。

第六十条　可忽略不计的进口

成员可将旅客个人行李中携带的或在小件托运中运送的少量非商业性商品，排除于上述规定的适用范围之外。

第五节　刑事程序

第六十一条

全体成员均应提供刑事程序及刑事惩罚，至少对于有意以商业规模假冒商标或对版权盗版的情况时如此。可以采用的救济应包括处以足够起到威慑作用的监禁和罚金或二者并处，以符合适用于相应严重罪行的惩罚标准为限。在适当场合，可采用的救济还应包括扣留、没收或销毁侵权商品以及任何主要用于从事上述犯罪活动的原料及工具。成员可规定将刑事程序及刑事惩罚适用于侵犯知识产权的其他情况，尤其是有意侵权并且以商业规模侵权的情况。

第四部分　知识产权的获得与维持及相关当事人之间的程序

第六十二条

1. 成员可要求把符合合理程序及符合合理形式，作为获得或维持本协定第二部分第二节至第六节中所指的知识产权的条件。这类程序及形式应与本协定的规定一致。

2. 如果某种知识产权须经授权或注册方可获得，则在符合获得该权利的实质条件的前提下，成员应使授权或注册程序保证在合理期限内批准授权或注册，以免无保障地缩短保护期。

3.《巴黎公约》1967 年文本第四条应原则上适用于服务商标。

4. 有关获得和维持知识产权的程序，及国内法规定的程序、行政撤销及诸如当事人之间的异议、无效和撤销程序，均应适用第四十一条第 2 款和第 3 款所规定的总原则。

5. 经本条第 4 款所指的任何程序做出的终局行政决定，均应接受司法或准司法当局的审查。但在异议不成立或行政撤销不成立的场合，应无义务对该决定提供司法审查，只要该程序的依据能够在无效诉讼中得到处理。

第五部分　争端的防止与解决

第六十三条　透明度

1. 各成员所实施的、与本协定内容（即知识产权之效力、范围、获得、执法及防止滥用）有关的法律、条例以及普遍适用的终审司法判决和终局行政裁决，均应以该国文字颁布；如果在实践中无颁布的可能，则应以该国文字使公众能够公开获得，以使各成员政府及权利持有人知悉。一方成员的政府或政府代理机构与任何他方政府或政府代理机构之间生效的与本协议内容有关的各种协议，也应予颁布。

2. 成员均应将本条第 1 款所指的法律及条例通知“与贸易有关的知识产权理事会”，以便协助该理事会检查本协定的执行情况。该理事会应力图减轻各成员履行这一义务的负担。如果同世界知识产权组织之间关于建立接收上述法律及条例的共同登记机构的协商获得成功，则将有关法律及条例直接通知该理事会的义务可以决定撤销。该理事会还应就此考虑被要求提交的来源于《巴黎公约》1967 年文本第六条之 3 与符合本协定义务的通知所必需的措施。

3. 各成员均应有准备依照另一方成员的书面请求提供本条第 1 款中所指的一

类信息。如果某一成员有理由相信知识产权领域的某一特殊司法判决或行政裁决，或双边协议影响了其依照本协定所享有的权利，也可以书面请求获得或者请求对方通知该特殊司法判决、行政裁决或双边协议的足够详细的内容。

4. 如果披露有关秘密信息将妨害法律的执行或违反公共利益，或损害特定的公有或私有企业的合法商业利益，则本条第 1 款至第 3 款均不要求成员披露该秘密信息。

第六十四条　争端解决

1. 除本协定的特殊规定之外，1994 年《关税与贸易总协定》文本就解释及适用总协定第二十二条及第二十三条而达成的解决争端的规范和程序的谅解协议，应适用于就本协定而产生的争端的协商与解决。

2. 1994 年《关税与贸易总协定》第二十三条第 1 款（b）项及（c）项，在建立《世界贸易组织协定》生效的 5 年期限内，不得适用于解决就本协定而产生的争端。

3. 在本条第 2 款所指的期限内，"与贸易有关的知识产权理事会"应审查实施第 2 款所指的第二十三条第 1 款（b）项与（c）项类型的依照本协定提出的意见，并将理事会的建议提交部长级会议批准。该部长级会议为批准有关建议或延长本条第 2 款期限所作的任何决定均必须一致通过，通过后的建议无须更多的批准程序即应对全体成员生效。

第六部分　过渡协议

第六十五条　过渡协议

1. 在符合本条第 2 款至第 4 款的前提下，任何成员均无义务在建立《世界贸易组织协定》生效之日后 1 年内适用本协定的规定。

2. 任何发展中国家成员均有权在本条第 1 款规定的时间之外再延迟 4 年适用本协定，但本协定第一部分第三条至第五条除外。

3. 正在从中央计划经济向市场自由企业经济转轨以及正进行其知识产权制度的体制改革并面临知识产权法的准备及实施的特殊问题的任何其他成员，也可享受本条第 2 款预示的延期适用。

4. 如果某发展中国家成员按照本协定有义务将产品专利的保护扩大到其适用本协定之日前在其地域内不受保护的技术领域，则其在该技术领域适用本协定第二部分第五节的规定可再延迟 5 年。

5. 任何享有本条第 1 款至第 4 款中任何一款提供的过渡期的成员均应确保在

过渡期内其域内法律、条例及司法实践的任何变更不得导致降低符合本协定水平的保护。

第六十六条　最不发达国家成员

1. 考虑到最不发达国家成员的特殊需要和要求，考虑到其经济、金融和行政压力，考虑到其为造就有效的技术基础而对灵活性的需要，不得要求这类成员在上文第六十五条第1款所指的适用日起10年内实施本协定的规定，但本协定第三条至第五条除外。理事会应根据最不发达国家成员主动提出的正当请求，准许延长该期限。

2. 发达国家成员应鼓励其域内企业及单位发展对最不发达国家成员的技术转让，以使最不发达国家成员能造就良好的、有效的技术基础。

第六十七条　技术合作

为利于本协定的实施，发达国家成员应根据要求并依照相互协商一致的条款与条件，提供使发展中国家成员和最不发达国家成员受益的技术和金融合作。这类合作应包括协助后者制定保护知识产权、知识产权执法以及防止知识产权滥用的国内立法，还应包括支持建立或健全与此有关的国内官方及代理机构，其中包括对人员的培训。

第七部分　机构安排；最后条款

第六十八条　与贸易有关的知识产权理事会

“与贸易有关的知识产权理事会”应监督本协定的实施，尤其是监督全体成员对本协定所定义务的履行，并应当为成员提供机会，协商与贸易有关的知识产权问题。该理事会应完成成员们指定的其他任务，尤其应提供成员们在争端解决过程中要求的任何协助。理事会在履行职责的过程中，可以同它认为合适的任何方面协商或向其求得信息。理事会通过与世界知识产权组织的协商，应在其第一次会议后1年内，寻求建立与该组织的机构合作的适当安排。

第六十九条　国际合作

为消灭侵犯知识产权的国际商品贸易，全体成员同意互相合作。为此，成员应在其国内行政机关中建立联络处，并通告其联络处，应随时交换有关侵权商品贸易的信息。成员们尤其应促进其海关当局之间对有关假冒商标的商品及盗版商品贸易的信息交换与合作。

第七十条　对已有客体的保护

1. 本协定对有关成员适用本协定之日前发生的行为，不产生任何义务。

2. 除本协定另有规定外，本协定对有关成员适用本协定之日前的已有客体均产生义务，只要该客体在有关成员适用本协定之日即受保护，或该客体已符合或即将符合依照本协定受保护的条件所定的标准。对于本款和本条第 3 款和第 4 款已有作品的版权保护义务，应只依照《伯尔尼公约》1971 年文本第十八条而定，对已有录音制品中的制作者权与表演者权的保护义务，在适用本协定第十四条第 6 款时，也只依照《伯尔尼公约》1971 年文本第十八条而定。

3. 对于在有关成员适用本协定之日已进入公有领域的客体，应无义务恢复保护。

4. 对体现受保护客体的特定物，如果对其从事的任何活动，依照符合本协定的立法中的规定构成侵权，而该活动在该成员批准《建立世界贸易组织协定》之日前已经开始或已经作了重大投资，则任何成员均可对权利持有人在该成员适用本协定之后该活动被继续进行而可以获得的救济予以限制。但在这种场合，成员应至少规定向权利持有人支付公平的使用费。

5. 对于本协定在有关成员适用之日前购买的原件或复制件，该成员无义务适用本协定第十一条及第十四条第 4 款。

6. 如果在本协定成为公知之前，经成员政府授权在未经权利持有人许可情况下使用了某专利，则不得要求该成员适用第三十一条或适用第二十七条第 1 款有关专利权的享有应不依技术领域而异的要求。

7. 如果知识产权的保护以注册为先决条件，则应允许修改在有关成员适用本协定之前提交的未决注册申请案，以便申请本协定提供的任何提高后的保护。这类修改不得加进新客体。

8. 如果在《建立世界贸易组织协定》生效之日，某成员尚未在医药化工产品及农用化工产品的专利保护上，符合本协定第二十七条规定的义务，则该成员应：

（1）不论上文第六部分如何规定，均应自《建立世界贸易组织协定》生效之日起规定出使上述发明的专利申请案可以提交的措施；

（2）自适用本协定之日起，即应对上述专利申请案适用本协定所规定的可获得专利的标准，视同这些标准从申请案提交到该成员之日即已适用；如果可享有优先权而且申请人也要求了优先权，则视同这些标准从申请案的优先权日即已适用；

（3）对于凡是符合本条（2）项所指的保护标准的申请案，应当按照本协定，从其专利的批准起，对尚未届满保护期的剩余时间，按本协定第三十三条规定的申请案提交之日计算的保护期，提供专利保护。

9. 如果某产品系在某成员域内依照上文第八条（1）项而提交的专利申请案中的内容，则不论本协定第六部分如何规定，在该产品于该成员地域获投放市场许可后5年或该产品专利之申请被批准或被驳回之前（以二者中时间居短者为准），该成员应授予该产品以独占投放市场权，只要在“建立世界贸易组织协定”生效之后，该专利申请案已在另一成员提交、并已在该另一成员域内获产品专利及获准投放市场。

第七十一条　审查与修订

1. 在上文第六十五条第2款所指的过渡期届满之后，与贸易有关的知识产权理事会应审查对本协定的实施情况。该理事会还应在考虑到其实施中已有经验的情况下，于首次审查之日起两年后再审查一次，其后固定为每两年审查一次。在发现有可能成为本协定之更正或修订理由的新动向时，该理事会也可以开展审议。

2. 对于仅仅以提高知识产权的保护水平为目的的修订，如果在其他多边协议中采用并已生效，而世界贸易组织的全体成员已接受该协定中的修订，则可以按照《建立世界贸易组织协定》第十条第6款，在与贸易有关的知识产权理事会一致同意的基础上，提交部长级会议讨论。

第七十二条　保留

未经其他成员同意，不可以对本协定中的任何条款予以保留。

第七十三条　属于保证安全的例外

不得将本协定中任何内容解释为：

1. 要求任何成员提供在它认为是一旦披露即会与其基本安全利益相冲突的信息；

2. 制止任何成员为保护其基本安全利益而针对下列问题采取它认为是必要的行动：

（1）涉及可裂变物质或从可裂变物质衍生的物质；

（2）涉及武器、弹药及战争用具的交易活动，或直接、间接为提供军事设施而从事的其他商品及原料的交易活动；

（3）在战时或国际关系中的其他紧急状态时采取的措施；

3. 制止任何成员为履行《联合国宪章》中有关维护国际和平与安全的义务而采取任何行动。

附件三：《金融服务外包》文件

目录

一、综述

全球金融服务机构越来越多地将原先自行承担的业务转交外包服务商完成。监管当局进行的行业调研显示，金融服务机构已将相当一部分的业务外包出去，外包的安排也日渐复杂。

金融服务机构通过外包，可以将风险管理及合规等职责转交给不受监管且能进行离岸操作的服务商进行运作。

在这种情况下，金融服务机构如何能对所负责的业务及风险控制保持信心？如何能知道自己的业务是否遵循了监管要求？当监管当局质询时，这些机构又怎样能表明自己确实在按章办事？

为回答上述问题并指导受监管的金融服务机构（受监管实体），联合论坛[①]成立了一个工作组为外包制定高级指引原则。

① 由巴塞尔银行监管委员会（BCBS）、国际证监会组织（IOSCO）、国际保险监督官协会（IAIS）及国际清算银行（BIS）组成。

本文对有关主要问题及风险做了详细说明，并阐述了作为参考标准的高级原则。这些原则适用于银行、保险及证券业。每个行业[①]的国际委员会可根据这些原则制定更为详细和有针对性的规定。

目前外包日益成为降低成本及实现战略标的手段。其中涉及的领域包括：信息技术（如应用开发、编程及译码）、专业运作（如某些金融、会计领域，后台业务及处理、管理活动）、执行合约功能（如客服中心）。行业报告及监管调查表明，在金融公司安排外包的过程中，其他公司（包括公司集团内的相关公司及服务商）发挥着重要作用。[②]

一个受监管实体的职能与业务可通过多种方式来执行，有关职能可拆分为产品制造、市场营销、后台支持与分销等。如果各种职能的实施地点不同，但仍由本实体内部的部门来负责，则此类情况就不属于外包。该实体应在常规风险管理框架内防范有关风险。

当前更为复杂的外包安排不断涌现。在每种安排中，无论服务商是否受到监管，都要受到联合论坛原则的约束。

各种行业及监管报告指出，外包涉及风险转移及管理方面（多与跨境业务相关）的问题。各行业与监管当局认为，受监管实体越来越多地依赖外包业务，可能会影响到其管理风险及服从监管要求的能力。另外，监管当局还担心：受监管实体采取适当措施管理风险及遵守监管要求的能力，可能因外包而难以有效向监管当局表明。

外包业务引起的这些问题之一是对外包业务的过分依赖会严重影响到受监管实体的可持续性及其履行客户责任的能力。

受监管实体可以采取以下措施来降低风险：制定全面与清晰的外包政策、建立有效风险监管流程、要求外包公司制定应急计划、协商达成合理的外包合同、分析服务商的财务与基础设施状况。

监管当局能够通过以下措施减少外包过程产生的问题：在评估单个公司时充分考虑业务外包情况、在分析系统风险时要考虑服务商的风险集中问题。

监管当局特别关心的一个问题是，受监管实体如何能保持强有力的公司治理。监管当局也担忧业务外包会影响受监管实体履行监管义务。除非市场与监管当局的影响联合起来形成有效的约束力量，否则随着金融行业对外部服务商依赖

---

① 包括 BCBS、IOSCO 及 IAIS。

② BITS.《银行信息技术秘书处针对 IT 服务商关系的管理技术风险框架》第二版，2003.

程度的加深及IT技术的迅速发展，业务外包可能导致系统性问题。

本文对以上问题做了详细分析，并为公司及监管当局制定了一套原则，以帮助它们在不影响公司效率与效能的前提下，更好地解决这些问题。

二、定义

本文所指的外包是指受监管实体持续地利用外包服务商（为集团内的附属实体或集团以外的实体）来完成以前由自身承担的业务活动。

外包可以是将某项业务（或业务的一部分）从受监管实体转交给服务商操作，或由服务商进一步转移给另一服务商（有时被称为“转包”）。

受监管实体将外包的高级原则运用到具体的外包业务时，应考虑以下问题：第一，应根据外包业务对受监管实体业务的重要性来应用。第二，外包实体与服务提供商之间的附属关系或其他关系。当需要对附属实体运用外包原则时，可做适当修改，使其体现出集团内部外包业务风险的差异。第三，服务商是否受独立监管当局的监管。

按此定义，外包不包括购买合同。此处“购买”被定义为：从供应商取得服务、货物或设备，但买方不转移与客户有关的财产权信息或与其商业活动相关的未公开信息。

受监管实体是指由监管当局授权从事受监管活动的机构。本文提出的原则即是针对这样的实体。

外包服务商（或称服务商、第三方），是指代表受监管实体承担外包业务的实体。

监管当局是指所有授权受监管实体从事任何受监管业务并对该业务进行监管的机构。

三、指引原则概述

联合论坛制定了九条高级指引原则，其中前七个原则涉及实施外包的受监管实体的义务，后两个涉及监管当局的角色与义务。以下是对这些原则的概述，后文的第九部分将有详细阐述。

1. 从事业务外包的受监管实体应制定全面的政策以指导评估是否及如何进行业务外包。董事会或相关机构对外包政策及有关活动负有责任。

2. 受监管实体应建立全面的外包风险管理程序以指导外包业务及与服务商的关系。

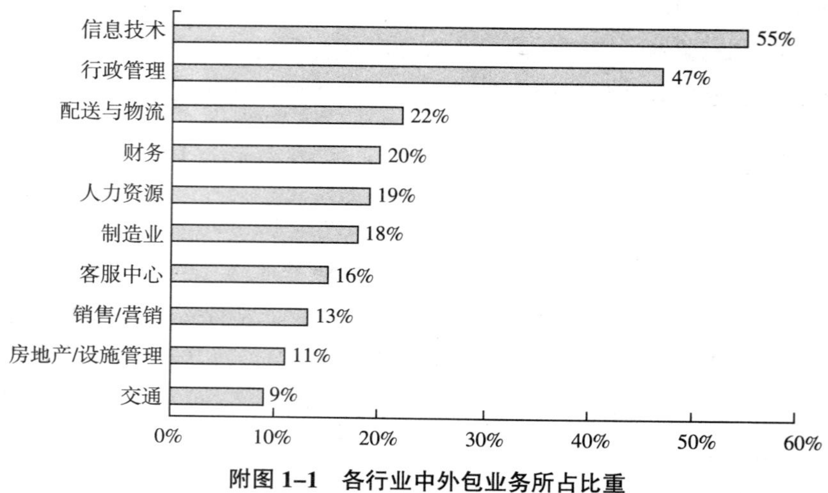

附图 1-1 各行业中外包业务所占比重

资料来源：外包机构——第五次行业外包年度索引。

3. 受监管实体应确保外包管理既不能影响履行对客户及监管当局的责任，也不能损害监管当局的监管效能。

4. 受监管实体应尽职选择外包服务商。

5. 外包书面合同应包括有关外包管理的所有重要因素，如权利、义务与各方预期等。外包关系受此书面合同制约。

6. 受监管实体与服务商应建立应急计划，包括灾害恢复计划及备份设施的定期测试计划。

7. 受监管实体应采取措施，确保外包服务商严守受监管实体及其客户的机密信息，不得故意或无意对未授权人士泄露。

8. 监管当局应把外包业务作为对受监管实体评估的组成部分。监管当局应采取措施确保受监管实体履行监管要求的能力不受影响。

9. 监管当局应认识到多个受监管实体将业务集中外包给少数几个外包服务商可能带来的风险。

四、外包的动机及行业分布

大量证据表明近年来外包业务增长迅速。例如，德勤会计事务所（Deloitte）估计在 2004 年后的五年内，美国金融服务业将有 3560 亿美元（占到此行业成本的 15%）的业务外包到境外。[1] 外包研究所对各种公司及组织的外包活动进行了调查，在其公布的《第五次行业外包年度索引》中列出了各行业外包业务占总业务的比重（如附图 1–1 所示）。

从图 1 可见，信息技术行业的外包业务最多，这也与联合论坛成员的实际情况及其他方面研究相吻合。据估计，2003 年全球 IT 行业的支出高达 3400 亿美元，其中的 1200 亿美元为外包支出。图中的外包比重数据显示了外包正由特定业务外包转向战略性外包。

诸多商业性原因促成了业务外包的出现，其中一个主要原因是为显著降低成本。通过将业务外包给某一领域中具有规模经济效应的经营者，或外包给能利用其他国家廉价劳动力的经营者。附图 1–2 列出了业务外包的主要原因。

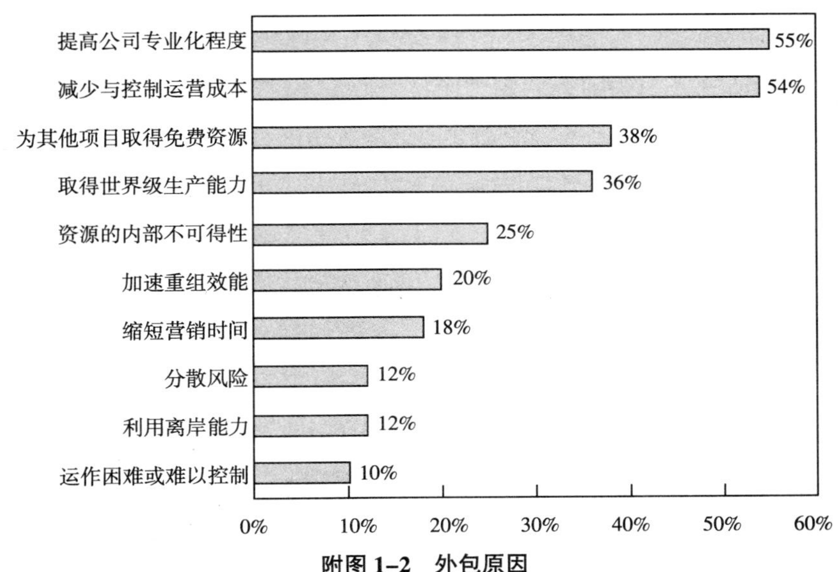

附图 1–2 外包原因

资料来源：外包机构——第五次行业外包年度索引（2004）。

欧洲中央银行对外包动机进行的调查显示了欧盟国家外包动机的具体情况（如附图 1–3 所示）。

---

① 德勤会计事务所在美联储理事会会议上做的《银行业务离岸及跨境外包情况》报告，2004 年 3 月 20 日。

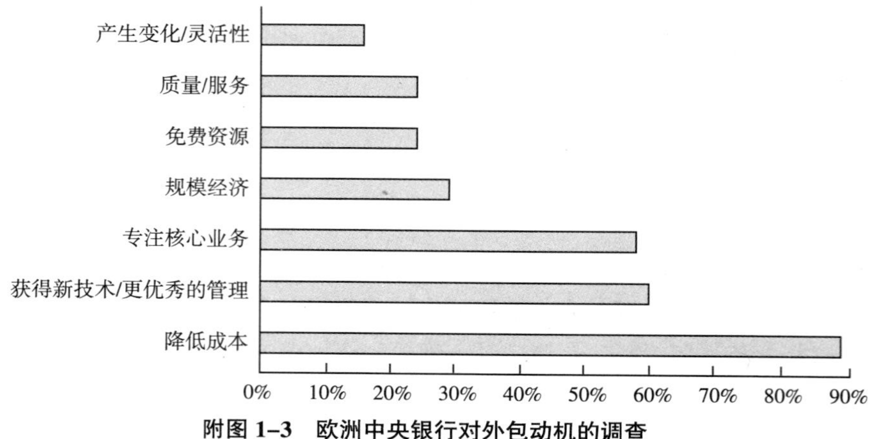

附图 1–3 欧洲中央银行对外包动机的调查

资料来源：欧洲中央银行 2004 年年报。

尽管外包在各金融行业都有相当增长，但每个行业的外包模式却不尽相同。特别是基金管理业及保险业有时会将核心业务外包，这包括：

●投资管理：许多保险公司及基金管理人目前将投资管理外包给外部机构及/或相关实体。

●基金单位定价及托管：在许多情况下，单位连接基金及产品的单位定价及托管安排等外包给服务商。

●核保与索赔支付：核保人允许保险经纪人代其处理索偿，并要求后者承担某些核保风险。

外包核心业务的原因包括进入市场时核心技能的重要性及规模经济的优势等。不过这样做也会出现一些问题（见附录 1 中的案例 3）。

五、外包发展趋势

金融机构将业务外包已有多年历史。例如自 1970 年以来，证券行业的金融机构为节约成本，将一些准事务性业务（如打印及存储记录等）外包。

20 世纪 80 至 90 年代，在成本因素及技术升级的推动下，外包交易的规模已相当可观并涉及整个 IT 行业。

随后，外包出现在人力资源等更多的战略领域。同期出现了一种名为“业务处理外包（BPO）”的新形式，是一种点到点（end-to-end）的商业链外包。在 BPO 中，金融机构与服务商的关系也由传统的服务提供转变为战略合作。

外包的另一个趋势是“离岸化”，即将业务外包到境外。许多跨国公司试图通过建立离岸交易及服务中心来提高本机构整体的效率。金融机构除将业务外包给服务商外，也会把一些业务交由海外附属机构来完成。

附表 1–1 列出了在印度从事外包业务的若干金融机构及其人员规模。

附表 1–1 在印度从事外包业务的若干金融机构(2003)

公司	人员规模（人）	公司	人员规模（人）
荷兰银行（ABN Amro）	超过 300	美国运通（Amex）	超过 1000
金盛保险（Axa）	380	花旗集团（Citigroup）	3000
德意志银行（Deutsche Bank）	500	通用公司（GE）	11000
汇丰集团（HSBC）	2000	JP 摩根大通（JP Morgan Chase）	480
梅隆金融（Mellon Financial）	240	美林集团（Merrill Lynch）	350
渣打（Standard Chartered）	3000		

资料来源：德勤会计事务所在美联储理事会会议上做的《银行业务离岸及跨境外包情况》报告（2004年3月20日）。

有证据表明，中国、马来西亚及菲律宾也被视为开展外包的理想地区。

根据德勤会计事务所 2004 年的报告，[①] 离岸业务将在 21 世纪初的十年内持续增长。报告估计，在 2003 年全部金融服务公司中约 76%拥有离岸机构，而 2002 年这一比例仅为 29%。报告预测 2005 年的离岸业务市场产值将达到 2100 亿美元，2010 年达到 4000 亿美元，占整个行业总产值的 20%。

报告指出，大公司具有离岸业务的比例显著高于小公司；越来越多的公司正在建立自己的离岸业务机构。

离岸业务的增长产生了对“国家风险”进行监控的需要，即金融机构将业务外包给另一国家（地区）的服务商后，需要监视该国（地区）政府的政策、政治、社会、经济及法制状况；同时也应制定适当的应急计划与退出策略。另外，一家机构也应考虑商业持续性问题，即在极端情况下如何将外包业务迅速转回国内。

六、监管发展

监管当局已认识到外包带来的问题涉及国内及国际两个方面。联合论坛在制定适用所有金融行业的原则时，与多个国际工作组进行了合作。相关的国际合作

① 德勤会计事务所的第二份年度调查《巨人的把握》。

包括：

●IOSCO 常设委员会制定了针对证券公司的一套专门的外包原则，该原则旨在为联合论坛制定的高级原则做补充。

●巴塞尔委员会与 IAIS 关注新出现的外包业务及监管对策。

●欧洲银行监管委员会（CEBS）推进了原来由联络组启动的工作。在 2004 年 4 月，CEBS 发布了外包指导原则的征求意见稿。

●欧洲证券监管委员会（CESR）依据《金融工具市场规则》（MIFID），为欧盟执行有关外包的法律提出意见。在咨询期结束后，MIFID 预计将于 2006 年中期开始实施。

●欧洲保险与职业年金监管委员会（CEIOPS）也可能对外包表示关注。

一些国家的监管当局为外包设立标准及立法控制。附表 1-2 是其中一些实际监管操作。

附表 1-2　各国对外包业务的监管操作

澳大利亚	2002 年 7 月 1 日，开始实施银行外包的审慎标准，监管当局希望保险公司也能遵循同样的标准
比利时	2004 年 6 月 1 日，基于 CEBS 的征求意见稿，比利时的银行、金融与保险委员会（CBFA）发布了针对银行及投资服务行业的共同指引。关于保险行业实施这一指引的问题，目前也在征求意见
加拿大	2001 年 5 月，金融机构管理署（OSFI）制定了关于外包的 B-10 指引。2003 年 12 月公布了修订后的指引。所有受联邦监管的实体要从 2004 年 12 月 15 日开始执行
法国	在 2005 年初，第 97-02 条例增加了涉及信贷机构及投资公司的内部控制条款。这些条款与外包业务有关，并对外包“核心”业务提出了特别规定。外包业务必须以书面合同订立，且合同中必须规定允许金融机构及银行委员会进行现场调查。外包及相关风险必须是向董事会报告的内容之一
德国	2001 年 12 月德国监管当局发布了包括所有信贷机构及金融服务机构的外包指引，要求外包业务不能在以下方面带来负面影响：①这些业务或服务的秩序；②管理者监控及管理这些业务的能力；③德国金融监管局根据其司法权限对信贷机构进行审计的权利及实施监控信贷机构的能力
日本	2001 年 4 月，日本银行发布了金融机构稳健操作文件，提出了对外包风险进行管理的要求 金融服务局颁布了金融机构检查手册，规定了外包风险管理的检查重点
荷兰	2004 年 4 月 1 日，荷兰银行（信贷机构的审慎监管当局）发布了《组织及控制规则》。该规则的第 2.6 节列出了对业务程序外包的规定 2004 年 2 月 1 日，Pensionen-& Verzekeringskamer（荷兰养老金及保险监管局，保险公司及养老基金的审慎监管机构）发布了对保险公司的外包管理规则
瑞士	1999 年 8 月，瑞士联邦银行委员会（SFBC）公布了针对银行与证券公司的《外包指引》，允许公司在未经 SFBC 明确同意的情况下实施外包 该指引规定每年对公司进行一次年审 要求外包业务需以书面合同订立，并要求金融机构将外包业务纳入内控体系。外包合同必须明确允许 SFBC、金融机构及其内外部审计机构对外包服务商进行监控 董事会的职能及金融机构的核心管理职能不可外包

续表

英国	英国金融服务局（SFA）在《临时审慎监管手册》中制定了对银行及住房互助协会的业务外包指引。指引的 P3 条款对保险也做出了同样规定 指引涵盖了重要与次要的外包业务，但主要针对重要的外包业务。在公司对重要业务外包之前，须先通知 SFA 2004 年 12 月，SFA 手册在增加的 SYSC 3A.7 一节中提出了新的指引
美国（证券公司）	一般来说，证券公司内部传统的业务在外包之前，证券监管当局不必提出反对。纽约证券交易所的第 342、346 及 382 条规则规定了（有些业务）应完全禁止外包或仅允许外包给受监管实体 1934 年的证券交易法规定，任何人或实体未在美国证券交易委员会注册之前，不得为其他机构进行证券交易
美国（银行）	FFIEC（联邦金融机构检查委员会，美国五大金融监管机构的伞形组织）发布了一系列指引与公告，旨在阐明银行在管理 IT 外包风险方面的职责，同时也为监管机构提供指导。最近修订的指引又专门对服务商关系的信息安全做出规定 目前美国银行在外包方面的监管指引主要包括以下方面： 2001–47 OCC 公告，服务商关系：风险管理原则（2001 年 11 月）； FFIEC 对外包技术服务的风险管理指引（2000 年 11 月）； FDIC 的三个技术指引是：①《挑选服务商的有效方法》；②《管理技术提供商执行风险管理的方法——服务水平协议》；③《管理多个服务商的技术手段》（2001 年 6 月） FFIEC 的 IT 手册：《技术服务商（TSP）监管手册》（2003 年 5 月），概述了监督及管理 TSP 风险的监管方法 2004 年中，美国银行监管机构公布了《IT 外包技术服务检查手册》终稿，为监管人员检查提供了指引与检查程序，包括评估金融机构建立、管理及监控 IT 外包关系的风险管理程序
美国（保险公司）	美国保险监管机构通过各种方式监管保险外包业务。监管机构根据各种司法授权对基本业务外包进行监管。这方面的法律涉及管理一般代理人及服务商管理人的法律［具体有：全国保险业协会（NAIC）的管理一般代理人规范法、服务商管理规范章程］ 其他外包业务由现场市场行为检查程序来处理。例如索赔处理或投资管理、监管当局处理违规行为的权限情况、阻止不公平索赔及不公平交易行为 NAIC 市场监管及消费者事务委员会成立了服务商卖方工作组，处理当前监管当局未涉足但与保险公司业务外包有关的问题。工作组希望其建议能被编入 NAIC 的市场行为监管手册

七、外包的主要风险

尽管业务外包对金融机构有诸多益处，但金融机构也必须面对外包业务的风险。主要风险如附表 1–3 所示。

附表 1–3 业务外包的主要风险

风险	风险涉及领域
战略风险	服务商按照自己利益行事，从而可能有悖于受监管实体的整体战略目标 未能对外包服务商实施适当监督 缺乏充分的专业能力对服务商进行检查
名誉风险	服务商提供的服务差强人意 与客户的互动不符合受监管实体的整体标准 服务商的活动不符合受监管实体（在道德或其他方面）的规定

续表

风险	风险涉及领域
合规风险	未遵守隐私法 未充分遵守客户与谨慎管理的法规 外包提供者的合规与控制力不足
操作风险	技术失误 缺乏足够财力以履行责任或提供补偿 欺诈或失误 实施检查的成本过高
退出策略风险	由不适当市场退出引起的风险
对手风险	不适当的承销或错误的信用评级 应收账款质量恶化
国家风险	可能由政治、社会或法律因素引起 商业持续性计划更为复杂
合同风险	履行合同的能力 对于离岸业务，选择管辖法律至关重要
获得信息风险	外包协议影响受监管实体向监管当局及时提供数据及信息
集中与系统风险	行业整体的风险集中于某一服务商。风险集中包括以下两方面： (1) 单个公司缺乏对服务商的控制 (2) 对整个行业的系统性风险

八、指引原则的相关问题

定义：联合论坛工作组（下称“工作组”）经过多次讨论，确定了外包定义。工作组主要的考虑是定义应尽量宽泛与简练，同时要避免包括与金融监管无关的内容。[①] 为此，CEBS 与 IOSCO 做了相关辅助工作。其中 CEBS 帮助确定了应予以排除的主要购买性合同；而 IOSCO 提出了受监管实体应持续进行的活动。

附属机构：工作组经过讨论，认为外包定义应涵盖对附属机构的外包。不过也有人提出：对于那些出于解决监管或其他法律问题而成立的附属机构，应制定监管原则。在咨询过程中，不断有人提出这方面的问题。

业务的重要程度：工作组不但讨论了区分重要与次要业务的好处，也探讨了按照重要程度划分合规程度的益处。经过咨询，联合论坛决定增加有关业务重要程度的解释内容，但具体的规定要由各国政府来决定。指引应旨在鼓励公司在制定风险管理流程时考虑业务的重要程度，并为此提供指导。

公司管理层的责任：联合论坛一致认为，不论业务是否外包，指引原则应强调公司高管对所有业务负有的责任。

① 这些内容通常被金融监管当局认为是不属于外包范围，如购买饮用水及办公家具等。

受禁止的特别业务：一些讨论涉及禁止核心业务外包的作用与适用性。联合论坛考虑到了外包基础原则广泛适用性及行业的差异性，认为具体受禁的外包业务不应由基础原则来规定，而应是各行业根据基本原则再具体规定。

系统性问题：联合论坛认为，即使这些原则能在微观公司层面阻止外包风险发生，但外包还是可能引发系统性的风险。这促使工作组增加一项特别原则，协助监管当局监控服务商带来的风险集中问题及系统性风险问题。

九、外包原则详解

本部分对联合论坛的九条高级原则加以详细说明。

1. 从事业务外包的受监管实体应制定全面的政策以指导评估是否及如何进行业务外包。董事会或相关机构对外包政策及有关活动负有责任。

在业务外包之前，受监管实体应制定有关外包决策的专门政策及标准，包括评估有关活动是否及在多大程度上适用外包。风险集中及外包业务的整体可接受水平等问题，也必须予以考虑。

如果受监管实体希望将任一业务外包，管理层需全面了解成本及收益状况，这要求管理层对该实体的核心能力、管理能力及弱点、未来目标等进行评价。

受监管实体应制定相关政策以确保有效监管外包业务（见原则 2）；在整个外包过程中及合同期间，受监管实体都应具有适当的治理结构，清晰界定自己的角色及职责。

受监管实体应采取适当措施确保在母国及东道国都能遵守法律和监管要求。

如果将某项业务外包会妨碍监管当局评价或监管受监管实体的业务（见原则 3），则该活动不能外包。

受监管实体的董事会（或相当机构）要全面负责，确保受监管实体的外包决策及服务商的活动符合外包政策。另外，内部审计也起到很重要的作用。

2. 受监管实体应建立全面的外包风险管理程序以指导外包业务及与服务商的关系。

评估受监管实体的外包风险取决于如下因素：外包业务的范围及重要性、受监管实体的管理水平、外包风险的监控（包括对操作风险的一般管理）、服务商对潜在操作风险的管理与控制。

下列因素有助于受监管实体判断风险管理流程中外包业务的重要性。

●因服务商未能完成外包任务而对受监管实体的财务、声誉及经营造成的影响；

●因服务商未能完成外包任务而对受监管实体的客户及对手带来的潜在损失；

●外包业务对受监管实体遵守监管要求及其变化的能力的影响；

●成本；

●受监管实体中的外包业务与其他活动之间的关系；

●受监管实体与服务商之间的隶属或其他关系；

●服务商的受监管地位；

●选择替代服务商或将外包的业务改由内部机构承担的难度及所需时间；

●外包安排的复杂程度。如在多个服务商合作提供点到点外包服务的情况下，对风险进行控制的能力。

数据保护、安全及其他风险可能因外包服务商所在地理位置而受到不利影响。为此，在评估及管理发生在本国境外的外包活动时，必须有专门的风险管理能力，以评估涉及政治及法制环境等方面的国家风险。

更一般地讲，全面性的外包风险管理流程包括：对外包安排的各个方面进行持续监控；指导受监管实体在应对意外事件时采取纠正措施的程序。

3. 受监管实体应确保外包管理既不能影响履行对客户及监管当局的责任，也不能损害监管当局的监管效能。

外包安排不能影响客户对受监管实体的权利，包括客户根据有关法律获得适当赔偿的权利[①]等。

外包安排不应损害监管当局对受监管实体进行合理监管的能力。

4. 受监管实体应尽职选择外包服务商。

在选择服务商之前，受监管实体应制定标准以评估服务商是否具有有效、可靠及高标准履约的能力，及与特定服务商相关的潜在风险因素。

受监管实体具体需尽职责包括：①选择合格且具有充分能力履行外包业务的服务商；②确保服务商能理解及满足受监管实体在特定活动中的要求；③确认服务商具有履行职能所需的稳健的财务状况。

在未完成以上准备工作之前，受监管实体不可将有关业务外包。

如果服务商不能完成外包业务，则需通过其他途径来处理这些外包业务，但这样做可能会付出高昂代价。因此受监管实体也应考虑到由此带来的损失及业务中断的可能。

将业务外包到境外，还会引起其他的问题。例如，在突发事件中，受监管实

---

① 受监管实体当然可以要求享有针对服务商的合理法律权利。

体难以及时采取适当对应措施。因此受监管实体的高管也应评估境外经济、法律及政治环境的不利影响对服务商完成外包业务的冲击。

5. 外包书面合同应明确涉及外包管理的多种重要因素，包括权利、义务与各方预期。外包关系受此书面合同制约。

外包安排应以明确的书面合同确立，其特征及细节应与外包业务的重要程度相一致。书面合同是重要的管理手段；恰当的合同条款能降低违约风险或减少在业务范围、特性及服务质量方面的分歧。合同的关键条款应包括：

●明确界定需要外包的业务，包括适当的服务及执行水平；事先评估服务商在数量及质量方面的履约能力。

●合同既不能阻碍受监管实体履行监管义务，也不能妨碍监管当局行使监管权力。

●受监管实体必须确保能够从服务商处获得有关外包业务的账簿、记录及信息。

●规定受监管实体要能对服务商进行持续的监控，以便及时采取整改措施。

●在必要情况下，合同应包括终止条款及执行终止规定的最短期限。后者应允许外包服务能转包给其他服务商或并入受监管实体。此类条款应包括破产、公司性质改变的情况并明确规定合同终止后知识产权的处置（包括将信息转回受监管实体，见原则 6）、其他在合同终止后仍然有效的职责。

●对外包安排的特殊重要问题也应做针对性说明。如对海外服务商，合同应包括适用法律的规定、协议约定及司法约定，这些可确保有关各方在特定司法管辖下仲裁纠纷。

●合同应包括服务商将全部或部分外包业务转包的前提条件。在适当的情况下，如服务商要将全部或部分外包进行分包，则应事先取得受监管实体的同意。且合同条款应保证受监管实体的风险控制力不能因分包而受到影响。

6. 受监管实体与服务商应建立应急计划，包括灾害恢复计划及备份设施的定期测试计划。

受监管实体应有关于应急计划的全面制度化的政策，每个外包合同都应有专门的应急计划。受监管实体应采取适当措施评估及解决因服务商业务中断或其他问题导致的可能后果。显然，这需要考虑服务商的应急计划、协调受监管实体与服务商的应急计划、制定服务商未履约情况下受监管实体的应急计划等。

如果受监管实体及服务商缺乏全面应急计划而且外包业务反复出现问题，则可能导致意外的信用暴露、财务损失、错失商机及出现信誉与法律问题等。

健全的信息技术安全必不可少。信息技术能力的中断可能会损害受监管实体对其他市场参与者履行职责的能力、侵蚀客户的隐私权、损害受监管实体的声誉、并最终对受监管实体的整体操作风险状况造成不利影响。受监管实体应确保服务商保持恰当的信息技术安全及灾害恢复能力。

应急计划必须包括替换表现欠佳的服务商的选择成本。如果受监管实体不满意服务商的表现，则可将其替换或自行承担此外包业务，甚至有时可取消此业务。这些做法代价高昂，往往是不得已而为之。当然，这些意外情况及相关成本应在协商过程中予以说明并在合同中明文规定。对现有的合同，这些条款应在合同延期时加以补充。

7. 受监管实体应采取恰当措施，要求外包服务商严守受监管实体及其客户的机密信息，不得故意或无意对未授权人士泄露。

实施外包的受监管实体应采取恰当措施来保护客户的机密资料，并确保其不被滥用。此类措施包括在与服务商的合同中禁止服务商或其代理人使用或披露受监管实体或其客户的专有信息（除非是约定服务且满足监管及法律所要求的条件）。根据监管及法律规定，受监管实体也应考虑是否有必要通知客户其资料可能被转移给了服务商。

8. 监管当局应把外包业务作为对受监管实体评估的组成部分。

监管当局应采取措施确保受监管实体履行监管要求的能力不受影响。

监管当局应将外包业务作为其对受监管实体综合风险评估的组成部分。

为评估及监控受监管实体的外包政策及外包风险管理流程，监管当局应能及时获得有关外包业务的账簿与记录及其他资料。受监管实体能直接获得这些资料，而监管当局也应能通过直接或间接渠道获取。这包括要求账簿及记录必须保存在监管当局所在的国家、或服务商承诺能将账簿与记录的原件或复印件交至监管当局。

为能从服务商取得外包业务的账簿、记录及相关信息，监管当局应考虑实施适当的规定及措施：①在合同中规定受监管实体具有取得服务商处理外包业务的账簿与记录的能力与检查权力；②获得任何子承包商的有关账簿与记录。合同还应规定，服务商应制备账簿、记录及其他资料，以便监管当局随时获取。

9. 监管当局应认识到多个受监管实体将业务集中外包给少数几个的外包服务商可能带来的风险。

当有限数量（有时仅一个）的外包服务商为多个受监管实体提供服务时，操作风险相应集中，并可能带来系统性风险。另外，如果多个服务商的紧急业务援助人为同一援助公司（如同一受灾援助公司），当这些服务商都发生业务中断时，则该援助公司无法同时向这些服务商提供援助服务。

在公司通过业务外包来提高效率及实现规模经济的过程中，势必会出现一些形式的风险集中问题。在评估及监控受监管实体的外包政策及风险管理流程时，监管当局应关注受监管实体业务集中产生风险的方式。

有一些可以缓解风险集中问题的措施，其中最为重要的是受监管实体要制定合理的应急计划（见原则 6）及其他方面的监管释缓措施，如实时监控、识别流程、适当的监管计划、风险评估等。

十、附录 1：案例分析

案例 1：德国贷款工厂

越来越多的德国信贷机构将贷款业务外包给专门的且不受监管的服务商，这些服务商被形象地称为“贷款工厂”。贷款工厂为贷款及抵押提供专业化的后台支持服务，有时甚至可决定是否发放贷款。

2003 年，某一信贷机构不仅要将还贷业务外包，也想将发放贷款的决定权外包，这涉及 250 万欧元以下的常规零售贷款业务及非常规业务。但监管当局对此外包的评估结论是：在非常规业务中，信贷机构无法对贷款工厂发放的贷款进行监察。在本案例中，尽管发放贷款的决定权掌握在贷款工厂手中，但信贷机构仍须负责业务运营且承担由此带来的风险。

本案例有以下应注意问题：

●对于将产生新风险暴露的决定权外包，只有当这样做不会减弱管理层正确管理风险的能力时，方可实施。

●只有在受监管实体严格要求服务商采用准确且经验证的评估标准，上述外包才能符合规定。就当前金融行业使用的系统而言，这只能在常规零售——贷款业务才可能实现。

案例 2：澳大利亚监管当局调查银行业务外包

澳大利亚银行的外包业务包括信息技术、信用卡服务、采购、支票、其他电子清算服务、抵押贷款处理及薪酬等。这些外包存在的问题是：如果服务商运作出现问题或不能持续提供服务，那么就可能会给客户资料保密和银行的财务状况及声誉带来风险。

2002 年 1 月，澳大利亚审慎监管当局（Australian Prudential Regulation

Authority，APRA）完成了一项针对银行外包的调查，并从当年 7 月 1 日开始实施具体的审慎标准。

APRA 发现，对外包安排的管理有多种方式：较大的机构通常有专门的外包部门确保本机构外包政策得以执行；另外一些机构则将外包职责交由商业单位。在此情况下，没有专门部门负责监管外包安排，其中的风险也难以得到正确识别与评估。

约有 1/3 的受调查机构有正式的外包政策。多数受调查的银行能准确表述外包业务的类型或进行外包的原因，但没有标准化的做法。

案例 3：将受管理的基金的单位定价业务外包

1999 年，澳大利亚一家主要的金融机构将其单位定价及托管安排外包给了同属一个集团的托管人。该托管人后被（集团）出售，而外包安排仍留在该托管人内。

2004 年 1 月，该机构发现有关基金在数年内无法申请减税优惠，这导致了基金单位价值被低估。当这一问题被发现后，该机构不得不向投资人支付约 9000 万澳元的补偿金。监管当局则令该机构对其系统进行全面的检查以确保不再发生类似事件。

此案例暴露出的问题有：

●该机构与服务商之间缺乏足够的控制及制约机制。

●当托管人与该机构不再同属一个集团，该机构会产生难以对托管人产生有效影响的顾虑。

●因将此类业务外包给服务商而承担了严重的声誉风险。

案例 4：货币监理署对一家银行及其服务商采取制裁措施

2002 年，美国货币监理署（OCC）对一家加利福尼亚银行及其服务商采取了强制措施。此服务商为该银行在 18 个州及哥伦比亚特区的部分贷款提供发放及回收等服务。

该服务商的问题是未能保全客户贷款资料，其工作人员于 2002 年将这些贷款资料丢弃。OCC 宣称此举触犯了法律及监管规定。

本案例表明了当全国性银行将业务转交给服务商但又不能实施有效监管时，其自身面临的风险。

OCC 认为该银行未能安全稳妥地处理与服务商之间的关系。该银行违反了

《公平信贷机会法》、《真实贷款法》、《安全及稳健标准》、《Gramm-Leach-Bliley 隐私保护法》(该法规定了客户信息的安全及保密标准)。

针对该银行触犯法律及进行的违规操作，OCC 命令该银行支付民事罚款及终止与其服务商之间的关系。

服务商也被勒令缴纳罚款，并且在未经 OCC 同意的情况下，不得为全国性银行或其分支机构提供服务。

为保护客户隐私权，OCC 还要求该银行将丢失贷款资料事件通知有关客户，并在通知中建议客户采取哪些措施来处理可能发生的身份资料失窃问题。

案例 5：美国对服务商的联合检查

根据《银行服务公司法》，美国联邦金融机构检查委员会（包括 FFIEC）有权检查银行的服务商。该法规定银行服务公司［包括技术服务提供商（TSP）］应接受其服务的银行的监管机构的检查与监管。另外一些 FFIEC 机构已经对 TSP采取了强制措施。本案例说明 FFIEC 如何对银行服务商施用该法。

对于以下两种情况，监管机构可考虑对服务商实施联合检查：①某一服务商为多个受不同监管当局监管的实体处理核心业务活动（由此形成高度的系统性风险）；②服务商在位于不同地区的数据中心处理业务。这些监管机构在检查范围、时段及人员方面进行合作，而检查报告由这些机构、受检查的服务商及其受监管的客户共享。FFIEC 采用全面及统一的评级体系［如信息技术（IT）统一评级系统（URSIT）］对服务商及受监管实体的 IT 相关风险进行评估及评级。根据 TSP 风险状况，对 IT 的检查周期为 18~36 个月不等。当前正在对约 160 个服务商进行跟踪检查。而根据 FFIEC 检查者进行的风险评估，其中有 130 个服务商受到定期检查。

2003 年，FFIEC 的成员机构联合参与了针对一家全球性服务商在美国各地的办公室的 IT 检查。对风险检查的范围集中在业务活动、交易处理服务、清算及结算、信息安全、业务持续计划、URSIT 内容（管理、审计、开发、收购、技术支持、交货）等方面。检查结果以联合检查报告的形式对外发布（按照 FFIEC 对 TSP 的 IT 检查的统一格式）。对于分布在该机构主要服务中心地区以外的技术支持服务，联合检查也实施了小范围的检查。

需要指出的是，国外监管当局已要求获得（为它们国家的受监管实体提供服务的）TSP 检查报告。当局正在考虑是否与国外监管当局分享这些报告。

十一、附录 2：缩写名称

APRA	澳大利亚审慎监管当局
BCBS	巴塞尔银行监管委员会
BIS	国际清算银行
BPO	业务处理外包
CBFA	比利时银行、金融与保险委员会
CEBS	欧洲银行监管委员会
CEIOPS	欧洲保险与职业年金监管委员会
CESR	欧洲证券监管委员会
FFIEC	美国联邦金融机构检查委员会
IAIS	国际保险监督官协会
IOSCO	国际证监会组织
IT	信息技术
MIFID	《金融工具市场规则》
NAIC	全美保险业协会
OCC	美国货币监理署
OSFI	加拿大金融机构监管局
SFA	英国金融服务局
SFBC	瑞士联邦银行委员会
TSP	技术服务商

该文件由联合论坛（Joint Forum，属于巴塞尔银行监管委员会、国际证监会组织、国际保险监督官协会的共同下属机构）于 2005 年 2 月发布。

附件四：《保护工业产权巴黎公约》

（1883 年 3 月 20 日签订；1900 年 12 月 14 日在布鲁塞尔修订；1911 年 6 月 2 日在华盛顿修订；1925 年 11 月 6 日在海牙修订；1934 年 6 月 2 日在伦敦修订；1958 年 10 月 31 日在里斯本修订；1967 年 7 月 14 日在斯德哥尔摩修订；1979 年 10 月 2 日修订。）

第一条 ［本联盟的建立：工业产权的范围[①]］

① 为了便于识别各条的内容，特增加了标题。(法语) 签订本中无此标题。

(1) 适用本公约的国家组成联盟，以保护工业产权。

(2) 工业产权的保护对象有专利、实用新型、外观设计、商标、服务标记、厂商名称、货源标记或原产地名称，以制止不正当竞争。

(3) 对工业产权应作最广义的理解，不仅应适用于工业和商业本身，而且也应同样适用于农业和采掘业，适用于一切制成品或天然产品，如酒类、谷物、烟叶、水果、牲畜、矿产品、矿泉水、啤酒、花卉和谷类的粉。

(4) 专利应包括本联盟国家的法律所承认的各种工业专利，如输入专利、改进专利、增补专利和增补证书等。

第二条 [本联盟各国国民的国民待遇]

(1) 本联盟任何国家的国民，在保护工业产权方面，在本联盟所有其他国家内应享有各该国法律现在授予或今后可能授予各该国国民的各种利益；一切都不应损害本公约特别规定的权利。因此，他们应和各该国国民享有同样的保护，对侵犯他们的权利享有同样的法律上的救济手段，但是以他们遵守各该国国民规定的条件和手续为限。

(2) 但是，对于本联盟国家的国民不得规定在其要求保护的国家须有住所或营业所才能享有工业产权。

(3) 本联盟每一国家法律中关于司法和行政程序、管辖权以及指定送达地址或委派代理人的规定，工业产权法中可能有要求的，均明确地予以保留。

第三条 [某类人与本联盟国家的国民同样待遇]

本联盟以外各国的国民，在本联盟一个国家的领土内设有住所或有真实和有效的工商业营业所的，应享有与本联盟国家国民同样的待遇。

第四条 [A.至I.专利、实用新型、外观设计、商标、发明人证书：优先权 G.专利：申请的分案。]

A.(1) 已经在本联盟的一个国家正式提出专利、实用新型注册、外观设计注册或商标注册的申请的任何人，或其权利继受人，为了在其他国家提出申请，在以下规定的期间内应享有优先权。

(2) 依照本联盟任何国家的本国立法，或依照本联盟各国之间缔结的双边或多边条约，与正规的国家申请相当的任何申请，应认为产生优先权。

(3) 正规的国家申请是指足以确定在有关国家中提出申请日期的任何申请，而不问该申请以后的结局如何。

B. 因此，在上述期间届满前在本联盟的任何其他国家后来提出的任何申请，不应由于在这期间完成的任何行为，特别是另外一项申请的提出、发明的公布或利用、外观设计复制品的出售或商标的使用而成为无效，而且这些行为不能产生任何第三人的权利或个人占有的任何权利。第三人在作为优先权根据的第一次申请的日期以前所取得的权利，依照本联盟每一国家的国内法予以保留。

C.（1）上述优先权的期间，对于专利和实用新型应为十二个月，对于外观设计和商标应为六个月。

（2）这些期间应自第一次申请的申请日起算，申请日不应计入期间之内。

（3）如果期间的最后一日是请求保护地国家的法定假日或者是主管机关不接受申请的日子，期间应延至其后的第一个工作日。

（4）在本联盟同一国家内就第（2）项所称的以前第一次申请同样的主题所提出的后一申请，如果在提出该申请时前一申请已被撤回、放弃或驳回，没有提供公众阅览，也没有遗留任何权利，而且如果前一申请还没有成为要求优先权的根据，应认为是第一次申请，其申请日应为优先权期间的起算日。在这以后，前一申请不得作为要求优先权的根据。

D.（1）任何人希望利用以前提出的一项申请的优先权的，需要做出声明，说明提出该申请的日期和受理该申请的国家。每一国家应确定必须做出该项声明的最后日期。

（2）这些事项应在主管机关的出版物中，特别是应在有关的专利证书和说明书中予以载明。

（3）本联盟国家可以要求做出优先权声明的任何人提交以前提出的申请（说明书、附图等）的副本。该副本经原受理申请的机关证实无误后，不应要求任何认证，并且无论如何可以在提出后一申请后三个月内随时提交，不需缴纳费用。本联盟国家可以要求该副本附有上述机关出具的载明申请日的证明书和译文。

（4）对提出申请时要求优先权的声明不得规定其他的手续。本联盟每一国家应确定不遵守本条规定的手续的后果，但这种后果决不能超过优先权的丧失。

（5）以后，可以要求提供进一步的证明。任何人利用以前提出的一项申请的优先权的，必须写明该申请的号码；该号码应依照上述第（2）项的规定予以公布。

E.（1）在依靠以实用新型申请为根据的优先权而在一个国家提出外观设计申请的情况，优先权的期间应与对外观设计规定的优先权期间一样。

（2）而且，依靠以专利申请为根据的优先权而在一个国家提出新实用型的申请是许可的，反之亦一样。

F. 本联盟的任何国家不得由于申请人要求多项优先权（即使这些优先权产生于不同的国家），或者由于要求一项或几项优先权的申请中有一个或几个因素没有包括在作为优先权基础的申请中，而拒绝给予优先权或拒绝专利申请，但以在上述两种情况都有该国法律所规定的发明单一性为限。

关于作为优先权根据的申请中所没有包括的因素，以后提出的申请应该按照通常条件产生优先权。

G.（1）如果审查发现一项专利申请包含一个以上的发明，申请人可以将该申请分成若干分案申请，保留第一次申请的日期为各该分案申请的日期，如果有优先权，并保有优先权的利益。

（2）申请人也可以主动将一项专利申请分案，保留第一次申请的日期为各该分案申请的日期，如果有优先权，并保有优先权的利益。本联盟各国有权决定允许这种分案的条件。

H. 不得以作为优先权根据的发明中的某些因素没有包含在原属国申请列举的请求权项中为理由，而拒绝给予优先权，但以申请文件从全体看来已经明确地写明这些因素为限。

I.（1）在申请人有权自行选择申请专利证书或发明人证书的国家提出发明人证书的申请，应产生本条规定的优先权，其条件和效力与专利证书的申请一样。

（2）在申请人有权自行选择申请专利证书或发明人证书的国家，发明人证书的申请人，根据本条关于申请专利证书的规定，应享有以专利、实用新型或发明人证书的申请为根据的优先权。

第四条之二 ［专利：就同一发明在不同国家取得的专利是互相独立的］

（1）本联盟国家的国民向本联盟各国申请的专利，与在其他国家，不论是否本联盟的成员国，就同一发明所取得的专利是互相独立的。

（2）上述规定，应从不受限制的意义来理解，特别是指在优先权期间内申请的各项专利，就其无效和丧失权利的理由以及其正常的期间而言，是互相独立的。

（3）本规定应适用于在其开始生效时已经存在的一切专利。

（4）在有新国家加入的情况下，本规定应同样适用于加入时各方面已经存在的专利。

（5）在本联盟各国，因享有优先权的利益而取得的专利的有效期间，与假设没有优先权的利益而申请或授予的专利的有效期间相同。

第四条之三 ［专利：在专利证书上记载发明人］

发明人有权要求在专利证书上记载自己是发明人。

第四条之四 ［专利：在法律限制销售的情况下取得专利的条件］

不得以专利产品的销售或以专利方法制造的产品销售受到本国法律的限制或

限定为理由，而拒绝授予专利或使专利无效。

第五条 ［A.专利：物品的输入；不实施或不充分实施；强制许可 B.外观设计：不实施；物品的输入 C.商标：不使用；不同的形式；共有人的使用 D.专利、实用新型、商标、外观设计：标记。］

A.（1）专利权人将在本联盟任何国家内制造的物品输入到对该物品授予专利的国家的，不应导致该项专利的取消。

（2）本联盟各国都有权采取立法措施规定授予强制许可，以防止由于行使专利所赋予的专有权而可能产生的滥用，如不实施。

（3）除强制许可的授予不足以防止上述滥用外，不应规定专利的取消。自授予第一个强制许可之日起两年届满前不得提起取消或撤销专利的诉讼。

（4）自提出专利申请之日起四年届满以前，或自授予专利之日起三年届满以前，以后满期的期间为准，不得以不实施或不充分实施为理由申请强制许可；如果专利权人的不作为有正当理由，应拒绝强制许可。这种强制许可不是独占性的，而且除与利用该许可的部分企业或商誉一起转让外，不得转让，包括授予分许可证的形式在内。

（5）上述各项规定准用于实用新型。

B. 对外观设计的保护，在任何情况下，都不得以不实施或以输入物品与受保护的外观设计相同为理由而予以取消。

C. （1）如果在任何国家，注册商标的使用是强制的，只有经过适当的期间，而且只有有关人员不能证明其不使用有正当理由，才可以取消注册。

（2）商标所有人使用的商标，在形式上与其在本联盟国家之一所注册的商标的形式只有细节的不同，而并未改变其显著性的，不应导致注册无效，也不应减少对商标所给予的保护。

（3）根据请求保护地国家的本国法认为商标共同所有人的几个工商企业，在相同或类似商品上共同使用同一商标，不应妨碍在本联盟任何国家内注册，也不应以任何方式减少对该商标所给予的保护，但以这种使用并未导致公众产生误解，而且不违反公共利益为限。

D. 不应要求在商品上表示或载明专利、实用新型、商标注册或外观设计保存，作为承认取得保护权利的一个条件。

第五条之二 ［一切工业产权：缴纳权利维持费的宽限期；专处；恢复］

（1）关于规定的工业产权维持费的缴纳，应给予不少于六个月的宽限期，但是如果本国法律有规定，应缴纳附加费。

（2）本联盟各国对因未缴费而终止的专利有权规定予以恢复。

第五条之三 ［专利：构成船舶、飞机或陆上车辆一部分的专利器件］

在本联盟任何国家内，下列情况不应认为是侵犯专利权人的权利：

（1）本联盟其他国家的船舶暂时或偶然地进入上述国家的领水时，在该船的船身、机器、滑车装置、传动装置及其他附件上使用构成专利主题的装置设备，但以专为该船的需要而使用这些装置设备为限；

（2）本联盟其他国家的飞机或陆上车辆暂时或偶然地进入上述国家时，在该飞机或陆地上车辆的构造或操纵中，或者在该飞机或陆上车辆附件的构造或操纵中使用构成专利主题的装置设备。

第五条之四 ［专利：利用输入国的专利方法制造产品的输入］

一种产品输入到对该产品的制造方法有专利保护的本联盟国家时，专利权人对该输入产品应享有输入国法律，根据方法专利对在该国制造的产品所授予的一切权利。

第五条之五 ［外观设计］

外观设计在本联盟所有国家均应受到保护。

第六条 ［商标：注册条件；同一商标在不同国家所受保护的独立性］

（1）商标的申请和注册条件，在本联盟各国由其本国法律决定。

（2）但对本联盟国家的国民在本联盟任何国家提出的商标注册申请，不得以未在原属国申请、注册或续展为理由而予以拒绝，也不得使注册无效。

（3）在本联盟一个国家正式注册的商标，与在联盟其他国家注册的商标，包括在原属国注册的商标在内，应认为是互相独立的。

第六条之二 ［商标：驰名商标］

（1）本联盟各国承诺，如本国法律允许，应依职权或依有关当事人的请求，对商标注册国或使用国主管机关认为在该国已经属于有权享受本公约利益的人所有而驰名、并且用于相同或类似商品的商标构成复制、仿制或翻译，易于产生混淆的商标，拒绝或取消注册，并禁止使用。这些规定，在商标的主要部分构成对上述驰名商标的复制或仿制，易于产生混淆时，也应适用。

（2）自注册之日起至少五年的期间内，应允许提出取消这种商标的请求。本联盟各国可以规定一个期间，在这期间内必须提出禁止使用的请求。

（3）对于依恶意取得注册或使用的商标提出取消注册或禁止使用的请求，不应规定时间限制。

第六条之三 ［商标：关于国徽、官方检验印章和政府间组织徽记的禁例］

（1）（a）本联盟各国同意，对未经主管机关许可，而将本联盟国家的国徽、国旗和其他的国家徽记、各该国用以表明监督和保证的官方符号和检验印章以及从徽章学的观点看来的任何仿制用作商标或商标的组成部分，拒绝注册或使其注册无效，并采取适当措施禁止使用。

（b）上述（a）项规定应同样适用于本联盟一个或一个以上国家参加的政府间国际组织的徽章、旗帜、其他徽记、缩写和名称，但已成为现行国际协定规定予以保护的徽章、旗帜、其他徽记、缩写和名称除外。

（c）本联盟任何国家无须适用上述（b）项规定，以免损害本公约在该国生效前善意取得的权利的所有人。在上述（a）项所指的商标的使用或注册性质上不会使公众理解为有关组织与这种徽章、旗帜、徽记、缩写和名称有联系时，或者如果这种使用或注册性质上大概不会使公众误解为使用人与该组织有联系时，本联盟国家无须适用该项规定。

（2）关于禁止使用表明监督、保证的官方符号和检验印章的规定，应该只适用于在相同或类似商品上使用包含该符号或印章的商标的情况。

（3）（a）为了实施这些规定，本联盟国家同意，将它们希望或今后可能希望、完全或在一定限度内受本条保护的国家徽记与表明监督保证的官方符号和检验印章的清单，以及以后对该项清单的一切修改，经由国际局相互通知。本联盟各国应在适当的时候使公众可以得到用这样方法通知的清单。但是，就国旗而言，这种相互通知并不是强制性的。

（b）本条第（1）款（b）项的规定，仅适用于政府间国际组织经由国际局通知本联盟国家的徽章、旗帜、其他徽记、缩写和名称。

（4）本联盟任何国家如有异议，可以在收到通知后十二个月内经由国际局向有关国家或政府间国际组织提出。

（5）至于国旗，上述第（1）款规定的措施仅适用于1925年11月6日以后注册的商标。

（6）至于本联盟国家国旗以外的国家徽记、官方符号和检验印章，以及政府间国际组织的徽章、旗帜、其他徽记、缩写和名称，这些规定仅适用于接到上面第（3）款规定的通知超过两个月后所注册的商标。

（7）在有恶意的情况下，各国有权取消即使是在1925年11月6日以前注册的含有国家徽记、符号和检验印章的商标。

（8）任何国家的国民经批准使用基本国的国家徽记、符号和检验印章者，即使与其他国家的国家徽记、符号和检验印章相类似，仍可使用。

（9）本联盟各国承诺，如未经批准而在商业中使用本联盟其他国家的国徽，具有使人对商品的原产地产生误解的性质时，应禁止其使用。

（10）上述各项规定不应妨碍各国行使第六条之五 B 款第（3）项所规定的权利，即对未经批准而含有本联盟国家所采用的国徽、国旗、其他国家徽记，或官方符号和检验印章，以及上述第（1）款所述的政府间国际组织特有符号的商标，拒绝予以注册或使其注册无效。

第六条之四 ［商标：商标的转让］

（1）根据本联盟国家的法律，商标的转让只有在与其所属商行或商誉同时转让方为有效时，如该商行或商誉坐落在该国的部分，连同在该国制造或销售标有被转让商标的商品的专有权一起转让予受让人，即足以承认其转让为有效。

（2）如果受让人使用受让的商标事实上会具有使公众对使用该商标的商品的原产地、性质或重要品质发生误解的性质。上述规定并不使本联盟国家负有承认该项商标转让为有效的义务。

第六条之五 ［商标：在本联盟一个国家注册的商标在本联盟其他国家所受的保护］

A.（1）在原属国正式注册的每一商标，除应受本条规定的保留条件的约束外，本联盟其他国家也应和在原属国注册那样接受申请和给予保护。各该国家在正式注册前可以要求提供原属国主管机关发给的注册证书。该项注册证书无需认证。

（2）原属国系指申请人设有真实、有效的工商业营业所的本联盟国家；或者如果申请人在本联盟内没有这样的营业所，则指他设有住所的本联盟国家；或者如果申请人在本联盟内没有住所，但是他是本联盟国家的国民，则指他有国籍的国家。

B. 除下列情况外，对本条所适用的商标既不得拒绝注册也不得使注册无效：

（1）商标具有侵犯第三人在被请求给予保护的国家的既得权利的性质的；

（2）商标缺乏显著特征，或者完全是由商业中用以表示商品的种类、质量、数量、用途、价值、原产地或生产时间的符号或标记所组成，或者在被请求给予保护的国家的现代语言中或在善意和公认的商务实践中已经成为惯用的；

（3）商标违反道德或公共秩序，尤其是具有欺骗公众的性质。这一点应理解为不得仅仅因为商标不符合商标立法的规定即认为该商标违反公共秩序，除非该规定本身同公共秩序有关。

但本规定以适用第十条之二为条件，方可适用。

C.（1）决定一个商标是否适合于受保护，必须考虑到一切实际情况，特别是商标已使用期间的长短。

（2）商标中有的构成部分与在原属国受保护的商标有所不同，但未改变其显著特征，亦不影响其与原属国注册的商标形式上的同一性的，本联盟其他国家不得仅仅以此为理由而予以拒绝。

D. 任何人要求保护的商标，如果未在原属国注册，不得享受本条各规定的利益。

E. 但商标注册在原属国续展，在任何情况下决不包含在该商标已经注册的本联盟其他国家续展注册的义务。

F. 在第四条规定的期间内提出商标注册的申请，即使原属国在该期间届满后才进行注册，其优先权利益也不受影响。

第六条之六　[商标：服务标记]

本联盟各国承诺保护服务标记。不应要求它们对该项标记的注册做出规定。

第六条之七　[商标：未经所有人授权而以代理人或代表人名义注册]

（1）如果本联盟一个国家的商标所有人的代理人或代表人，未经该所有人授权而以自己的名义向本联盟一个或一个以上的国家申请该商标的注册，该所有人有权反对所申请的注册或要求取消注册，或者，如该国法律允许，该所有人可以要求将该项注册转让给自己，除非该代理人或代表人能证明其行为是正当的。

（2）商标所有人如未授权使用，以适用上述第（1）款的规定为条件，有权反对其代理人或代表人使用其商标。

（3）各国立法可以规定商标所有人行使本条规定的权利的合理期限。

第七条　[商标：使用商标的商品的性质]

使用商标的商品的性质绝不应成为该商标注册的障碍。

第七条之二　[商标：集体商标]

（1）如果社团的存在不违反其原属国的法律，即使该社团没有工商业营业所，本联盟各国也承诺受理申请，并保护属于该社团的集体商标。

（2）各国应自行审定关于保护集体商标的特别条件，如果商标违反公共利益，可以拒绝给予保护。

（3）如果社团的存在不违反原属国的法律，不得以该社团未在被请求给予保护国家设有营业所或不是根据该国的法律所组成为理由，拒绝对该社团的这些商标给予保护。

第八条 ［厂商名称］

厂商名称应在本联盟一切国家内受到保护，没有申请或注册的义务，也不论其是否为商标的一部分。

第九条 ［商标、厂商名称：对非法标有商标或厂商名称的商品在输入时予以扣押］

（1）一切非法标有商标或厂商名称的商品，在输入到该项商标或厂商名称有权受到法律保护的本联盟国家时，应予以扣押。

（2）在发生非法粘附上述标记的国家或在该商品已输入进去的国家，扣押应同样予以执行。

（3）扣押应依检察官或其他主管机关或有关当事人（无论为自然人或法人）的请求，按照各国本国法的规定进行。

（4）各机关对于过境商品没有执行扣押的义务。

（5）如果一国法律不准许在输入时扣押，应代之以禁止输入或在国内扣押。

（6）如果一国法律既不准许在输入时扣押，也不准许禁止输入或在国内扣押，则在法律做出相应修改以前，应代之以该国国民在此种情况下按该国法律可以采取的诉讼和救济手段。

第十条 ［虚假标记：对标有虚假的货源或生产者标记的商品在输入时予以扣押］

（1）前条各款规定应适用于直接或间接使用虚假的货源标记、生产者、制造者或商人标记的情况。

（2）凡从事此项商品的生产、制造或销售的生产者、制造者或商人，无论为自然人或法人，其营业所设在被虚假标为货源的地方、该地所在的地区，或在虚假标为货源的国家、或在使用该虚假货源标记的国家者，无论如何均应视为有关当事人。

第十条之二 ［不正当竞争］

（1）本联盟国家有义务对各该国国民保证给予制止不正当竞争的有效保护。

（2）凡在工商业事务中违反诚实的习惯做法的竞争行为构成不正当竞争的行为。

（3）下列各项特别应予以禁止：

（a）具有不择手段地对竞争者的营业所、商品或工商业活动造成混乱性质的一切行为，

（b）在经营商业中，具有损害竞争者的营业所、商品或工商业活动商誉性质

的虚伪说明；

（c）在经营商业中使用会使公众对商品的性质、制造方法、特点、用途或数量易于产生误解的表示或说法。

第十条之三 ［商标、厂商名称、虚假标记、不正当竞争：救济手段、起诉权］

（1）本联盟国家承诺保证本联盟其他国家的国民获得有效地制止第九条、第十条和第十条之二所述一切行为的适当的法律上救济手段。

（2）本联盟国家并承诺规定措施，准许不违反其本国法律而存在的联合会和社团，代表有利害关系的工业家、生产者或商人，在被请求给予保护的国家法律允许该国的联合会和社团提出控诉的范围内，为了制止第九条、第十条和第十条之二所述的行为，向法院或行政机关提出控诉。

第十一条 ［发明、实用新型、外观设计、商标：在某些国际展览会中的临时保护］

（1）本联盟国家应按其本国法律对在本联盟任何国家领土内举办的官方的或经官方承认的国际展览会展出的商品中可以取得专利的发明、实用新型、外观设计和商标，给予临时保护。

（2）该项临时保护不应延展第四条规定的期间。如以后要求优先权，任何国家的主管机关可以规定其期间应自该商品在展览会展出之日起算。

（3）每一个国家认为必要时可以要求提供证明文件，证实展出的物品及其在展览会展出的日期。

第十二条 ［国家工业产权专门机构］

（1）本联盟各国承诺设立工业产权专门机构和向公众传递专利、实用新型、外观设计和商标的中央机构。

（2）该专门机构定期出版公报，按时公布：

（a）被授予专利的人的姓名和取得专利的发明的概要；

（b）注册商标的复制。

第十三条 ［本联盟大会］

（1）（a）本联盟设大会，由本联盟中受第十三条至第十七条约束的国家组成。

（b）每一国政府应有一名代表，该代表可以由若干副代表、顾问和专家辅助。

（c）各代表团的费用由委派该代表团的政府负担。

（2）（a）大会的职权如下：

（Ⅰ）处理有关维持和发展本联盟及执行本公约的一切事项；

（Ⅱ）对建立世界知识产权组织（以下简称“本组织”）公约中所述的知识产权国际局（以下简称“国际局”）作关于筹备修订会议的指示，但应适当考虑本联盟国家中不受第十三条至第十七条约束的国家所提的意见；

（Ⅲ）审查和批准本组织总干事有关本联盟的报告和活动，并就本联盟权限内的事项对总干事作一切必要的指示；

（Ⅳ）选举大会执行委员会的委员；

（Ⅴ）审查和批准执行委员会的报告和活动，并对该委员会作指示；

（Ⅵ）决定本联盟计划和通过三年预算，并批准决算；

（Ⅶ）通过本联盟的财务规则；

（Ⅷ）为实现本联盟的目的，成立适当的专家委员会和工作组；

（Ⅸ）决定接受哪些非本联盟成员国的国家以及哪些政府间组织和非政府间国际组织以观察员身份参加本联盟会议；

（Ⅹ）通过第十三条至第十七条的修改；

（Ⅺ）采取旨在促进实现本联盟目标的任何其他的适当行动；

（Ⅻ）履行按照本公约是适当的其他职责；

（ⅩⅢ）行使建立本组织公约中授予并经本联盟接受的权利。

（b）关于与本组织管理的其他联盟共同有关的事项，大会应在听取本组织协调委员会的意见后做出决议。

（3）（a）除（b）项另有规定应适用该规定外，一名代表仅能代表一个国家。

（b）本联盟一些国家根据一项专门协定的条款组成一个共同机构，对各该国家具有第十二条所述的国家工业产权专门机构性质者，在讨论时，可以由这些国家中的一国作为共同代表。

（4）（a）大会每一成员国应有一票表决权。

（b）大会成员国的半数构成开会的法定人数。

（c）尽管有（b）项的规定，如任何一次会议出席的国家不足大会成员国的半数，但达到三分之一或三分之一以上时，大会可以做出决议，但是，除有关其本身的议事程序的决议外，所有其他决议只有符合下述条件才能生效。国际局应将这些决议通知未出席的大会成员国，请其在通知之日起三个月的期间内以书面形式表示是否赞成或弃权。如该期间届满时，这些表示是否赞成或弃权的国家数目，达到会议本身开会的法定人数所缺少的国家数目，只要同时也取得了规定的多数票，这些决议即可生效。

（d）除第十七条第（2）款另有规定应适用该规定外，大会决议需有所投票数的三分之二票。

(e) 弃权不应认为是投票。

(5) (a) 除 (b) 项另有规定应适用该规定外，一名代表只能以一国名义投票。

(b) 第 (3) 款 (b) 项所指的本联盟国家，一般应尽量派遣本国的代表团出席大会。然而，如其中任何国家由于特殊原因不能派出本国代表团时，可以授权上述国家中其他国家代表团以其名义投票，但每一代表团只能为一个国家代理投票。代理投票的权限应由国家元首或主管部长签署的文件授予。

(6) 非大会成员国的本联盟国家应被允许作为观察员出席大会的会议。

(7) (a) 大会通常会议每二年召开一次，由总干事召集，如无特殊情况，和本组织的大会同时间同地点召开。

(b) 大会临时会议由总干事应执行委员会或占四分之一的大会成员国的要求召开。

(8) 大会应通过其本身的议事规程。

第十四条 [执行委员会]

(1) 大会设执行委员会。

(2) (a) 执行委员会由大会从大会成员国中选出的国家组成。此外，本组织总部所在地国家，除第十六条第 (7) 款 (b) 项另有规定应适用该规定外，在该委员会中应有当然的席位。

(b) 执行委员会各成员国政府应各有一名代表，该代表可以由若干副代表、顾问和专家辅助。

(c) 各代表团的费用应由委派该代表团的政府负担。

(3) 执行委员会成员国的数目应相当于大会成员国的四分之一。在确定席位数目时，用四除后余数不计。

(4) 选举执行委员会委员时，大会应适当注意公平的地理分配，以及组成执行委员会的国家中有与本联盟有关系的专门协定的缔约国的必要性。

(5) (a) 执行委员会委员的任期，应自选出委员会的大会会议闭幕开始，直到下届通常会议闭幕为止。

(b) 执行委员会委员可以连选连任，但其数目最多不得超过委员的三分之二。

(c) 大会应制定有关执行委员会委员选举和可能连选的详细规则。

(6) (a) 执行委员会的职权如下：

(Ⅰ) 拟定大会议事日程草案；

(Ⅱ) 就总干事拟定的本联盟计划草案和二年预算向大会提出建议；

（Ⅲ）在计划和三年预算范围内，批准总干事拟定的年度预算和计划；

（Ⅳ）将总干事的定期报告和年度财务决算报告，附具适当的意见，提交大会；

（Ⅴ）根据大会决议，并考虑到大会两届通常会议中间发生的情况，采取一切必要措施保证总干事执行本联盟的计划；

（Ⅵ）执行本公约所规定的其他职责。

（b）关于与本组织管理的其他联盟共同有关的事项，执行委员会应在听取本组织协调委员会的意见后做出决议。

（7）（a）执行委员会每年举行一次通常会议，由总干事召集，最好和本组织协调委员会同时间同地点召开。

（b）执行委员会临时会议应由总干事依其本人倡议或应委员会主席或四分之一委员的要求而召开。

（8）（a）执行委员会每一成员国应有一票表决权。

（b）执行委员会委员的半数构成开会的法定人数。

（c）决议需有所投票数的简单多数。

（d）弃权不应认为是投票。

（e）一名代表仅能代表一个国家，并以一个国家名义投票。

（9）非执行委员会委员的本联盟国家可以派观察员出席执行委员会的会议。

（10）执行委员会应通过其本身的议事规程。

第十五条　［国际局］

（1）（a）有关本联盟的行政工作应由国际局执行。国际局是由本联盟的局和保护文学艺术作品国际公约所建立的联盟的局合并而成。

（b）国际局特别应设置本联盟各机构的秘书处。

（c）本组织总干事为本联盟最高行政官员，并代表本联盟。

（2）国际局汇集有关工业产权的情报并予以公布。本联盟各成员国应迅速将一切有关保护工业产权的新法律和正式文本送交国际局；此外，还应向国际局提供其工业产权机构发表的保护工业产权直接有关并对国际局工作有用的出版物。

（3）国际局应出版月刊。

（4）国际局应依请求向本联盟任何国家提供有关保护工业产权问题的情报。

（5）国际局应进行研究并提供服务，以促进对工业产权的保护。

（6）总干事及其指定的职员应参加大会、执行委员会以及任何其他专家委员会或工作组的一切会议，但无表决权。总干事或其指定的职员为这些机构的当然秘书。

(7)(a) 国际局应按照大会的指示，与执行委员会合作，筹备对本公约第十三条至第十七条以外的其他条款的修订会议。

(b) 国际局可以就修订会议的筹备工作与政府间组织和非政府间国际组织协商。

(c) 总干事及其指定的人员应参加这些会议的讨论，但无表决权。

(8) 国际局应执行指定的任何其他任务。

第十六条 [财务]

(1)(a) 本联盟应制定预算。

(b) 本联盟的预算应包括本联盟本身的收入和支出，对各联盟共同开支预算的摊款，以及需要时对本组织成员国会议预算提供的款项。

(c) 不是专属于本联盟而且也属于本组织所管理的其他一个或一个以上联盟的支出，应认为各联盟的共同支出。本联盟在该项共同支出中的摊款应与本联盟在其中所享的利益成比例。

(2) 本联盟预算的制定应适当考虑到与本组织管理的其他联盟预算相协调的需要。

(3) 本联盟预算的财政来源如下：

(a) 本联盟国家的会费；

(b) 国际局提供有关联盟的服务所收的费用或款项；

(c) 国际局有关本联盟出版物的售款或版税；

(d) 赠款、遗赠和补助金：

(e) 租金、利息和其他杂项收入。

(4)(a) 为了确定对预算应缴的会费，本联盟每一个国家应属于下列的一个等级，并以所属等级的单位数为基础缴纳年度会费：

等级Ⅰ……………………二十五

等级Ⅱ……………………二十

等级Ⅲ……………………十五

等级Ⅳ……………………十

等级Ⅴ……………………五

等级Ⅵ……………………三

等级Ⅶ……………………一

(b) 除已经指定等级外，每一国家应在交存批准书或加入书的同时，表明自己愿属哪一等级。任何国家都可以改变其等级。如果选择较低的等级，必须在大会的一届通常会议上声明。这种改变应在该届会议的下一历年开始时生效。

(c) 每一国家的年度会费的数额在所有国家向本联盟预算缴纳的会费总额中所占的比例，应与该国的单位数额在所有缴纳会费国家的单位总额中所占的比例相同。

(d) 会费应于每年一月一日缴纳。

(e) 一个国家欠缴的会费数额等于或超过其前两个整年的会费数额的，不得在本联盟的任何机构（该国为其成员）内行使表决权。但是如果本联盟的任何机构证实该国延迟缴费系由于特殊的和不可避免的情况，则在这期间内可以允许该国在该机构继续行使其表决权。

(f) 如预算在新的财政年度开始前尚未通过，按财务规则的规定，预算应与上一年度预算的水平相同。

(5) 国际局提供有关本联盟的服务应收的费用或款项的数额由总干事确定，并报告大会和执行委员会。

(6) (a) 本联盟应设工作基金，由本联盟每一国家一次缴纳的款项组成，如基金不足，大会应决定予以增加。

(b) 每一国家向上述基金初次缴纳的数额或在基金增加时缴纳的数额，应与建立基金或决定增加基金的一年该国缴纳的会费成比例。

(c) 缴款的比例和条件应由大会根据总干事的建议，并听取本组织协调委员会的意见后规定。

(7)(a) 在本组织与其总部所在地国家缔结的总部协定中应规定，工作基金不足时该国应给予贷款。每次贷款的数额和条件应由本组织和该国签订单独的协定。该国在承担贷款义务期间，应在执行委员会中有当然席位。

(b)(a) 项所指的国家和本组织都各自有权以书面通知废除贷款的义务。废除应于发出通知当年年底起三年后生效。

(8) 账目审查工作应按财务规则的规定，由本联盟一个或一个以上国家或外界审计师进行。审计师应由大会在征得其同意后指定。

第十七条 [对第十三条至第十七条的修正]

(1) 修正第十三、十四、十五、十六条和本条的提案，可以由大会成员国、执行委员会或总干事提出。这类提案应由总干事至少在提交大会审议六个月前通知大会成员国。

(2) 对第（1）款所述各条的修正案须由大会通过。通过需要有所投票数的四分之三票，但第十三条和本款的修正案需要有所投票数的五分之四票。

（3）第（1）款所述各条的修正案，总干事在收到大会通过修正案时，四分之三的大会成员国依照各该国宪法程序，表示接受修正案的书面通知一个月后发生效力。各该条的修正案在经接受后，对修正案生效时大会成员国以及以后成为大会成员国的所有国家都有约束力，但有关增加本联盟国家的财政义务的修正案，仅对通知接受该修正案的国家有约束力。

第十八条　[对第一条至第十二条和第十八条至第三十条的修订]

（1）本公约应交付修订，以便采用一些旨在改善本联盟制度的修正案。

（2）为此目的，将陆续在本联盟国家之一举行各该国家代表的会议。

（3）对第十三条至第十七条的修正应按照第十七条的规定办理。

第十九条　[专门协定]

不言而喻，本联盟国家在与本公约的规定不相抵触的范围内，保留有相互间分别签订关于保护工业产权的专门协定的权利。

第二十条　[本联盟国家的批准或加入；生效]

（1）（a）本联盟任何国家已在本议定书上签字者，可以批准本议定书，未签字者可以加入本议定书。批准书和加入书应递交总干事保存。

（b）本联盟任何国家可以在其批准书或加入书中声明其批准或加入不适用于：

（Ⅰ）第一条至第十二条，

（Ⅱ）第十三条至第十七条。

（c）本联盟任何国家根据（b）项的规定声明其批准或加入的效力不适用于该项所述的两组条文之一者，可以随时声明将其批准或加入的效力扩大至该组条文。该项声明书应递交总干事保存。

（2）（a）第一条至第十二条，对于最早递交批准书或加入书而未作上述第（1）款（b）项第（I）目所允许的声明的本联盟十个国家，在递交第十份批准书或加入书三个月后，发生效力。

（b）第十三条至第十七条，对于最早递交批准书或加入书而未作上述第(1)款（b）项第（Ⅱ）目所允许的声明的本联盟十个国家，在递交第十份批准书或加入书三个月后，发生效力。

（c）以第（1）款（b）项第（I）目所述的两组条文按照（a）项（b）项的规定每一组开始生效为条件，除第（1）款（b）项另有规定应适用该规定外，第一条至第十七条，对于（a）项和（b）项所述的递交批准书或加入书的国家以外的、或按第（1）款（c）项递交声明的任何国家以外的本联盟任何国家，在总干事就该项递交发出通知之日起三个月后，发生效力，除非所递交的批准书、加入书或声明已经指定以后的日期。在后一情况下，本议定书对该国应在其指定的日期发生效力。

（3）第十八条至第三十条，对递交批准书或加入书的本联盟任何国家，应在第（1）款（b）项所述的两组条文中任何一组条文，按照第（2）款（a）、（b）或（c）项对该国生效的日期中比较早的那一日发生效力。

第二十一条　[本联盟以外国家的加入；生效]

（1）本联盟以外的任何国家都可以加入本议定书，成为本联盟的成员国。加入书应递交总干事保存。

（2）（a）本联盟以外的任何国家在本议定书的任何规定发生效力前一个月或一个月以上递交加入书的，本议定书应在该规定按照第二十条第（2）款（a）项或（b）项最先发生效力之日对该国发生效力，除非该加入书已经指定以后的日期；但应遵守下列条件：

（Ⅰ）如第一条至第十二条在上述日期尚未发生效力，在这些规定发生效力以前该国应暂时代之以受《里斯本议定书》第一条至第十二条的约束；

（Ⅱ）如第十三条至第十七条在上述日期尚未发生效力，在这些规定发生效力以前该国应暂时代之以受《里斯本议定书》第十三条、第十四条第（3）款、第（4）款和第（5）款的约束。

如果该国在其加入书中指定了以后的日期，本议定书应在其指定的日期对该国发生效力。

（b）本联盟以外的任何国家在本议定书的一组条文发生效力以后或发生效力前一个月内，递交加入书的，除应受（a）项的约束外，本议定书应在总干事发出该国已经加入的通知之日起三个月后对该国发生效力，除非该加入书已经指定以后的日期。在后一情况下，本议定书应在其指定的日期对该国发生效力。

（3）本联盟以外的任何国家在本议定书全部发生效力后或发生效力前一个月内递交加入书的，本议定书应在总干事发出该国已经加入的通知之日起三个月后对该国发生效力，除非该加入书已经指定以后的日期。在后一情况下，本议定书应在其指定的日期对该国发生效力。

第二十二条　[批准或加入的后果]

除适用第二十条第（1）款（b）项和第二十八条第（2）款的规定可能有例外，批准或加入应自动导致接受本议定书的全部条款并享受本议定书的全部利益。

第二十三条　[加入以前的议定书]

在本议定书全部发生效力以后，各国不得加入本公约前的议定书。

第二十四条 [领地]

(1) 任何国家可以在其批准书或加入书中声明，或在以后任何时候以书面通知总干事，本公约适用于该国的声明或通知中所指定的由该国负责其对外关系的全部或部分领地。

(2) 任何国家已经做出上述声明或提出上述通知的，可以在任何时候通知总干事，本公约停止适用于上述的全部或部分领地。

(3) (a) 根据第 (1) 款提出的声明，应与包括该项声明的批准书或加入书同时发生效力；根据该款提出的通知应在总干事通知此事后三个月发生效力。

(b) 根据第 (2) 款提出的通知，应在总干事收到此项通知十二个月后发生效力。

第二十五条 [在国内执行本公约]

(1) 本公约的缔约国承诺，根据其宪法，采取保证本公约适用的必要措施。

(2) 不言而喻，各国在递交其批准书或加入书时将能根据其本国法律实施本公约的规定。

第二十六条 [退出]

(1) 本公约无限期地有效。

(2) 任何国家可以通知总干事退出本议定书。该项退出也构成退出本公约以前的一切议定书。退出仅对通知退出的国家发生效力，本公约对本联盟其他国家仍完全有效。

(3) 自总干事收到退出通知之日起一年后，退出发生效力。

(4) 任何国家在成为本联盟成员国之日起五年届满以前，不得行使本条所规定的退出权利。

第二十七条 [以前议定书的适用]

(1) 关于适用本议定书的国家之间的关系及其适用范围，本议定书取代 1883 年 3 月 20 日的《巴黎公约》和以后修订的议定书。

(2) (a) 关于不适用或不全部适用本议定书，但适用 1958 年 10 月 31 日的《里斯本议定书》的国家，《里斯本议定书》仍全部有效，或在按第 (1) 款的规定本议定书并未取代该议定书的范围内有效。

(b) 同样，关于既不适用本议定书或其一部分，也不适用《里斯本议定书》的国家，1934 年 6 月 2 日的《伦敦议定书》仍全部有效，或在按第 (1) 款的规定本议定书并未取代该议定书的范围内有效。

(c) 同样，关于既不适用本议定书或其一部分，也不适用《里斯本议定书》，也不适用《伦敦议定书》的国家，1925 年 11 月 6 日的《海牙议定书》仍全部有效，或在按第（1）款的规定本议定书并未取代该议定书的范围内有效。

（3）本联盟以外的各国成为本议定书的缔约国的，对非本议定书的缔约国或者虽然是本议定书的缔约国但按照第二十条第（1）款（b）项第（Ⅰ）目提出声明的本联盟任何国家，应适用本议定书。各该国承认，上述本联盟国家在其与各该国的关系中，可以适用该联盟国家所参加的最近议定书的规定。

第二十八条 ［争议］

（1）本联盟两个或两个以上国家之间对本公约的解释或适用有争议不能以谈判解决时，有关国家之一可以按照国际法院规约将争议提交该法院，除非有关国家就某一其他解决办法达成协议。将争议提交该法院的国家应通知国际局；国际局应将此事提请本联盟其他国家注意。

（2）每一国家在本议定书上签字或递交批准书或加入书时，可以声明它认为自己不受第（1）款规定的约束。关于该国与本联盟任何其他国家之间的任何争议，上述第（1）款的规定概不适用。

（3）根据上述第（2）款提出声明的任何国家可以在任何时候通知总干事撤回其声明。

第二十九条 ［签字、语言、保存职责］

（1）（a）本议定书的签字本为一份，用法语写成，由瑞典政府保存。

（b）总干事在与有关政府协商后，应制定英语、德语、意大利语、葡萄牙语、俄罗斯语、西班牙语以及大会指定的其他语言的正式文本。

（c）如对各种文本的解释有不同意见，应以法语本为准。

（2）本议定书在 1968 年 1 月 13 日以前在斯德哥尔摩开放签字。

（3）总干事应将经瑞典政府证明的本议定书签字文本二份分送本联盟所有国家政府，并根据请求，送给任何其他国家政府。

（4）总干事应将本议定书交联合国秘书处登记。

（5）总干事应将签字、批准书或加入书的交存和各该文件中包括的或按第二十条第（1）款（c）项提出的声明，本议定书任何规定的生效、退出的通知以及按照第二十四条提出的通知等，通知本联盟所有国家政府。

第三十条 ［过渡条款］

（1）直至第一任总干事就职为止，本议定书所指本组织国际局或总干事应分别视为指本联盟的局或其局长。

（2）凡不受第十三条至第十七条约束本联盟国家直到建立本组织公约生效后

五年为止，可以随其自愿行使本议定书第十三条至第十七条规定的权利，如同各该国受这些条文约束一样。希望行使该项权利的国家应以书面通知总干事；该通知自其收到之日起发生效力。直至该项期间届满为止，这些国家应视为大会的成员国。

（3）只要本联盟所有国家没有完全成为本组织的成员国，本组织国际局也应行使本联盟的局的职责，总干事也应行使该局局长的职责。

（4）本联盟所有国家一旦都成为本组织成员国以后，本联盟的局的权利、义务和财产均应移交给本组织国际局。

附件五：《世界版权公约》

（1971 年 7 月 24 日修订于巴黎。本公约最初于 1952 年 9 月 6 日签订于日内瓦，日内瓦文本于 1955 年 9 月 16 日生效。）

缔约各国，出于保证在所有国家对文学、科学、艺术作品的版权给予保护的愿望；确信适用于世界各国并以世界公约确定下来的、补充而无损于现行各种国际制度的版权保护制度，将保证对个人权利的尊重，并鼓励文学、科学和艺术的发展；相信这种世界版权保护制度将会促进人类精神产品更加广泛地传播和增进国际了解；决定修订 1952 年 9 月 6 日于日内瓦签订的《世界版权公约》（下称“一九五二年公约”），为此特协议如下：

第一条

缔约各国承允对文学、科学、艺术作品——包括文字、音乐、戏剧和电影作品，以及绘画、雕刻和雕塑——的作者及其他版权所有者的权利，提供充分有效的保护。

第二条

（一）任何缔约国国民出版的作品及在该国首先出版的作品，在其他各缔约国中，均享有其他缔约国给予其本国国民在本国首先出版之作品的同等保护，以及本公约特许的保护。

（二）任何缔约国国民未出版的作品，在其他各缔约国中，享有该其他缔约国给予其国民未出版之作品的同等保护，以及本公约特许的保护。

（三）为实施本公约，任何缔约国可依本国法律将定居该国的任何人视为本国国民。

第三条

（一）任何缔约国依其国内法要求履行手续——如缴送样本、注册登记、刊登启事、办理公证文件、偿付费用或在该国国内制做出版等——作为版权保护的条件者，对于根据本公约加以保护并在该国领土以外首次出版而其作者又非本国国民的一切作品，应视为符合上述要求，只要经作者或版权所有者授权出版的作品的所有各册，自初版之日起，标有（C）的符号，并注明版权所有者之姓名、初版年份等，其标注的方式和位置应使人注意到版权的要求。

（二）本条第（一）款的规定，不得妨碍任何缔约国在本国初版的作品或其国民于任何地方出版的作品为取得和享有版权而提出的履行手续或其他条件的要求。

（三）本条第（一）款的规定，不得妨碍任何缔约国做出如下规定：凡要求司法救助者，必须在起诉时履行程序性要求，诸如起诉人须通过本国辩护人出庭，或由起诉人将争讼的作品送交法院或行政当局，或兼送两处；但未能履行上述程序性要求，不应影响版权的效力，而且如对要求给予版权保护的所在地国家的国民不作这种要求，也不应将这种要求强加于另一缔约国的国民。

（四）缔约各国应有法律措施保护其他各缔约国国民尚未出版的作品，而不须履行手续。

（五）如果某缔约国准许有一个以上的版权保护期限，而第一个期限比第四条中规定的最短期限之一更长，则对于第二个或其后的版权期限，不应要求该国执行本条第（一）款的规定。

第四条

（一）根据第二条和本条规定，某作品的版权保护期限，应由该作品要求给予版权保护所在地的缔约国的法律来规定。

（二）（1）受本公约保护的作品，其保护期限不得少于作者有生之年及其死后的二十五年。但是，如果任何缔约国在本公约对该国生效之日，已将某些种类作品的保护期限规定为自该作品初版以后的某一段时间，则该缔约国有权保持其规定，并可将这些规定扩大应用于其他种类的作品。对所有这些种类的作品，其版权保护期限自初版之日起，不得少于二十五年。

（2）任何缔约国如在本公约对该国生效之日尚未根据作者有生之年确定保护期限，则有权根据情况，从作品初版之日或从出版前的登记之日算起，版权保护期限不少于二十五年。

（3）如果某缔约国的法律准许有两个或两个以上的连续保护期限，则第一个保护期限不得短于本款(1)、(2)两项所规定的最短期限之一。

（三）本条第（二）款的规定不适用于摄影作品或实用美术作品；但这些缔约国对摄影作品或实用美术作品作为艺术品给予保护时，对上述每一类作品规定期限不得少于十年。

（四）(1）任何缔约国对某一作品给予的保护期限，均不长于有关缔约国（如果是未出版的作品，则指作家所属的缔约国；如果是已出版的作品，则指首先出版作品的缔约国）的法律对该作品所属的同类作品规定的保护期限。

（2）为实施本款（1）项，如果某缔约国的法律准予有两个或两个以上的连续保护期限，该国的保护期限应视为是这些期限的总和。但是，如果上述国家对某一特定作品在第二或任何后续的期限内，因某种原因不给予版权保护，则其他各缔约国无义务在第二或任何后续的期限内给予保护。

（五）为实施本条第（四）款，某缔约国国民在非缔约国首次出版的作品应按照在该作者所属的缔约国首先出版来处理。

（六）为实施本条第（四）款，如果某作品在两个或两个以上缔约国内同时出版，该作品应视为在保护期限最短的缔约国内首先出版。任何作品如在初版三十日内在两个或两个以上缔约国内出版，则应视为在上述缔约国内同时出版。

第四条之二

（一）本公约第一条所述的权利，应包括保证作者经济利益的各种基本权利，其中有准许以任何方式复制、公演及广播等专有权利。本条的规定可扩大适用于受本公约保护的各项作品，无论它们是原著形式还是从原著引申而来的任何形式。

（二）但是，任何缔约国根据其国内法可以对本条第（一）款所述的权利做出符合本公约精神和内容的例外规定。凡法律允许做出例外规定的任何缔约国，必须对已做出例外规定的各项权利给予合理而有效的保护。

第五条

（一）第一条所述各项权利，应包括作者翻译出版权他人翻译受本公约保护的作品，以及出版和授权他人和授上述作品译本的专有权利。

（二）然而，任何缔约国根据其国内法可以对作品的翻译权利加以限制；但必须遵照如下规定：

（1）如果某著作首次出版满七年之后，其翻译权所有人自己没有、也未授权他人将该著作以某缔约国的通用语文翻译出版，则该缔约国的任何国民可从主管当局获得非专有权利许可证，将该著作以通用语文翻译出版。

(2) 该国民应按有关缔约国规定的程序，证明他曾要求授权翻译出版该作品，但遭翻译权所有人拒绝；或经其本人一再努力仍未能找到版权所有人。如果以前出版的缔约国通用语文的译本均已绝版，则根据同样条件也可颁发许可证。

(3) 如果翻译权所有人未能找到，许可证申请人应将申请书的抄件送交作品上写明的出版者，如果翻译权所有人国籍业已弄清，则应将申请书的抄件送交翻译权所有人所属国家的外交或领事代表或送交该国政府指定的机构。在申请书的抄件发出后两个月以前，不得颁发许可证。

(4) 国内法律应做出相应规定，以保证翻译权所有人得到公平而符合国际标准的补偿，保证这种补偿的支付和转递，并保证准确地翻译该作品。

(5) 凡经出版的各册译本，均应刊印原著名称及作者姓名。许可证只在申请发给许可证的缔约国境内出版译本时有效。此种翻译出版物可以输入到另一缔约国并在其境内销售，只要该国通用语文和作品的译文是同一种语文，并且该国的法律对此种许可做出了规定，而且对进口和销售不予禁止。如无上述条件，在某缔约国进口和销售上述译本应受该国法律和协定的管制。许可证不得由持证人转让。

(6) 如果作者已停止发行某一作品，则不得颁发该作品的翻译许可证。

第五条之二

(一) 如果某缔约国依联合国大会确认的惯例被视为发展中国家，则该国在批准、接受或参加本公约时，或在此之后，向联合国教育、科学及文化组织总干事（下称总干事）交存通知书后，即可以援用第五条之三和之四中任何一条或全部例外规定。

(二) 任何这种通知书自本公约生效之日起十年内有效，或在交存该通知书时的十年期限的所余时间内有效；如果在有关的十年期限届满之前三到十五个月中，该缔约国将延续通知书交存总干事，则原通知书可以全部或部分地每一次延期十年。根据本条规定，首次通知书也可在延续的十年期间提出。

(三) 尽管有本条第（二）款的规定，如某缔约国不再视为第（一）款所指的发展中国家，该缔约国应无权延长本条第（一）和第（二）款规定的通知书。不管该缔约国是否正式撤回其通知书，在当前十年限期终止时或该国已不再视为发展中国家之后的三年期限届满时——以何者在后为准，该缔约国都不得援用第五条之三和之四的例外规定。

(四) 根据第五条之三和之四的例外规定而已出版的著作，在根据本条规定交存的通知书有效期满后，仍可继续发行，直至其库存全部售完为止。

（五）如果任何缔约国依照第十三条关于本公约适用于一特定国家或领地的规定已交存通知书，而该特定国家或领地的情况又可视为与本条第（一）款所述的国家情况相似，则该缔约国也可依照本条关于此类国家或领地的规定交存和延长其通知书。在上述通知书有效期内，对上述国家或领地也可适用本公约第五条之三和之四的规定。由上述国家或领地同缔约国递送的出版物应视为第五条之三和之四所述的出口出版物。

第五条之三

（一）（1）凡适用第五条之二第（一）款的任何缔约国，均可以该国法律规定的三年或三年以上的期限取代第五条第（二）款规定的七年期限，然而，某一作品译成的文字如在一个或若干个发达国家内并非通用，而上述国家又是本公约或仅是一九五二年公约的缔约国，则上述期限应为一年而不是三年。

（2）在参加本公约或仅参加一九五二年公约的发达国家的一致协议下，如在上述各国通用同一种语文，而某作品又被译成上述语文，则凡适用第五条之二第（一）款的缔约国可将上述各国一致协议的另一期限代替本款（1）项规定的三年期限，但此另一期限不得短于一年。然而，此项规定不适用于通用英、法、西班牙三种语文的地方。上述取得一致的任何协议的通知书应送交总干事。

（3）如果申请人按照有关缔约国规定的程序，证明他曾要求翻译权所有人授权，但被拒绝，或经其本人一再努力，仍未能找到版权所有人，他才可以获得许可证。他在提出上述要求的同时，应通知联合国教育、科学及文化组织设立的国际版权情报中心，或出版者主要营业地点所在的缔约国政府交存总干事的通知书中所指定的任何国家或地区的情报中心。

（4）如未能找到翻译权所有人，则许可证申请人应将其申请书的抄件用航空挂号寄给在该作品上写明的出版者，并同时寄给本款（3）项所述的任何国家或地区的情报中心。如无上述中心可递交，他应将其申请书的抄件送交联合国教育、科学及文化组织设立的国际版权情报中心。

（二）（1）根据本条规定三年后可获得的许可证须再过六个月后才能颁发；一年后可获得的许可证须再过九个月后才能颁发。上述六、九个月的期限应按第（一）款（3）项的规定，从申请许可证之日算起，如翻译权所有人的身份、地址不详，则按第（一）款（4）项的规定从申请书的抄件发出之日算起。

（2）翻译权所有人本人或授权他人在上述六个月或九个月内已将译著出版，则不得再颁发许可证。

（三）本条规定的许可证只得为教学、学习或研究的目的而颁发。

（四）（1）按本条规定颁发的许可证，仅在申请许可证的缔约国内有效，其出版物不得出口。

（2）按照本条颁发的许可证出版的任何出版物应用适当的语文刊印启事，申明该出版物仅在颁发许可证的缔约国内销售。如果该著作刊有第三条第（一）款规定的启事，其译本各册均应刊印相同的启事。

（3）某缔约国政府机构或其他公众团体根据本条规定已颁发许可证将某作品译成除英、法、西班牙语之外的另一种文字，而当该政府机构或公众团体向另一国递送根据上述许可证而准备好的某译著时，则不适用本款（1）项有关禁止出口书籍的规定，如果：

①收件者是个人，而该人是颁发许可证的缔约国的国民或是此类个人组成的组织；

②这些译本仅为教学、学习或研究之用；

③译本的寄送及其后分发给收件人均不是为了营利的目的；

④接受上述译本的国家已与该缔约国达成协议，同意接受或分发，或二者均可；而达成上述协议的任何一方政府已将该协议通知总干事。

（五）应在国家一级做出相应规定，以保证：

（1）在颁发上述许可证时给予合理的补偿，该项补偿应符合有关两国个人间自由商谈版权许可证时通常偿付的版税标准。

（2）关于补偿的支付与转递，如果受到国家货币条例的阻挠，主管当局应尽力利用国际机构，以保证用国际可兑换货币或与之相当的货币进行转递。

（六）如果某作品的译本一旦由翻译权所有人本人或授权他人在某缔约国内出版发行，其文字与该国已特许的版本一样，其内容又大体相同，其价格与该国同类作品的一般索价相当，则根据本条规定由上述缔约国颁发之许可证应停止生效。但在上述许可证失效之前出版的该译著各册可以继续发行，直至库存全部售完为止。

（七）凡以插图为主的作品，只有具备第五条之四规定的条件，才可颁发翻译其文字、复制其插图的许可证。

（八）（1）总部设在适用第五条之二的某一缔约国的广播组织根据下列条件在该国提出申请时，也可将受本公约保护用铅印或类似形式复制出版的作品的翻译许可证颁发给该组织：

①译本是根据该缔约国法律规定制成和获得的复制品译成的；

②译本仅供教学或向某一职业的专家传播专门技术或科研成果的广播使用；

③译文专为第②条的目的使用，并通过对缔约国境内听众的合法广播进行的，其中包括专门为上述广播目的而通过录音或录像方式合法录制的广播；

④译本的录音或录像只能在其总部设在颁发许可证的缔约国的广播组织之间交换；

⑤译本的一切使用均无营利的目的。

（2）如果完全符合上述（1）项的标准和条件，也可将任何专门为系统教育活动而准备和出版的视听材料中的任何课文的翻译许可证发给某广播组织。

（3）在遵守本款(1)、(2)两项规定的条件下，本条其他规定均适用于许可证的颁发和使用。

（九）在遵守本条规定的条件下，依本条颁发的任何许可证应受第五条各项规定的约束；即使在第五条第（二）款规定的七年期限届满后，上述许可证也应继续受第五条和本条规定的约束。但上述期限到期后，许可证持有者有权请求以仅受第五条约束的新许可证来代替上述许可证。

第五条之四

（一）凡适用第五条之二第（一）款规定的任何缔约国均可采纳下述规定：

（1）①在（3）项规定的自本条第（三）款所述的文学、科学或艺术作品的特定版本首先出版之日算起的有关期限到期之后；②在缔约国国家法律规定的任何更长的期限到期之后，如果复制权所有者本人没有、也未授权他人将上述出版物以与该国同类作品的一般索价相当的价格在该国一般公众中或为系统教育活动的目的销售，则该国的任何国民均可向主管当局申请获得非专有的许可证，以上述价格或更低的价格为系统教育活动出版上述版本。如上述国民按照有关缔约国规定的程序，证明他曾要求授权出版该作品，但遭版权所有人拒绝；或经其本人一再努力仍未能找到版权所有者，他才可以获得许可证。他在提出上述要求的同时，应通知联合国教育、科学及文化组织设立的国际版权情报中心，或（4）项所述的任何国家或地区的情报中心。

（2）如果在六个月内，经许可的上述版本的出版物未在有关国家以与该国同类作品的一般索价相当的价格在该国一般公众中或为系统教育活动的目的销售，则根据同样条件也可颁发许可证。

（3）本款（1）项规定的期限应为五年，但下列情况除外：

①自然和物理科学（包括数学）及技术著作，其期限为三年；

②小说、诗歌、戏剧、音乐作品和艺术方面的读物，其期限为七年。

（4）如未能找到复制权所有者，许可证申请人应将其申请书的抄件用航空挂号寄给在该作品上写明的出版者，并同时寄给在出版者的主要营业地点所在的国家交存总干事的通知书中所指定的任何国家或地区性情报中心。如无上述通知书，他应将申请书的抄件送交联合国教育、科学及文化组织设立的国际版权情报中心。在发出申请书抄件之日起三个月内不得颁发许可证。

（5）在下述情况下，不得按本条规定颁发三年后可获得的许可证：

①从本款（1）项所述的申请许可证之日算起未满六个月者，或如果复制权所有者的身份或地址不明，则从本款（4）项所述的申请书的抄件发出之日算起未满六个月者；

②如果在此期间本款（1）项所述的出版物已开始发行。

（6）作者姓名及其作品特定版本的标题应刊印在复制出版物的所有名册上。许可证仅在申请许可证的缔约国内有效，其复制出版物不得出口。许可证持有者不得转让其许可证。

（7）国内法律应做出相应规定，以保证准确复制上述特定版本。

（8）凡属下述情况，不得按本条规定颁发复制出版某一作品译本的许可证：

①译本不是翻译权所有人本人出版的，也不是他授权别人出版的；

②译本不是以有权颁发许可证的缔约国的通用语文出版的。

（二）第（一）款的例外规定应受下述补充规定的约束：

（1）按照本条颁发的许可证出版的任何出版物应用适当的语文刊登启事申明该出版物仅在适用该许可证的缔约国内销售。如果该版本刊有第三条第（一）款规定的启事，则该版本的所有各册均应刊印相同的启事。

（2）应在国家一级做出相应规定，以保证：

①在颁发许可证时给予合理的补偿，该项补偿应符合有关两国个人间自由商谈版权许可证时通常偿付的版税标准；

②关于补偿的支付和转递，如果受到国家货币条例的阻挠，主管当局应尽力利用国际机构，以保证用国际可兑换货币或与之相当的货币进行转递。

（3）如果复制权所有者本人或授权他人将作品的一种版本的出版物向该国一般公众或为系统教育活动的目的出售，其价格与该国同类作品的一般索价相当，其文字与根据许可证出版的版本的语文相同，内容大体一致，则根据本条规定颁发的许可证应停止生效。但在上述许可证失效之前出版的所有各册可以继续发行，直至库存全部售完为止。

（4）如作者已将正在发行的该版本的所有各册收回，则不得再颁发许可证。

（三）（1）在遵守本款（2）项规定的条件下，本条适用的文学、科学或艺术作品，应限于以印刷或类似的复制形式出版的作品。

（2）本条规定也适用于录音、录像的形式复制的已经合法录制的包括任何受保护作品在内的视听材料，并适用于将上述视听材料中的课文翻译成有权颁发许可证的缔约国的通用语文，只要这些视听材料是专门为系统教育活动而准备和出版的。

第六条

本公约所用“出版”一词，系指对某一作品以一定的形式进行复制，并在公众中发行，以供览阅或观赏。

第七条

本公约不适用于在被要求给予保护的缔约国生效之日即已永久属于该国公有的那些作品或其版权。

第八条

（一）本公约的修订日期为 1971 年 7 月 24 日，它应交由总干事保存，并应在上述日期起的 120 天内向一九五二年公约的所有参加国开放签字。本公约须经各签字国批准或接受。

（二）未在本公约上签字的国家均可加入。

（三）批准、接受或加入本公约须向总干事交存有关文件方为有效。

第九条

（一）本公约将于交存十二份批准、接受或加入证书之后三个月生效。

（二）其后，本公约将对每个国家在其交存批准、接受或加入证书三个月后生效。

（三）加入本公约的任何国家，如未加入一九五二年公约，也应被视为加入了该公约；但是，如果交存其加入证书是在本公约生效之前，则该国加入一九五二年公约须以本公约生效为条件。在本公约生效后，任何国家均不得只加入一九五二年公约。

（四）本公约参加国与只参加一九五二年公约的国家之间的关系，应服从一九五二年公约的规定。但是，只参加一九五二年公约的任何国家，可向总干事交存通知书，宣布承认一九七一年公约适用于该国国民的作品和在该国首次出版的本公约签字国的作品。

第十条

（一）每一缔约国应根据其宪法采取必要措施确保本公约的实施。

（二）经理解，本公约在任何一缔约国生效时，该国应依照其国内法使本公约各条款生效。

第十一条

（一）设立一“政府间委员会”，其职责如下：

（1）研究世界版权公约的适用和实施事宜；

（2）做好定期修订本公约的准备工作；

（3）与“联合国教育、科学及文化组织”、“国际保护文学艺术作品联盟”、“美洲国家组织”等各有关国际组织合作，研究有关国际保护版权的任何问题；

（4）将“政府间委员会”的各项活动通知世界版权公约的参加国。

（二）该委员会将由参加本公约或只参加一九五二年公约的 18 个国家的代表组成。

（三）该委员会成员的选择应根据各国的地理位置、人口、语文和发展水平，适当考虑到各国利益的均衡。

（四）联合国教育、科学及文化组织总干事、世界知识产权组织总干事和美洲国家组织秘书长或他们的代表可以顾问身份参加该委员会的会议。

第十二条

政府间委员会认为必要时，或经本公约至少 10 个缔约国的要求，得召集会议对本公约进行修改。

第十三条

（一）任何缔约国，在交存其批准、接受或加入证书时，或在其后的任何时间内，可在致总干事的通知书中，宣布公约适用于由它对其国际关系负责的所有国家或领地或其中任何一个国家或领地；因此，本公约于第九条规定的三个月期限期满后，将适用于通知书中提到的国家或领地。倘无此类通知书，本公约将不适用于此类国家或领地。

（二）但是，本条款不得理解为某一缔约国承认或默认另一缔约国根据本条规定使本公约对之适用的国家或领地的事实状况。

第十四条

（一）任何缔约国可以自己的名义或代表根据第十三条规定发出的通知书所涉及的所有或其中任何一个国家或领地，废除本公约。废除本公约应以通知书方式寄交总干事。此事废除也构成对一九五二年公约的废除。

（二）此种废除只对有关的缔约国或其所代表的国家或领地有效，并应于收到通知书之日起一年后生效。

第十五条

如两个或数个缔约国对本公约的解释和实施发生争议，而通过谈判未能解决时，应将争议提交国际法庭裁决，除非有关国家同意采取其他解决办法。

第十六条

（一）本公约用英文、法文和西班牙文三种文字制成，三种文字应予签署并具有同等效力。

（二）总干事在和有关政府协商后，将制定阿拉伯文、德文、意大利文和葡萄牙文的正式文本。

（三）某个或数个缔约国有权与总干事协商后由总干事制定它们选择的语文的其他文本。

（四）所有这些文本均附在本公约签字文本之后。

第十七条

（一）本公约绝不影响《保护文学艺术作品伯尔尼公约》的条款或由该公约设立的联盟的会员资格。

（二）为实施前款规定，本条附有一项声明。对于在 1951 年 1 月 1 日受《伯尔尼公约》约束的各国或已受或在以后某一日期可能受该公约约束的国家，此声明是本公约的组成部分。这些国家在本公约上签字也应视为在该声明上签字，而这些国家的批准、接受或加入本公约应包括该声明。

第十八条

本公约将不废除美洲各共和国中仅限两国或数国之间现在有效或可能生效的多边或双边版权公约（专约）或协定。无论在现有的此类公约（专约）或协定生效的条款与本公约的条款之间，或在本公约的条款与本公约生效之后美洲两个或数个共和国可能制定的新公约（专约）或协定的条款之间出现分歧时，应以最近制定的公约（专约）或协定为准。任何缔约国在本公约生效前，对该国依据现有公约（专约）或协定所获得的版权不应受到影响。

第十九条

本公约将不废除在两个或数个缔约国之间有效的多边或双边公约（专约）或协定。一旦此类现有公约（专约）或协定的条款与本公约的条款出现分歧时，将以本公约的条款为准。任何缔约国在本公约对该国生效前，依据现有公约（专约）或协定所获得的版权将不受影响，本条规定将不影响第十七条、第十八条各款的实行。

第二十条

对本公约不得有任何保留。

第二十一条

（一）总干事应将本公约的核正无误的副本送交各有关国家并送交联合国秘书长登记。

（二）总干事还应将已交存的批准、接受和加入证书，本公约的生效日期，根据本公约发出的通知书及根据第十四条做出的废除，通知所有有关国家。

关于第十七条的附加声明

国际保护文学艺术作品联盟（以下称“伯尔尼联盟”）的会员国和本公约的签字国，为了在该联盟基础上加强其相互关系，并避免在《伯尔尼公约》和《世界版权公约》并存的情况下可能出现的任何冲突，认识到某些国家按照其文化、社会和经济发展阶段而调整其版权保护水平的暂行需要，经共同商定，接受以下声明的各项规定：

(1) 除本声明(2) 项规定外，某作品根据《伯尔尼公约》，其原出版国家已于1951 年 1 月 1 日之后退出伯尔尼联盟者，将不得在伯尔尼联盟的国家境内受到《世界版权公约》的保护。

(2) 如某一缔约国按联合国大会确定的惯例被视为发展中的国家，并在该国退出伯尔尼联盟时，将一份它认为自己是发展中国家的通知书交存联合国教育、科学及文化组织总干事，只要该国可以援用本公约第五条之二的例外规定，则本声明（1）项的规定不应适用。

(3) 只要涉及所保护的某些作品，按《伯尔尼公约》规定，其原出版国家是伯尔尼联盟的一个成员国，《世界版权公约》即不应适用于伯尔尼联盟各国的关系上。

有关第十一条的决议

修订《世界版权公约》会议，考虑了本公约第十一条规定的政府间委员会的问题，对此附加了本决议，特决议如下：

（一）委员会创始时应包括依一九五二年公约第十一条及其所附的决议而设立的政府间委员会的十二个成员国的代表；此外，还包括以下国家的代表：阿尔及利亚、澳大利亚、日本、墨西哥、塞内加尔和南斯拉夫。

（二）任何未参加一九五二年公约并在本公约生效后召开的本委员会第一次例会之前未加入本公约的国家，应由委员会根据第十一条第（二）款和第（三）款的规定在其第一次例会上选择的其他国家来取代。

（三）本公约一经生效，依本决议第（一）款成立的本委员会应被认为按本公约第十一条规定组成。

（四）本公约生效后一年内，委员会应举行一次会议。此后委员会应至少每两年举行一次例会。

（五）委员会应选举主席一人、副主席两人。并应按照下列原则确立自己的程序规则：

（1）委员会的成员国任期通常应为六年，每两年有三分之一成员国离任，但经理解：首批三分之一成员国的任期，应在本公约生效后召开的第二次例会结束时终止，下一批三分之一成员国的任期应在第三次例会结束时终止，最后一批三分之一成员国的任期应在第四次例会结束时终止。

（2）委员会递补空缺职位的程序、成员资格期满的次序连任资格和选举程序的规则应以平衡成员国连任的需要和成员国代表轮换的需要，以及本公约第十一条第（三）款的各点考虑为基础。

希望由联合国教育、科学及文化组织提供委员会秘书处的人员。

下列签署人交存各自的全权证书后，在本公约上签字，以昭信守。1971 年 7 月 24 日订于巴黎，正本一份。

《世界版权公约》1971 年 7 月 24 日巴黎修订本关于本公约适用于无国籍人士和流亡人士与流亡人士作品的附件

议定书之一

本议定书及《世界版权公约》1971 年 7 月 24 日巴黎修订本（下称“一九七一年公约”）各参加国，承认下述各项规定：

（一）为实施一九七一年公约，应将通常居住在本议定书参加国的无国籍人士及流亡人士视为该国国民。

（二）（1）本议定书须经签署，并须经批准或接受，也可加入，如同一九七一年公约第八条所规定那样。

（2）本议定书于有关国家交存批准、接受或加入证书之日起对各该国生效，或于一九七一年公约对各该国生效之日起生效，以两个日期中何者在后为准。

下列签署人经正式授权在本议定书上签字，以昭信守。1971 年 7 月 24 日订于巴黎，用英文、法文和西班牙文写成，三种文本具有同等效力。正本一份交存联合国教育、科学及文化组织总干事。总干事应将核正无误的副本送交各签字国，并送交联合国秘书长登记。

附件《世界版权公约》1971 年 7 月 24 日巴黎修订本关于本公约适用于某些

国际组织作品的附件

议定书之二

本议定书及《世界版权公约》1971 年 7 月 24 日巴黎修订本各参加国，承认下述各项规定：

（一）（1）一九七一年公约第二条第（一）款规定的版权保护，适用于联合国、联合国所属各专门机构或美洲国家组织首次出版的作品。

（2）一九七一年公约第二条第（二）款同样地适用于上述组织或机构。

（二）（1）本议定书须经签署，并须经批准或接受，也可加入，如同一九七一年公约第八条所规定那样。

（2）本议定书于有关国家交存批准、接受或加入证书之日起生效，或于一九七一年公约对该国生效之日起生效，以两个日期中何者在后为准。

下列签署人经正式授权在本议定书上签字，以昭信守。

1971 年 7 月 24 日订于巴黎，用英文、法文和西班牙文写成，三种文本具有同等效力。正本一份交存联合国教育、科学及文化组织总干事。总干事应将核正无误的副本送交各签字国，并送交联合国秘书长登记。

附件六：《保护文学艺术作品伯尔尼公约》

（1886 年 9 月 9 日签订，1896 年 5 月 4 日于巴黎补充；1908 年 11 月 13 日于柏林修订，1914 年 3 月 20 日于伯尔尼补充，1928 年 6 月 2 日于罗马修订，1948 年 6 月 26 日于布鲁塞尔修订，1967 年 7 月 14 日于斯德哥尔摩修订，1971 年 7 月 24 日于巴黎修订，1979 年 10 月 2 日更改。）

本联盟各成员国，受到尽可能有效地和尽可能一致地保护作者对其文学艺术作品所享权利的共同愿望的鼓舞，承认 1967 年在斯德哥尔摩举行的修订会议工作的重要性。决定修订斯德哥尔摩会议通过的文本，但不更动该文本第一至二十条和第二十二至二十六条。

下列签字的全权代表以交验全权证书认为妥善后，兹协议如下：

第一条

适用本公约的国家组成保护作者对其文学艺术作品所享权利的联盟。

第二条

一、“文学艺术作品”一词包括科学和文学艺术领域内的一切作品，不论其表现方式或形式如何，诸如书籍、小册子及其他著作；讲课、演讲、讲道及其他同类性质作品；戏剧或音乐戏剧作品；舞蹈艺术作品及哑剧作品；配词或未配词的乐曲；电影作品或以电影摄影术类似的方法创作的作品；图画、油画、建筑、雕塑、雕刻及版画；摄影作品及以与摄影术类似的方法创作的作品；实用美术作品；插图、地图；与地理、地形、建筑或科学有关的设计图、草图及造型作品。

二、但本联盟各成员国法律有权规定仅保护表现于一定物质形式的文学艺术作品或其中之一种或数种。

三、翻译作品、改编作品、改编乐曲以及某件文学或艺术作品的其他改变应得到与原著同等的保护，而不损害原著作者的权利。

四、本联盟成员国得以立法确定对立法、行政或司法性质的官方文件及这些文件的正式译本的保护。

五、文学或艺术作品的汇集本，诸如百科全书和选集，由于对其内容的选择和整理而成为智力创作品，应得到与此类作品同等的保护，而不损害作者对这种汇集本内各件作品的权利。

六、上述作品得在本联盟所有成员国内享受保护。此种保护应为作者及其权利继受人的利益而行使。

七、考虑到本公约第七条第四款的规定，本联盟成员国得以立法规定涉及实用美术作品及工作设计和模型的法律的适用范围，并规定此类作品，设计和模型的保护条件。在起源国单独作为设计和模型受到保护的作品，在本联盟其他成员国可能只得到该国为设计和模型所提供的专门保护。但如在该国并不给予这类专门保护，则这些作品将作为艺术品得到保护。

八、本公约所提供的保护不得适用于日常新闻或纯属报纸、杂志消息性质的社会新闻（参见《著作权法》第3~5条）。

第二条（之二）

一、本联盟成员国有权以立法规定把政治演讲和诉讼过程中发表的言论部分或全部排除于上条提供的保护之外。

二、本联盟成员国同样有权以立法规定对讲演、发言或其他同类性质作品进行报纸、杂志转载、无线或有线广播以及构成本公约第十一条（之二）第一款所指的公共传播对象的条件，如果上述报道之目的证明此种使用为正当的话。

三、但作者享有将上两款所提作品收编成汇集本的专有权。

第三条

一、根据本公约

(a) 为本联盟任何一成员国公民的作者，其作品无论是否发表，应受到保护；

(b) 非为本联盟任何一成员国公民的作者，其作品首次在本联盟一成员国出版或在本联盟一成员国和一非本联盟成员国内同时出版的，应受到保护。

二、非本联盟任何一成员国公民但在一成员国国内有经常居住的作者，在适用本公约时，与该国公民作者同等对待。

三、“已发表作品”应理解为在其作者同意下出版的著作，不论其复制件的制作方式如何，但考虑到这部著作的性质，复制件的发行在数量和方式上需要满足公众的合理需要。戏剧、音乐戏剧或电影作品的上演，音乐作品的演奏，文学作品的当众朗诵，文学或艺术作品的广播或转播，美术作品的展出及建筑作品的建造不是发表。

四、在首次发表后三十天内在两个或两个以上国家出版的任何作品视为同时在几国发表（参见《著作权法》第 2 条）。

第四条

即使第三条规定之条件未具备，下述作者根据本公约也应受到保护：

(a) 其电影作品的制片人在本联盟某一成员国有所在地或经常居所的；

(b) 建造在本联盟某一成员国内的建筑物或设置在本联盟某一成员国内房屋中的绘画和造型艺术品的。

第五条

一、根据本公约得到保护作品的作者，在除作品起源国外的本联盟各成员国，就其作品享受各该国法律现今给予或今后将给予其国民的权利，以及本公约特别授予的权利。

二、享受和行使这类权利不需履行任何手续，也不管作品起源国是否存在有关保护的规定。因此，除本公约条款外，只有向之提出保护要求的国家的法律方得规定保护范围及向作者提供的保护其权利的补救方法。

三、起源国的保护由该国本国法律做出规定。即使作者并非作品起源国的国民，但他就其作品根据本公约受到保护，他在该国仍享有同该国公民作者相同的权利。

四、起源国指的是：

(a) 对于首次在本联盟一成员国发表的作品，应以该国家为起源国；对于在给予不同保护期的本联盟数成员国同时发表的作品，起源国为立法给予最短保护期的国家；

（b）对于在非本联盟成员国和本联盟某一成员国同时发表的作品，应视后者为起源国；

（c）对于未发表的作品或首次在非本联盟成员国发表而未同时在本联盟成员国发表的作品，则以作者为其公民的本联盟成员国为起源国，然而

（i）对于其制片人于本联盟某一成员国有所在地或经常居所的电影作品，则以该国为起源国；

（ii）对于建立在本联盟某一成员国内的建筑物或设置在本联盟某一成员国房屋中的绘画和造型艺术作品，应以该国为起源国。

第六条

一、凡任何非本联盟成员国未能充分保护本联盟某一成员国国民为作者的作品时，后一国可对在作品首次发表时系前一国国民而又在任何一联盟成员国内无经常居所之作者的作品的保护加以限制。如首次发表作品国利用这种权利，则本联盟其他成员国对受此特殊待遇的作品无义务给予比首次发表作品国所给予的更广泛的保护。

二、根据前款规定所确定的任何限制均不应损害在此限制实施之前作者就在本联盟任何一成员国发表的作品已经获得的权利。

三、根据本条对作品权利的保护施加限制的本联盟成员国应以书面声明通知世界知识产权总干事（以下称“总干事”），指出保护受到限制的国家以及为这些国家公民的作者的权利所受的各种限制。总干事应立即向本联盟所有成员通报该项声明。

第六条（之二）

一、不受作者财产权的影响，甚至在上述财产权转让之后，作者仍保有主张对其作品的著作者身份的权利，并享有反对对上述作品进行任何歪曲或割裂或有损于作者声誉的其他损害的权利。

二、根据前款给予作者的权利，在其死后至少应保留到财产权期满为止，并由向之提出保护要求的国家本国法所授权的人或机构行使。但在批准或加入本条约时其法律未包括保证作者死后保护前款承认权利的各国，有权规定这些权利中某些权利在作者死后无效。

三、为保障本条所承认的权利而采取的补救方法由向之提出保护要求的国家的法律规定。

第七条

一、本公约给予保护的期限为作者终生及其死后五十年。

二、但对于电影作品，本联盟成员国有权规定，保护期限自作品在作者同意下公映后五十年届满，如自作品摄制完成后五十年内尚未公映，则自作品摄制完成后五十年届满。

三、对于不具名作品和具笔名作品，本公约给予的保护期为自其合法向公众发表之日起五十年。但如作者采用的笔名不致引起对其身份发生任何怀疑时，该保护期则为第一款所规定的期限。如不具名作品或具笔名作品的作者在上述期间内披露其身份，则适用第一款所规定的保护期限。本联盟成员国没有义务保护不具名作品或具笔名作品，如果有充分理由假定其作者已死去五十年。

四、本联盟成员国有权以法律规定摄影作品及作为艺术品加以保护的实用美术作品的保护期限；但这一期限不应少于自该作品完成时算起二十五年。

五、作者死后的保护期和上述第二、三及四款所规定的期限应从作者死亡日或上述款项提及事情发生日起算，但这种期限只能从死亡后或所述事件发生后次年的一月一日开始计算。

六、本联盟成员国有权规定比前述各款规定期限为长的保护期。

七、受本公约罗马文本约束并在本文件签署时有效的本国法律中规定了比前述各款规定期限为短的保护期的本联盟成员国，有权在加入或批准本文件时保留这种期限。

八、在一切情况下，期限由向之提出保护要求的国家的法律加以规定；但除该国法律另有规定外，这个期限不得超过作品起源国规定的期限（参见《著作权法》第21条）。

第七条（之二）

前条规定同样适用于作品的版权属于合著者共有的场合，但作者死后的保护期应从最后死亡的作者死亡之日起算（参见《著作权法》第21条）。

第八条

受本公约保护的文学艺术作品的作者，在对原著享有权利的整个保护期内，享有翻译和授权翻译其作品的专有权（参见《著作权法》第10条）。

第九条

一、受本公约保护的文学艺术作品的作者，享有批准以任何方式和采取任何形式复制这些作品的专有权。

二、本联盟成员国法律有权允许在某些特殊情况下复制上述作品，只要这种复制不致损害作品的正常使用也不致无故危害作者的合法利益。

三、所有录音或录像均应视为本公约所指的复制（参见《著作权法》第10条）。

第十条

一、从一部合法向公众发表的作品中摘出引文，包括以报纸、杂志摘要形式摘引报纸、杂志的文章，只要符合善良习惯，并在为达到正当目的所需要范围内，就属合法。

二、通过出版物、无线电广播或录音录像使用文学艺术作品作为教学解说的权利，只要是在为达到正当目的所需要的范围内使用，并且符合正当习惯，即可由本联盟成员国法律以及成员国之间现已签订或将要签订的特别协议加以规定。（参见《著作权法》第22条）。

三、根据本条前两款使用作品时，应指明出处，如原出处有作者姓名，也应同时说明。

第十条（之二）

一、对在报纸或杂志上已发表的经济、政治和宗教问题的时事性文章，或无线电已转播的同样性质的作品，本联盟成员国法律有权准许在报纸、杂志上转载，或向公众作无线或有线广播，如果对这种转载、广播或转播的权利未作直接保留的话。但任何时候均应明确指出出处；不履行该项义务的后果由向之提出保护要求的国家以法律规定。

二、本联盟成员国法律也有权规定，在任何条件下，对在时事事件过程中出现或公开的文学和艺术作品，在为报道目的正当需要范围内，可予以复制，或者以摄影或电影手段或通过无线电或有线广播向公众作时事新闻报道（参见《著作权法》第22条）。

第十一条

一、戏剧作品、音乐戏剧作品或音乐作品的作者享有下述专有权：①许可公开演奏和公演其作品，包括用各种手段和方式的公开演奏和公演；②许可用各种手段公开播送其作品的表演和演奏。

二、戏剧作品或音乐戏剧作品的作者，在对其原著权利的整个期间内，对其作品的翻译享有同样的专有权。

第十一条（之二）

一、文学和艺术作品的作者享有下述专有权：

①许可以无线电广播其作品或以任何其他无线播送符号、声音或图像方法向

公众发表其作品；②许可由原广播机构以外的另一机构通过有线广播或无线广播向公众发表作品；③许可通过扩音器或其他任何传送符号、声音或图像的类似工具向公众传送广播作品。

二、本联盟成员国的法律的规定行使上面第一款所指的权利的条件，但这些条件的效力只限于做出这些规定的国家。在任何情况下，这些条件均不应有损于作者的人身非财产权利，也不应有损于作者获得公正报酬的权利，该报酬在无友好协议的情况下应由主管当局规定之。

三、除另有规定外，根据本条第一款给予的许可，不包括利用录音或录像工具录制广播作品的许可。但本联盟成员国法律有权为某一广播机构使用其自己设备并为其自己播送之用而进行短期录制制定规章。本联盟成员国法律也可以批准由于这些录制品具有的特殊文献性质而交付官方档案馆保存（参见《著作权法》第10条）。

第十一条（之三）

一、文学作品作者享有下述专有权：

①许可公开朗诵其作品，包括用各种手段或方式公开朗诵其作品；②许可用各种手段公开播送其作品的朗诵。

二、文学作品作者在对其原著享有权利的整个期限内，对其作品的翻译也享有同样权利（参见《著作权法》第10条）。

第十二条

文学和艺术作品的作者享有批准对其作品进行改编、整理和其他改变的专有权（参见《著作权法》第10条）。

第十三条

一、本联盟每一成员国得就乐曲作者及允许歌词与乐曲一道录音的歌词作者对允许录制上述乐曲及乐曲连同歌词（如有歌词时）的专有权的保留及条件为本国做出规定；但这类保留及条件之效力严格限于对此做出规定的国家范围内，而且在任何情况下均不应损害作者获得在没有友好协议情况下由主管当局规定的公正报酬的权利。

二、根据1928年6月2日在罗马和1948年6月26日在布鲁塞尔签订的本公约文本第十三条第三款，在本联盟任何一成员国内录制的乐曲录音，自本条约文本在该国生效之日起两年内，可以不经乐曲作者同意在该国进行复制。

三、根据本条第一、二款制作的录音品，如未经利益关系人批准而输入认定此种录音属于违法行为的国家的，可在该国予以没收。

第十四条

一、文学和艺术作品的作者享有下述专有权：①许可把这类作品改编或复制成电影以及发行经改编或复制的作品；②许可公开演出演奏以及向公众作有线广播经改编或复制的作品（参见《著作权法》第 10 条）。

二、根据文学或艺术作品制作的电影作品以任何其他形式进行改编，在不损害其作者批准权的情况下，仍须经原著作者批准。

三、第十三条第一款的规定不应适用。

第十四条（之二）

一、在不损害可能已经过改编或翻印的所有作品的版权的情况下，电影作品将作为原作品受到保护。电影作品版权所有者享有原作品作者的权利，包括前一条规定的权利（参见《著作权法》第 15 条）。

二、(a) 向之提出保护要求的国家的法律有权决定电影作品版权的所有者。

(b) 然而，在其法律承认参加电影作品制作的作者应属于版权所有者的本联盟成员国内，这些作者，如果曾承担参加此项工作的义务，除非有相反或特别的规定，无权反对对电影作品的复制、发行、公开演出演奏、向公众有线广播、无线电广播、向公众发表、配制解说和配音。

(c) 为适用于上面（b）项规定，上述义务是否应以书面合同或相当的书面文书规定的问题，由影片制片人所在地或居住地的本联盟成员国的法律加以规定。但向之提出保护要求的本联盟成员国有权规定这一义务应以书面合同或相当的书面文书予以确定。运用这一权利的国家应以书面声明通知总干事，并由后者将这一声明通知本联盟其他成员国。

(d)“相反或特别的规定”是指附加于上述义务的限制性条件。

三、除非国内法另有规定，本条第二款（b）项之规定不适用于为电影作品创作的剧本、台词和音乐作品的作者，也不适用于电影作品的主要导演。但其法律并未规定对电影导演适用上述第二款（b）项的本联盟成员国，应以书面声明通知总干事，总干事应将此声明转达本联盟所有成员国。

第十四条（之三）

一、对于作家和作曲家的艺术原著和原稿，作者或作者死后由国家法律授权的人或机构，享有从作者第一次转让作品之后对作品的每次销售中分取盈利的不可剥夺的权利。

二、只有在作者国籍所属国法律允许的情况下，才可对本联盟某一成员国要求上款所规定的保护，而且保护的程度应限于向之提出保护要求的国家的法律所规定的程度。

三、征税的程序和税额由各国法律决定。

第十五条

一、只要受本公约保护的文学或艺术作品的作者以通常方式在该作品上署名，在没有相反证据的情况下，即视为该作品的作者，并有权在本联盟的成员国中对侵犯其权利的人提起诉讼。即使作者采用的是笔名，只要根据该笔名即能确定作者身份，本款也同样适用（参见《著作权法》第 11 条）。

二、以通常方式在电影作品上署名的自然人或法人，除非有相反的证据，即假定为该作品的制片人。

三、对于不具名作品和上述第一款所述作品以外的笔名作品，如果出版者的名字出现在作品上，在没有相反证据的情况下，该出版者即视为作者的代表，并以此资格有权维护和行使作者的权利。当作者披露其身份并证实其为作者时，本款的规定即停止适用。

四、（a）对作者的身份不明但有充分理由假定该作者是本联盟某一成员国国民的未发表作品，该国法律有权指定主管当局代表该作者并据此维护和行使作者在本联盟各成员国内的权利。

（b）根据本规定而指定主管当局的本联盟成员国应以书面声明将此事通知总干事，声明中应写明被指定当局的全部有关情况。总干事应将此声明立即通知本联盟其他所有成员国。

第十六条

一、对于侵犯版权的一切作品，给予原著法律保护的本联盟任何成员国都可以予以没收。

二、上款规定同样适用于从不保护或停止保护某一作品的国家所进口的复制品。

三、没收应按各国法律实行（参见《著作权法》第 47、51 条）。

第十七条

本公约的规定绝不妨碍本联盟每一成员国政府以立法或行政程序行使允许、监督或禁止任何作品或其制品的发行、演出或展出的权利，如果有关当局认为有必要对这些作品行使这种权利的话（参见《著作权法》第 46、47 条）。

第十八条

一、本公约适用于在本公约开始生效时尚未因保护期满而在其起源国成为公共财产的所有作品。

二、但是，如果作品因原来给予的保护期满而在向之提出保护要求的国家成为公共财产，则该作品不再重新受该国保护。

三、本原则应当遵守本联盟成员国之间现在或将来缔结的专门条约的规定实行。在没有这种规定的情况下，各国可在本国范围内自行决定实行本原则的条件。

四、新加入本联盟时以及因适用第七条或放弃保留而扩大保护范围时，以上规定也同样适用。

第十九条

本公约的规定不妨碍要求本联盟某一成员国法律可能提供的更广泛的保护。

第二十条

本联盟各成员国政府有权在它们之间签订特别协议，以给予作者比本公约所规定的更多的权利，或者包括不违反本公约的其他条款。凡符合上述条件的现有协议的条款仍然适用。

第二十一条

一、有关发展中国家的特别条款载于附件。

二、在遵守第二十八条第一款（b）项规定的情况下，附件构成本文件的组成部分。

第二十二条

一、（a）本联盟设一大会，由本联盟中受第二十二至二十六条约束的成员国组成。

（b）每一国家政府应有一名代表，辅以若干副代表、顾问及专家。

（c）各代表团的费用由派遣国政府负担。

二、（a）大会：

①处理有关维持及发展本联盟以及执行本公约的一切问题；

②适当考虑本联盟中不受第二十二至二十六条约束的成员国的意见，向成立世界知识产权组织（以下称“组织”）公约中提到的国际知识产权局（以下称“国际局”）发布有关筹备修订会议的指示；

③审查和批准本组织总干事有关本联盟的报告及活动，并就本联盟主管范围内的问题向它发布一切必要的指示；

④选举大会执行委员会委员；

⑤审查和批准执行委员会报告及活动，并向它发布指示；

⑥制订计划，通过本联盟三年期预算和批准财政决算；

⑦通过本联盟财务条例；

⑧设立为实现本联盟目标而需要的专家委员会和工作组；

⑨决定哪些非本联盟成员国和政府间的及非政府间的国际性组织以观察员身份参加它的会议；

⑩通过对第二十二条至第二十六条的修改；

⑪采取旨在达到本联盟目标的其他适当行动；

⑫行使本公约规定的其他所有职权；

⑬行使它所接受的成立产权组织公约所赋予它的权利。

(b) 就与产权组织管理的其他联盟的利益也有关的问题，大会在作决议时应考虑产权组织协调委员会的意见。

三、(a) 大会每一成员国有一票。

(b) 大会成员国的半数构成法定人数。

(c) 尽管有 (b) 项的规定，但在某一次会议上，出席国家不足半数但相当于或多于大会会员国三分之一，则大会可做出决议；但除有关大会议事规则之决议外，大会的决议须具备下列条件方能生效：国际局将上述决议通知未出席大会的成员国，请它们在上述通知发出时起三个月内用书面投票表示同意或反对或弃权。如果在期满时，用这样方式投票或弃权的国家数目达到会议法定人数所欠缺的数目，同时已获得必要的多数，上述决议即可生效。

(d) 在遵守第二十六条第二款规定的情况下，大会的决议以投票数三分之二的多数通过。

(e) 弃权不计入投票数。

(f) 一名代表只能代表一国，也只能以该国名义投票。

(g) 作为大会成员国的本联盟成员国以观察员身份参加会议。

四、(a) 大会每三年召开一次例会，由总干事召集，除特殊情况外，与产权组织的大会在同时同地举行。

(b) 大会特别会议在执行委员会的要求下或大会成员国四分之一的要求下由总干事召集。

五、大会通过其议事规则。

第二十三条

一、大会设执行委员会。

二、(a) 执委会由大会在其成员国中选出的国家组成。此外，产权组织总部所在地国在遵守第二十五条第七款 (b) 项规定的条件下，在执委会中有一当然席位。

(b) 执委会各成员国政府有一名代表，并辅以若干副代表、顾问和专家。

(c) 各代表团的费用由派遣国政府负担。

三、执委会成员国数目有大会成员国数目的四分之一。在计算席位数目时，以四相除剩下的余数不计算在内。

四、在选举执委会成员国时，大会要考虑到按地区公平分配和保证使与本联盟缔结特别协议的国家参加执委会的必要性。

五、(a) 执委会成员国的任期自它们当选的该届大会闭会时起至大会下届例会闭会时止。

(b) 执委会的成员国得连选连任，但其数目最多不得超过三分之二。

(c) 大会应制定执委会成员国选举和连选的细则。

六、(a) 执行委员会：

①拟订大会议事日程草案；

②向大会提交有关总干事草拟的本联盟的计划草案和三年期预算草案的建议；

③在计划和三年期预算的范围内，通过总干事草拟的年度计划和预算；

④向大会提交总干事的定期报告和财务决算年度报告，并附以必要的意见；

⑤根据大会决议并考虑到大会两届例会之间出现的情况，采取一切必要措施以保证总干事执行本联盟的计划；

⑥履行本公约赋予它的其他一切职能。

(b) 就与产权组织管理的其他联盟的利益也有关系的问题，执行委员会在作决定时应考虑产权组织协调委员会的意见。

七、(a) 执委会在总干事的召集下，每年举行一次例会，尽可能与产权组织协调委员会在同一时期和同一地点举行。

(b) 执委会在总干事召集下，或是由它倡议，或是应执委会主席或四分之一成员国的要求，可举行非常会议。

八、(a) 执委会每一成员国有一票表决权。

(b) 执委会成员国半数构成法定人数。

(c) 决定以所投票数中的简单多数票通过。

(d) 弃权不计入投票数。

(e) 一名代表只代表一国，并只能以该国名义投票。

九、非执行委员会成员国的本联盟成员国将以观察员身份参加其会议。

十、执行委员会通过其议事规则。

第二十四条

一、(a) 本联盟的行政任务由国际局执行，该局接替与保护工业产权国际公约设立的联盟局合并的本联盟局的工作。

(b) 国际局特别应担任本联盟不同机构的秘书处工作。

(c) 产权组织总干事是本联盟最高官员并代表本联盟。

二、国际局汇集并出版有关保护版权的资料，本联盟每一成员国应及时将有关保护版权的所有新法令及官方文本送交国际局。

三、国际局出版一种月刊。

四、国际局应本联盟成员国的请求，向它们提供有关保护版权问题的资料。

五、国际局从事各项研究工作并提供有利于版权保护的服务。

六、总干事及由它指派的任何工作人员得出席大会、执委会、其他各种专家委员会或工作组的会议，但无表决权。总干事或它指派的一位工作人员行使这些机构的秘书职务。

七、(a) 国际局根据大会指示并与执委会合作，筹备修订除第二十二条至第二十六条外的公约条款的会议。

(b) 国际局得就筹备修订会议与政府间和非政府间的国际组织协商。

(c) 总干事和它指定的人员可参加这些会议的工作，但无表决权。

八、国际局执行交付给它的其他任务。

第二十五条

一、(a) 本联盟设立一项预算。

(b) 本联盟的预算包括本联盟本身的收入及支出，它向各联盟共同开支预算的摊款，以及按规定交给产权组织会议预算支配的款项。

(c) 不专归本联盟的而同时又属于产权组织管理的另一个或其他几个联盟所有的开支，被认为是各联盟的共同开支。本联盟在共同开支中所占份额视这些开支与它的权益而定。

二、在制定本联盟的预算时，须适当考虑与产权组织管理的其他联盟的预算相协调。

三、本联盟预算由下列经费资助：

①联盟成员国的会费；

②因国际局提供与本联盟有关的服务而收的费用；

③销售与本联盟有关的国际局的出版物所得的款项及转让这些出版物的版权所得的版税；

④捐款、遗赠及补助金；

⑤租金、利息及其他杂项收入。

四、(a) 为确定成员国在预算中应缴纳的会费，本联盟每个成员国分别归入一定等级并根据下列所定数量单位缴纳每年的会费：

第一级…………二十五个单位

第二级…………二十个单位

第三级…………十五个单位

第四级…………十个单位

第五级…………五个单位

第六级…………三个单位

第七级…………一个单位

(b) 除以前已经指明者外，每个国家在交存其批准书或加入书时，须说明它希望被列入哪一级别。任何国家也可以改变级别。如果某一成员国选择了较低的等级，它应在大会下一届会议上对此声明。这一变动自该届会议后的那一日历年开始时生效。

(c) 每个国家的年度会费金额在所有国家每年向本联盟预算交付的会费总数中所占比例，同它的单位数在全部交费国家的单位总数中所占比例相同。

(d) 会费应于每年一月一日交付。

(e) 逾期未缴纳会费的国家，如拖欠总数相当于或超过前两整年内它应缴纳的会费数，则不得在它为其成员的本联盟一切机构中行使表决权。但如本联盟任何机构确信这种拖欠是由非常的及不可避免的情况造成的，则仍可允许该国继续行使其表决权。

(f) 如在新的会计年度开始前预算尚未通过，则可按照财务条例规定的制度，以前一年度的水平实行预算。

五、因国际局提供与本联盟有关的服务应交费用的金额由总干事加以规定，并由它向大会和执委会就此提出报告。

六、(a) 本联盟拥有一笔由每一会员国一次付款组成的周转基金。如基金不足，由大会决定增加。

(b) 每个国家首次缴纳上述基金的金额或负担增加该基金的份额应与基金建立或决定增加基金的当年该国缴纳会费数成比例。

(c) 付款的比例及条件由大会根据总干事的提议并征求产权组织协调委员会意见后决定。

七、(a) 产权组织与该组织总部所在地国签订的关于总部的协定应规定，如周转基金不足，可由该国垫款。垫款数和提供垫款的条件由该国和产权组织每次以具体协定加以规定。该国在其承担垫款义务期间，在执委会中占有一当然席位。

(b)(a) 项所指国家和产权组织均有权以书面通知废除提供垫款的义务。这种废除自通知提出那一年底起三年后生效。

八、账目核查工作，根据财务条例规定的条件，由本联盟一个或几个成员国进行，或由大会指派并经它们同意的外部审计员进行。

第二十六条

一、所有大会成员国、执委会或总干事均可提出修改第二十二、二十三、二十四、二十五条及本条的建议。这些建议要在提交大会审查前至少六个月总干事通知大会成员国。

二、对第一款所指各条的修正案应由大会通过。通过需要投票数的四分之三；但对第二十二条及本款的任何修改需经投票数的五分之四通过。

三、对第一款所提各条的任何修正案，至少要在总干事收到在修正案通过时为大会成员国的四分之三国家关于它们根据各自的宪法程序批准修正案的书面通知一个月后才能生效。以此种方式通过的对上述各条的修正案对修正案生效时为大会成员国的所有国家或在该日期之后成为大会成员国的国家具有约束力；但任何增加本联盟成员国财务义务的修正案只对已通知批准该修正案的国家有约束力。

第二十七条

一、本公约可以进行修订，以便使之得到改进，从而使本联盟体制臻于完备。

二、为此目的，可相继在本联盟成员国内举行各该国代表的会议。

三、在遵守第二十六条有关修改第二十二至二十六条的规定的情况下，所有对本公约文本的修订，包括附件的修订，均需已投票数全体一致通过。

第二十八条

一、(a) 凡签署本公约文本的任何本联盟成员国均可批准本公约文本，如尚未签署，则可加入本公约文本。批准书或加入书交总干事保存。

(b) 本联盟任何成员国在其批准书或加入书中均可声明其批准或加入不适用于第一至第二十一条及附件；但如该国已根据附件第六条第（一）款做出声明，则它在上述文件中只能声明其批准或加入不适用于第一至第二十条。

(c) 凡根据（b）项已声明其批准或加入对该项所提各条不发生效力的本联盟

任何成员国可在其后任何时候声明将其批准或加入的效力扩大到这些规定。这一声明交总干事保存。

二、(a) 第一至二十一条及附件在具备下述两个条件三个月后生效:

①至少有五个本联盟成员国批准或加入本公约文本而未按照第一款 (b) 项作过声明;

②西班牙、美利坚合众国、法国和大不列颠及北爱尔兰联合王国已受到1971 年 7 月 24 日在巴黎修订过的世界版权公约的约束。

(b) 对于交存批准书或加入书但未按第一款 (b) 项作过声明的各国,(a) 项规定的生效不应早于上述生效后三个月。

(c) 对于 (b) 项对之不适用的已批准或加入本公约文本的而又未按照第一款 (b) 项作过声明的本联盟任何成员国,第一至二十一条及附件在总干事通知交存该文件之日起三个月后生效,除非交存文件中注明更晚的日期。在后一情况下,第一至二十一条及附件则在注明的日期对该国生效。

(d) (a) 和 (c) 项的规定不意味着附件第五条的适用。

三、对不管是否按照第一款 (b) 项作过声明而批准或加入本公约文本的任何本联盟成员国,第二十二至三十八条在总干事通知已交存批准书或加入书之日起三个月后生效,除非在交存文件中注明更晚的日期。在后一情况下,第二十二至三十八条则按注明的日期对该国生效。

第二十九条

一、任何非本联盟成员国可加入本公约文本并因之成为本公约的当事国一方和本联盟成员国。加入书交总干事保存。

二、(a) 在遵守 (b) 项规定的情况下,对任何非本联盟成员国,本公约在总干事发生其加入书交存的通知之日起三个月后生效,除非交存文件注明更晚的日期。在后一情况下,本公约则在注明的日期对该国生效。

(b) 如依 (a) 项规定的生效先于第二十八条第二款 (a) 项规定的第一至第二十一条和附件的生效,则在此间隔期间,上述国家将受被第一至第二十一条及附件所取代的本公约布鲁塞尔文本第一至二十条的约束。

第二十九条 (之二)

不受本公约斯德哥尔摩文本第二十二至三十八条约束的任何国家,为能适用成立产权组织公约的第十四条第二款,其对该文本的批准或加入即意味着批准或加入斯德哥尔摩文本,但应受本文本第二十八条第一款 (b) 项的限制。

第三十条

一、除本条第二款、第二十八条第一款（b）项、第三十三条第二款以及附件允许的例外以外，批准或加入就当然意味着接受本公约的一切条款并享有本公约规定的一切利益。

二、（a）凡批准或加入本公约文本的本联盟任何成员国，除附件第五条第（二）款规定者外，可保持它原来做出的保留的效力，条件是在交存其批准书或加入书时对此做出声明。

（b）任何非本联盟成员国在加入本公约文本并在不违背附件第五条第（二）款的情况下，可以声明它准备以1896年在巴黎经过修订的本联盟一八八六年公约第五条的规定至少临时代替本公约文本有关翻译权的第八条，条件是这些规定指的仅为译成该国通用语文的翻译。在不违背附件第一条第（六）款（b）项的情况下，对于使用这一保留条件的国家为其起源国的作品的翻译权，本联盟任何成员国有权实行与后一国提供的相等的保护。

（c）任何国家可随时通知总干事，收回这类保留。

第三十一条

一、任何国家可在其批准书或加入书中声明，或在以后随时书面通知总干事，本公约适用于其对外关系由该国负责的全部领域或声明或通知中指明的若干部分领域。

二、任何已做出此项声明或通知的国家可在任何时候通知总干事本公约不再适用于这些领域的全部或部分。

三、（a）按照第一款做出的任何声明同载有该声明的文件中的批准书或加入书同日生效，根据该款做出的通告在总干事发出通知三个月后生效。

（b）按照第二款做出的通知在总干事收到该通知十二个月后生效。

四、本条不得解释为包含本联盟某一成员国对另一成员国根据第一款做出的声明在某一领域适用本公约的事实情势表示明示或默示的承认。

第三十二条

一、本文本在本联盟各成员国之间的关系方面和在它适用的范围内代替1886年9月9日的《伯尔尼公约》及其以后的修订文本。在未批准或未加入本文本的本联盟成员国关系中，以前生效的各文本全部或在本文本依前句的规定未代替的限度内保持其适用性。

二、成为本文本当事国的非本联盟成员国，在符合第三款规定的条件下，对于不受本文本约束的或虽受其约束但已作过第二十八条第一款（b）项规定的声明的本联盟任何成员国，适用此条例。上述国家承认，在同它们的关系上，本联盟该成员国：

(a) 适用它成为其当事国的最新的本公约文本的规定；

(b) 在符合附件第一条第 (六) 款规定的情况下，有权使保护与本文本规定的水平相适应。

三、在批准或加入本文本时做出附件所允许的某种保留的国家，在它与非本文本当事国的本联盟成员国的关系上，得适用附件中包含保留条款的规定，但以这些国家认可上述保留的适用条件。

第三十三条

一、两个或两个以上本联盟成员国在解释或适用本公约方面发生争议，经谈判不能解决时，如果有关国家不能就其他解决办法达成协议，则其中任何一方均可根据国际法院规约的规定通过起诉将争端提交国际法院。起诉国应将交法院审理的争议通知国际局；国际局应将此事告知联盟其他成员国。

二、任何国家在签署本文本或交存其批准书或加入书时，可声明它不受第一款规定的约束 在有关该国和本联盟其他任何成员国间的任何争端方面，第一款的规定不适用

三、任何作了符合第二款规定的声明的国家，可随时通知总干事撤回其声明。

第三十四条

一、除第二十九条 (之二) 的情况外，任何国家在第一至二十一条及附件生效后，不得加入也不得批准本公约以前的各文本。

二、在第一至二十一条及附件生效后，任何国家不得根据附在斯德哥尔摩文本后的有关发展中国家的议定书第五条发表声明。

第三十五条

一、本公约无限期有效。

二、任何国家可通知总干事废除本文本。对本文本的废除即废除以前的所有文本，废除只对该国有效，而对本联盟其他成员国，本公约继续有效并继续执行。

三、废除自总干事收到废除通知之日起算一年后生效。

四、一国自成为本联盟成员国之日起算未满五年者，不得行使本条规定之废除权。

第三十六条

一、本公约各参加国承担义务根据其宪法采取必要措施以保护本公约的执行。

二、不言而喻，一国在交存其批准书或加入书时，应能按照其本国法律执行本公约的规定。

第三十七条

一、(a) 本文本在不违背第二款指出的情况下，以英法两种文字签署一份，并交总干事保存。

(b) 总干事在与有关政府协商后，制订阿拉伯文、西班牙文、意大利文、德文与葡萄牙文的正式文本以及大会指定的其他文本。

(c) 在对不同文本的解释发生争议时，以法文本为准。

二、本文本开放供签字到 1972 年 1 月 31 日为止。在此日期以前，第一款 (a) 项提到的文本交存法兰西共和国政府。

三、总干事应将经过签字并经核实的本文本的两份副本转送本联盟各成员国政府，并可根据请求，转送任何其他国家的政府。

四、总干事并将本文本向联合国组织秘书处登记。

五、总干事将下列情况通知本联盟所有成员国政府：签字情况，批准书或加入书的交存，包括在这些文件中的或依据第二十八条第一款 (c) 项、第三十条第二款 (a)、(b) 项和第三十三条第二款而做出的声明的交存，本文本任何规定生效的情况，废除的通知和根据第三十条第二款 (c) 项、第三十一条第一和二款、第三十三条第三款和第三十八条第一款的通知以及附件中规定的通知。

第三十八条

一、凡未批准或未加入本文本以及不受斯德哥尔摩文本第二十二至二十六条约束的本联盟成员国，如它们愿意，均可在 1975 年 4 月 26 日前，行使上述各条规定的权利，有如受它们约束一样。任何希望行使上述权利之国家应为此目的向总干事交存一份书面通知，该通知自其签署之日起生效。直到上述期限届满为止，这些国家应视为大会成员国。

二、在本联盟成员国尚未全部成为产权组织成员国之前，产权组织国际局同时作为本联盟局进行工作，总干事即该局局长。

三、在本联盟所有成员国已成为产权组织成员国时，本联盟局的权利、义务和财产即归属产权组织国际局。

附件

第一条

(一) 根据联合国大会的惯例被视为发展中国家的任何缔约国，凡已批准或加入由本附件作为其组成部分的本公约文本，但由于其经济情况及社会或文化需要而又不能在当前采取恰当安排以确保对本文本规定的全部权利进行保护的，可在其交存批准书或加入书的同时，或依据附件第五条第（一）款（c）项规定，在以后任何日期，在向总干事提交的通知中声明，将利用附件第二条或第三条所规定的优惠，或这两条所规定的权益。它可以按照附件第五条第（一）款（a）项规定做出声明，以代替利用附件第二条所规定的优惠。

（二）（a）按照第（一）款规定并在第一到二十一条及本附件依第二十八条第二款规定生效之日起算十年期满以前做出的任何此类声明，直到这一期限届满前均属有效。有关国家在该十年期限届满十五个月至三个月时间内得向总干事提交通知将此种声明全部或部分地每次续展十年。

（b）按照第（一）款规定并在第一至二十一条及本附件依第二十八条第（二）款规定生效之日起算十年期满以后做出的任何声明，直到现行十年期满前均属有效。该种声明得按照（a）项第二句的规定予以延期。

（三）任何不再被视为第（一）款所指的发展中国家的本联盟成员国，无权继续第（二）款所规定的声明，也不管它收回其声明与否，该类国家在现行十年期满时，或在停止被视为发展中国家三年后（以后到期的期限为准）不能再利用第（一）款所指的优惠。

（四）根据第（一）款或第（二）款规定做出的声明有效期满时，依本附件规定已许可印制的并尚有货的作品，可以继续发行至售完为止。

（五）受本文本规定约束并根据第三十一条第（一）款就使该文本适用其情况可能类似本条第（一）款所指国家情况的特殊领域作了声明或通知的任何国家，可就此领域做出第（一）款所指的声明或第（二）款所指的延期通知。只要这种声明或通知有效，本附件的规定就适用于它所指的领土。

（六）（a）一国利用第（一）款所指的优惠这一事实，不应使另一国给予起源国为前一国家的作品低于根据第一至二十条所应给予的保护。

（b）第三十条第（二）款（b）项第二句规定的对等权利，在根据附件第一条第（三）款实施的期限满期前，不得用于其起源国为根据附件第五条第（一）款（a）项而做出声明的国家的作品。

第二条

（一）任何声明利用本条规定的优惠的国家，就有关以印刷形式或其他任何类似的复制形式出版的作品而言，均有权以主管当局根据附件第四条在下款所述情况下发给的非专有和不可转让的许可证的制度来代替第八条规定的专有翻译权。

（二）（a）在遵守第（三）款的情况下，当一部分作品自其初次出版起算三年或有关国家本国法规定的更长期限届满尚未以该国通行文字由翻译权所有者或在其授权下出版译本时，该国任何国民都有权得到用该国通行文字翻译该作品并以印刷形式或其他任何类似的复制形式出版该译文的许可证。

（b）如果以有关文字出版的译文的所有版本均已售完，也可根据本条发给许可证。

（三）（a）当作品译成在一个或若干个发达的本联盟成员国中不通行的文字的情况下，则用（一）年期限来代替第（二）款（a）项规定的三年期限。

（b）在通行同一种文字的发达的本联盟成员国的一致协议下，如果要译成这种文字，第（一）款所提到的任何国家均得以该协议规定的更短期限来代替第（二）款（a）项规定的三年期限，但不得少于一年。尽管如此，如涉及的文字为英文、西班牙文或法文，上一句的规定即不适用。所有这方面的协议应由签订国政府通知总干事。

（四）（a）本条规定的许可证，如果经过三年才能取得的，则需再过六个月才能发给；如果经一年才能取得的，则需再过九个月才能发给，并且，上述六个月或九个月期限：

①自申请人履行附件第四条第（一）款规定的手续之日起算；

②如翻译权所有者的身份或住址不详，由自申请人根据附件第四条第（二）款的规定向发给许可证的主管部门提交的申请书副本寄出之日起算。

（b）如果在6个月或9个月的期限内，由翻译权所有者或经其授权用申请使用的文字将译本出版，则不得根据本条发给任何许可证。

（五）本条所指的任何许可证之发给只限于学校、大学教育或研究之用。

（六）如果翻译权所有者或经其授权出版的一部译作的价格同在有关国家内同类著作通行的价格类似，这本译作的文字和基本内容又同根据许可证批准出版的译文的文字和内容一样，则应撤销缔约国根据本条发给的许可证。在撤销许可证前业已出版的份数可一直发行到售完为止。

（七）对主要是图画组成的作品，其文字翻译与图画复制出版的许可证只有在附件第三条规定的条件得到履行的情况下才能发给。

（八）在作者停止其作品全部份数的发行时，则不得根据本条发给任何许可证。

（九）（a）对翻译一部以印刷形式或其他任何类似的复制形式出版的作品发给的许可证，也可根据广播机构向第（一）款所指国家主管当局提出的要求，发给设置在该国内的广播机构，但必须符合全部下列条件：

①译文的根据必须是依该国法律制作和获得样本；

②译文只能用于教学广播或向特定专业的专家传播科技情报成果的广播；

③专门为②小项所指目的译文，需用于合法的和对该国领土上的收听者的广播中，其中包括合法的和专为此项广播而录制的录音和录像；

④所有对译文的使用均无任何营利性质。

(b) 对广播机构根据依本款发给的许可证而制作的译文的录音或录像，在 (a) 项规定的保留和条件下，并按与上述广播机构所订合同，也可以为在其当局发给该许可证的国家设有所在地的另一广播机构所使用。

(c) 只要 (a) 项列举的所有准则和条件得到遵守，也可以向广播机构颁发翻译专为学校和大学使用而制作与出版的视听教材中所有课文的许可证。

(d) 在不违背 (a) 到 (c) 项的情况下，本条前几款的规定也适用于根据本款发给的任何许可证和对许可证的使用。

第三条

(一) 任何声明利用本条规定的优惠的国家，均有权以主管当局在下述条件下并根据附件第四条发给的非专有和不可转让的许可证制度代替第九条规定的专有复制权。

(二) (a) 对于根据第 (七) 款而对之适用本条的作品，当

①第 (三) 款规定的自这一作品特定版首次出版时起草的期限满期后；

②由第 (一) 款所指的国家本国法律规定的并自同一日期起草的更长的期限满期后，若该版的印刷件尚未以与同类著作在该国通告的价格相似的价格由复制权所有者或在他授权下在该国出售，从而，未能满足广大公众或学校及大学教学之需要，则该国任何国民均可取得以同等价格或更低价格复制和出版该版本的许可证，以满足学校及大学教学之需要。

(b) 根据本条规定之条件，又可对复制及出版符合 (a) 项规定发行的版本发给许可证，如果在适用期限满期后，该版本被批准的印制件在有关国家已脱销六个月，而无法以与该国同类著作通行价格相似的价格满足广大公众或学校及大学教学的需要。

(三) 第二款 (a) 项①小项所指的期限为五年。但

①对有关精密科学和自然科学以及技术的作品，则为三年；

②对属于想象领域的作品，如小说、诗歌、戏剧和音乐作品以及艺术书籍，则为七年。

（四）（a）在三年期满后取得许可证的情况下，须再经过六个月期限满期后才能根据本条发给许可证。

①自申请人履行附件第四条第（一）款规定的手续之日起算；

②如复制权所有者的身份或住址不详，则自申请人按附件第四条第（二）款的规定将许可证申请书副本寄给主管当局之日起算。

（b）在其他情况下如适用附件第四条第（二）款时，许可证不得在寄出申请书副本后三个月期满以前发给。

（c）如在（a）项和（b）项规定的六个月或三个月期间，已实现第（二）款（a）项提到的销售则不得根据本条发给任何许可证。

（d）在作者已停止发行为进行复制及出版而申请许可证的作品版本的全部份数时，不得发给许可证。

（五）为复制和出版一本作品的译文的许可证，在下述情况下不得根据本条发给：

①所涉及的译文并非由翻译权所有者或在其授权下出版的；

②译文所用的不是向之申请许可证的国家通行的语文的。

（六）如某一作品的版本的印制件以同该国同类著作的通行价格相似的价格，为满足广大公众或学校及大学教学需要，而在第（一）款所指的国内由复制权所有者或经其授权出售，而该版本的文字和基本内容又同根据许可证批准出版的版本的文字和内容相同，则应撤销根据本条发给的任何许可证。在撤销许可证前业已发行的所有份数可一直发行到售完为止。

（七）（a）除（b）项规定的情况外，本条适用的作品只能是以印刷的形式或任何其他类似复制形式出版的作品。

（b）本条同样适用于对包括被保护作品的合法制作的录像或录音的复制以及对附在其上的用向之申请许可证国通行语文印行的译文的复制，条件是所涉及的录像或录音的制作和出版需以学校和大学使用为唯一目的。

第四条

（一）附件第二条或第三条所指的任何许可证只有在下述情况下才能发给：申请人按照有关国家的现行规定，证明已向权利所有者视不同情况提出翻译和出版译本，或复制和出版版本的要求，而又未能得到批准，或经过相当努力仍未能找到权利所有者。在向权利所有者提出这一申请的同时，申请人还必须把这一申请通知第（二）款提及的国内或国际情报中心。

（二）如申请人无法找到权利所有者，即应将其向发给许可证提及的主管当局提交的申请书副本挂号寄给该作品上列有名称的出版者和据信为出版商主要业务中心所在国的政府为此目的向总干事递交的通知所指定的任何国内或国际情报中心。

（三）在根据附件第二条和第三条发给的许可证出版的译本或复制本的所有印制件上都应列出作者姓名。在所有印制件应有作品名称。如系译文，原著作名称在任何情况下应列于所有印制件上。

（四）（a）任何根据附件第二条或第三条发给的许可证不得扩大到印制件的出口，它只适用于在发给许可证的国家领域内出版的译本或复制本。

（b）为施行（a）项规定，凡从任何一领土向根据附件第一条第（五）款规定代表该领土作过声明的国家运寄印制件应视做出口。

（c）当根据附件第二条就译成英文、西班牙文或法文以外语文的译本发给许可证的一国政府机构或其他公共机构将根据该许可证出版的译本的印制件寄到另一国时，这一寄送不视为（a）项所禁止的出口，但需符合以下所有条件：

①收件人须是发给许可证的主管当局所属国的国民或由这些国民组成的组织；

②印制件只供学校、大学或科学研究使用；

③寄往收件人的印制件及其进一步分发均无任何营利性质；

④印制件寄往国与其主管当局发给批准接收或分发或两者同时批准的许可证的国家已订有协议，并且后者已将该协议通知总干事。

（五）任何根据按照附件第二条或第三条发给的许可证出版的印制件均须载有适当语文的通知，说明该印制件只能在该许可证适用的国家或领土内发行。

（六）（a）以国内程序采取适当措施，以使

①许可证规定根据不同情况向翻译权或复制权所有者支付公平的报酬，其数额相当于两国有关方面在通过谈判给予许可证情况下正常支付的版税费率；

②保证这笔报酬的支付和转汇；如果存在着国家对外汇的管制，则主管当局将求助于国际机构，以便尽一切努力保证使这笔报酬转换为国际上可兑换的货币或其等价物。

（b）将以国内立法程序采取适当措施以便按照不同情况保证作品翻译和复制的准确性。

第五条

（一）（a）任何有权声明将利用附件第二条规定的优惠的国家，在批准或加入本文本时，可不作这一声明，而代之以

①按照第三十条第二款（a）项有关翻译权的规定作一声明，如果它是第三十

条第二款（a）项对之适用的国家的话；

②按照第三十条第（二）款（b）项第一句的规定作一声明，如果它是第三十条第二款（a）项对之不适用的国家，甚至并不是本联盟成员国的话。

（b）在一国已不再被视为是附件第一条第（一）款所指的发展中国家的情况下，根据本款所作的声明继续有效，直到按照附件第一条第（三）款规定的实施期限满期之日为止。

（c）任何按照本款做出声明的国家不得进一步利用附件第二条规定的优惠的国家不得再根据第（一）款做出声明。

（二）不再被视为附件第一条第（一）款所指的发展中国家的任何国家，在根据附件第（三）条第三款的实施期限满期前最迟两年，可以按照第三十条第（二）款（b）项第一句做出声明，即使它并不是本联盟成员国。这一声明将在根据附件第一条第（三）款的实施期限满期之日生效。

第六条

（一）本联盟任何成员国，自本文本生效之日起和在受到第一至二十一条和附件的约束以前的任何时候都可以声明：

①对于如果受到第一至二十一条和本附件约束，即有权利利用第一条第（一）款提到的优惠的国家而言，可声明它将对其起源国为如下国家的作品适用附件第二条或第三条或同时适用两条的规定。这一国家在适用下面②小项时，同意把上述两条适用于这类作品或受第一至二十一条及本附件约束；这一声明可以援引附件第五条而不是第二条。

②可声明它同意将本附件适用于其起源国为根据上述①小项而作过声明或根据附件第一条而提出过通知的国家的作品。

（二）任何按照第（一）款的声明均应以书面形式做出并交存总干事。声明自交存之日起生效。

经正式授权的下列签名人特此在本文本上签字以资证明。

附件七：《集成电路知识产权条约》

（1989 年 5 月 26 日）

第一条　联盟的建立

缔约各方组成本条约的联盟。

第二条　定义

在本条约中：

（1）“集成电路”是指一种产品，在它的最终形态或中间形态，是将多个元件，其中至少有一个是有源元件，和部分或全部互连集成在一块材料之中和/或之上，以执行某种电子功能。

（2）“布图设计（拓扑图）”是指集成电路中多个元件，其中至少有一个是有源元件，和其部分或全部集成电路互连的三维配置，或者是指为集成电路的制造而准备的这样的三维配置。

（3）“权利持有人”是指根据适用的法律被认为是第六条所述保护的受益人的自然人或者法人。

（4）“受保护的布图设计（拓扑图）”是指符合本条约保护条件的布图设计（拓扑图）。

（5）“缔约方”是指参加本条约的国家或符合第（10）项要求的政府间组织。

（6）“缔约方的领土”，当缔约方是国家时，指该国的领土；当缔约方是政府间组织时，指该政府间组织的构成条约所适用的领土。

（7）“联盟”是指第一条所述的联盟。

（8）“大会”是指第九条所述的大会。

（9）“总干事”是指世界知识产权组织总干事。

（10）“政府间组织”是指由世界上任何地区的若干国家组成的组织。该组织主管与本条约有关的事务，有自己的对布图设计（拓扑图）提供知识产权保护的，能约束其所有成员国的立法，并根据其内部规则经正式授权签署、批准、接受、认可或加入本条约。

第三条　条约的客体

（一）保护布图设计（拓扑图）的义务

（A）每一缔约方有义务保证在其领土内按照本条约对布图设计（拓扑图）给予知识产权保护。它尤其应当采取适当的措施以保证防止按照第六条的规定被认为是非法的行为，并在发生这些行为时采取适当的法律补救办法。

（B）无论集成电路是否被结合在一件产品中，该集成电路的权利持有人的权利均适用。

（C）虽有第二条第（一）款的规定，但任何缔约方，其法律把对布图设计（拓扑图）的保护限定在半导体集成电路的布图设计（拓扑图）范围内的，只要其法律包括有这类限定，均应有适用这类限定的自由。

（二）原创性要求

（A）第（一）款（A）项所述的义务适用于具有原创性的布图设计（拓扑图），即该布图设计（拓扑图）是其创作者自己的智力劳动成果，并且在其创作时在布图设计（拓扑图）创作者和集成电路制造者中不是常规的设计。

（B）由常规的多个元件和互连组合而成的布图设计（拓扑图），只有在其组合作为一个整体符合（A）项所述的条件时，才应受到保护。

第四条　保护的法律形式

每一缔约方可自由通过布图设计（拓扑图）的专门法律或者通过其关于版权、专利、实用新型、工业品外观设计、不正当竞争的法律，或者通过任何其他法律或者任何上述法律的结合来履行其按照本条约应负的义务。

第五条　国民待遇

（一）国民待遇

在与第三条第（一）款（A）项所述的义务不冲突的条件下，每一缔约方在其领土范围内在布图设计（拓扑图）的知识产权保护方面应给予下列人员与该缔约方给予其本国国民同样的待遇：

（1）是任何其他缔约方国民或在任何其他缔约方的领土内有住所的自然人；

（2）在任何其他缔约方领土内为创作布图设计（拓扑图）或生产集成电路而设有真实的和有效的单位的法人或自然人。

（二）代理人、送达地址、法院程序

虽有第（一）款的规定，但就指派代理人或者指定送达地址的义务而言，或者就法院程序中外国人适用的特别规定而言，任何缔约方应有不适用国民待遇的自由。

（三）第（一）款和第（二）款对政府间组织的适用

缔约方是政府间组织的，第（一）款中的“国民”是指该组织任何成员国的国民。

第六条　保护范围

（一）需要权利持有人许可的行为

（A）任何缔约方应认为未经权利持有人许可而进行的下列行为是非法的：

（1）复制受保护的布图设计（拓扑图）的全部或其任何部分，无论是否将其结合到集成电路中，但复制不符合第三条第（二）款所述原创性要求的任何部分布图设计除外；

（2）为商业目的进口、销售或者以其他方式供销受保护的布图设计（拓扑图）或者其中含有受保护的布图设计（拓扑图）的集成电路。

（B）对于未经权利持有人许可而进行的除第（A）项所述以外的其他行为，任何缔约方亦有确定其为非法的自由。

（二）不需要权利持有人许可的行为

（A）虽有第（一）款的规定，如果第三者为了私人的目的或者单纯为了评价、分析、研究或者教学的目的，未经权利持有人许可而进行第（一）款（A）（1）项所述行为的，任何缔约方不应认为是非法行为。

（B）本款（A）项所述的第三者在评价或分析受保护的布图设计（拓扑图）（“第一布图设计（拓扑图）”）的基础上，创作符合第三条第（二）款规定的原创性条件的布图设计（拓扑图）（“第二布图设计（拓扑图）”）的，该第三者可以在集成电路中采用第二布图设计（拓扑图），或者对第二布图设计（拓扑团）进行第（一）款所述的行为，而不视为侵犯第一布图设计（拓扑图）权利持有人的权利。

（C）对于由第三者独立创做出的相同的原创性布图设计（拓扑图），权利持有人不得行使其权利。

（三）关于未经权利持有人同意而使用的措施

（A）虽有第（一）款的规定，但任何缔约方均可在其立法中规定其行政或者司法机关有可能在非通常的情况下，对于第三者按商业惯例经过努力而未能取得权利持有人许可并不经其许可而进行第（一）款所述的任何行为，授予非独占许可（非自愿许可），而该机关认为授予非自愿许可对于维护其视为重大的国家利益是必要的；该非自愿许可仅供在该国领土上实施并应以第三者向权利持有人支付公平的补偿费为条件。

(B) 本条约的规定不应影响任何缔约方在适用其旨在保障自由竞争和防止权利持有人滥用权利的法律方面采取措施的自由，包括按正规程序由其行政或者司法机关授予非自愿许可。

(C) 授予本款（A）项或（B）项所述的非自愿许可应当经过司法核查。本款（A）项所述的条件已不复存在时，该项所述的非自愿许可应予以撤销。

（四）善意获得侵权的集成电路的销售和供销

虽有第（一）款（A）(2) 项的规定，但对于采用非法复制的布图设计（拓扑图）的集成电路而进行的该款所述的任何行为，如果进行或者指示进行该行为的人在获得该集成电路时不知道或者没有合理的依据知道该集成电路包含有非法复制的布图设计（拓扑图），任何缔约方没有义务认为上述行为是非法行为。

（五）权利的用尽

虽有第（一）款（A）(2) 项的规定，任何缔约方可以认为，对由权利持有人或者经其同意投放市场的受保护的布图设计（拓扑图）或者采用该布图设计（拓扑图）的集成电路，未经权利持有人的许可而进行该款所述的任何行为是合法行为。

第七条　实施登记公开

（一）要求实施的权能

在布图设计（拓扑图）在世界某地已单独地或作为某集成电路的组成部分进入普通商业实施以前，任何缔约方均有不保护该布图设计（拓扑图）的自由。

（二）要求登记的权能：公开

(A) 布图设计（拓扑图）成为以正当方式向主管机关提出登记申请的内容或者登记的内容以前，任何缔约方均有不保护该布图设计（拓扑图）的自由，对于登记申请，可以要求其附具该布图设计（拓扑图）的副本或图样，当该集成电路已商业实施时，可以要求其提交该集成电路的样品并附具确定该集成电路旨在执行的电子功能的定义材料；但是，申请人在其提交的材料足以确认该布图设计（拓扑图）时，可免交副本或图样中与该集成电路的制造方式有关的部分。

(B) 需按本款（A）项提交申请的，任何缔约方均可要求该申请在自权利持有人在世界任何地方首次商业实施集成电路的布图设计（拓扑图）之日起一定期限内提出。此期限不应少于自该日期起两年。

(C) 可以规定按本款（A）项进行登记应支付费用。

第八条　保护的期限

保护期限至少应为八年。

第九条　大会

（一）组成

（A）本联盟设立大会，由各缔约方组成。

（B）每一缔约方应有代表一人，该代表可以由代理代表、顾问和专家协助。

（C）除（D）项另有规定外，各代表团的经费由委派该代表团的缔约方负担。

（D）大会可以要求世界知识产权组织提供财政援助，以便利按照联合国大会的惯例认为是发展中国家的缔约方派代表团参加。

（二）职责

（A）大会处理有关维持和发展本联盟以及应用和执行本条约的事务。

（B）大会应就召集外交会议修改本条约做出决定，并就外交会议的筹备对总干事作必要的指示。

（C）大会应执行按第十四条分配给它的职责，并应制定该条所规定程序的细节，包括该项程序的经费的细节。

（三）投票

（A）缔约方是国家的，每方应有一票表决权并只应以自己的名义投票。

（B）缔约方是政府间组织的，应替代其成员国行使表决权，其票数应相等于其参加本条约且投票时在场的成员国的数目。如果该政府间组织的任何成员国参加投票，则该组织不得行使表决权。

（四）例会

大会每两年召开一次例会，由总干事召集。

（五）议事规则

大会制定自己的议事规则，包括召集特别大会，规定法定人数以及除本条约另有规定外各种决议所需要的多数。

第十条　国际局

（一）国际局

（A）世界知识产权组织国际局的职责如下：

（1）执行有关本联盟的行政任务和大会特别指定的任何任务；

（2）在可供使用的资金范围内，根据请求，对本身是国家并按照联合国大会的惯例被认为是发展中国家的缔约方政府提供技术上的援助。

（B）缔约方没有任何财务上的义务，特别是，不得要求缔约方因其在联盟中的成员资格而向国际局支付任何会费。

（二）总干事

总干事为本联盟最高行政官员并代表本联盟。

第十一条　本条约某些规定的修改

（一）大会对某些规定的修改

大会可以修改第二条（1）项和（2）项的定义，以及第三条第（一）款（C）项、第九条第（一）款（C）项和（D）项、第九条第（四）款、第十条第（一）款（A）项和第十四条。

（二）修改建议的提出和通知

（A）按照本条约修改第（一）款所述本条约某些制定的建议可以由任一缔约方或者由总干事提出。

（B）上述修改建议应由总干事至少在大会审议前六个月通知各缔约方。

（C）上述修改建议不得在自本条约按第十六条第（一）款生效之日起五年期满以前提出。

（三）需要的多数票

大会通过本条第（一）款所指的任何修改，需要以所投票数的五分之四做出。

（四）生效

（A）本条第（一）款所述对本条约某些规定的修改，应在总干事收到大会通过修改时四分之三大会成员缔约方按照各自宪法程序表示接受的书面通知三个月后发生效力。对上述规定的修改经接受后，对大会通过修改时是缔约方或者后来成为缔约方的所有国家和政府间组织都具有约束力。但根据第十七条在上述修改生效之前已宣布退出本条约的缔约方除外。

（B）在计算本款（A）项所要求的四分之三这一数字时，政府间组织发出的通知只有在其任何成员国都没有发出通知的情况下才能予以考虑。

第十二条《巴黎公约》和《伯尔尼公约》的保障

本条约不得影响任何缔约方根据保护工业产权《巴黎公约》或者保护文学艺术作品《伯尔尼公约》所承担的义务。

第十三条　保留

对本条约不得作任何保留。

第十四条　争议的解决

（一）协商

（A）关于对本条约的解释或者实施出现的任何问题，一缔约方可以将其提请另一缔约方注意并要求与其协商。

(B) 接到协商要求的缔约方应迅速提供适当机会进行协商。

(C) 进行协商的缔约各方应力图在合理期限内互相满意地解决争议。

(二) 其他解决方式

如通过第 (一) 款所述的协商在合理的期间内没有得到互相满意的解决，争议各方可以同意旨在达成友好解决争议的其他办法，比如斡旋、互让、调解和仲裁。

(三) 专门小组

(A) 如果通过第 (一) 款所述的协商，争议没有得到满意的解决，或者如果第 (二) 款所述的方式没有被采用或者在合理的期间内没有得到友好解决，大会根据争议的任何一方的书面请求，应召集专门小组研究该问题。除争议各方另有协议外，专门小组的成员不应从争议的任何一方中产生。这些成员应从大会指定的政府专家名单中挑选。专门小组的职权范围由争议各方协议确定。三个月内没有达成上述协议的，大会应在同争议各方和专门小组成员协商后定出专门小组的职权范围。专门小组应给争议各方和任何其他有关缔约方以充分的机会向小组陈述各自的观点。应争议双方的请求，专门小组应停止其活动。

(B) 大会应通过关于建立上述专家名单的规则，关于从缔约方政府专家中挑选专门小组成员的办法，以及关于专门小组的活动的组织，包括保证其活动的保密性以及由活动参加人确定任何保密材料的保密性的规则。

(C) 除非争议各方在专门小组进行审议前达成协议，否则专门小组应迅速准备书面报告，并将其交给争议各方检查。争议各方应有一段合理的期限向专门小组提出对报告的意见，期限长短由专门小组确定，但各缔约方为了达成对争议的相互满意而同意更长的期限例外。专门小组应考虑这些意见并应迅速向大会递交报告，该报告中应有解决争议的事实和建议并附上争议各方的意见 (如有的话)。

(四) 大会建议

大会应对专门小组的报告做出迅速考虑。大会根据其对本条约的解释以及专门小组的报告，应向争议各方做出一致的建议。

第十五条　条约的参加

(一) 资格

(A) 世界知识产权组织或者联合国的成员国可以加入本条约。

(B) 符合第二条 (10) 项的要求的任何政府间组织均可加入本条约。该组织应就本条约涉及的有关事项将其主管权限及其权限在以后的变化通知总干事。该组织及其成员国可以就它们之间执行本条约的义务的相应职责做出决定，但不得影响根据本条约应承担的义务。

（二）参加

国家或政府间组织依下列程序加入本条约：

（1）签字并递交批准书、接受书或认可书；

（2）递交加入书。

（三）文件的保存

第（二）款所述的文件应当递交总干事保存。

第十六条　条约的生效

（一）开始生效

本条约在第五个批准书、接受书、认可书或加入书递交之日起三个月对头五个递交批准书、接受书、认可书或加入书的每个国家或政府间组织发生效力。

（二）开始生效不涉及的国家：政府间组织

本条约对第（一）款不涉及的任何国家或对任何政府间组织自该国或者政府间组织递交批准书、接受书、认可书或加入书之日起三个月生效，除非上述文件指定了生效的日期，在后一情况下，本条约对该国家或政府间组织在该指定的日期发生效力。

（三）在生效时存在的布图设计（拓扑图）的保护

任何缔约方有权对本条约对该缔约方生效时已存在的布图设计（拓扑图）不适用本条约，但以本规定不影响该布图设计（拓扑图）在该缔约方的领土内在当时根据本条约以外的国际义务或该国的立法所可能享受的保护为限。

第十七条　条约的退出

（一）通知

任何缔约方可以通知总干事退出本条约。

（二）生效日

总干事收到退出通知之日起一年后退出生效。

第十八条　条约的文本

（一）原始文本

本条约应使用英语、阿拉伯语、汉语、法语、俄语和西班牙语制定单一原始文本。这些语言的文本具有同等的效力。

（二）正式文本

总干事与有关各国政府协商后，制定大会指定的其他语言的正式文本。

第十九条　保存人

总干事为本条约的保存人。

第二十条　签字

本条约从 1989 年 5 月 26 日起至 1989 年 8 月 25 日在美利坚合众国政府开放签字，从 1989 年 8 月 26 日起至 1990 年 5 月 25 日在世界知识产权组织总部开放签字。

为此，下列签字人，经正式授权，在本最后文件上签字，以昭信守。

1989 年 5 月 26 日于华盛顿。

参考文献

[1] http：//finance.eastday.com/economic/m1/20120530/u1a6591309.html.

[2] http：//chinasourcing.mofcom.gov.cn/.

[3] http：//finance.sina.com.cn/roll/20120926/144513247031.shtml.

[4] Williamson，O.E. Markets and hierarchies：Analysis and antitrust implications. New York：Free Press，1975.

[5] Marcus Neureiter，Peter Nunnenkamp. Outsourcing Motives，Location Choice and Labour Market Implications：An Empirical Analysis for European Countries? Blackwell Publishing Ltd.，2010（2）.

[6] WTO. Market Access. Unfinished Business（special studies 6），2001.

[7] Aly K. Abu-Akeel. Definition of Trade in services under the GATS：Legal Implications. The Gorge Washington Journal of International Law and Economics，1999，32（2）.

[8] Bernord Hoekman. Rules of Origin for Goods and Services-Conceptual Issues and Economic Considerations. World Trade 81，1993.

[9] Justin Kent Holcombe. Backlash to Globalization in the Form of State Legislation：Constitutional Implications. University of Pennsylvania Journal of Labor and Employment Law，2005.

[10] OECD. Electronic Commerce-Existing GATS Commitments for Online Supply of Services. Paris：Trade Directorate（Trade Committee of the OECD），Report Number TD/TC/WP（99）37/Final（2000）.

[11] WTO Secretariat. Scheduling of Initial Commitments in Trade in Service：Explanatory Note. MTN. GNS/W/164& Add.1.

[12] Aaditya Mattoo and Sacha Wunsch-Vincent. Pre-Empting Protectionism in Services：The GATS and Outsourcing. Journal of International Economic Law，2004，7(4).

[13] Ulset, S.R&D Outsourcing and Contractual Governance: An Empirical Study of Commercial R&D Projects. Foundation Journal of Economic Behavior & Organisation, 1996, 30 (1).

[14] Lai, E.L., et al. (2007) Outsourcing of Innovation. United Nations Conference on Trade and Development. Globalization of R&D and Developing Countries (UNCTAD/ITE/11A/2005/6). http: //www.unctad. Org/en/docs/iteiia20056 overview_en.Pdf, 2007-11-14.

[15] UNCTAD. Globalization of R&D and Developing Countries: Preface & Overview. United Nations, New York and Geneva, 2006.

[16] Ghelfi, D. The "Outsourcing Offshore" Conundrum: An Intellectual Property Perspective. http: //www.wipo.int/export/sites/www/sme/en/documents/pdf/outsoureing.pdf, 2007-09-20.

[17] Rubin, H.Supply-Side/Manufacturing Outsourcing Stategies and Negotiations. Georgetown Journal of International Law, 2007, 38 (3).

[18] Baldia. Intellectua Property in Global Sourcing: the Art of the Transfer. Georgetown Joumal of International Law, 2007, 38 (3).

[19] Gandhi, J., Eschbacher, G. Identification and Classification of Outsourcing Risks for Complex Systems: A Useful Input for Implementation in Outsourcing Models. Working Paper. http: //www.cser. lboro.ae.uk/CSER08/pdfs/Paper% 20132. pdf2008.

[20] Sullivan, L. The O Word: Outsourcing Overseas. Risk Management, 2004 (51).

[21] Barthélemy, J., Quélin, B.V. Complexity of outsourcing Contracts and Expost Transaction Costs: An Empirical Investigation. Journal of Management Studies, 2006, 43 (8).

[22] Osterberg, E. C. A primer on IP Risk Management and Insurance. The Licensing Journal, 2003 (11).

[23] India Copyright Act, http: //www.copyright.gov.in/CprAct.pdf.

[24] Larry R. et. al. Trade Secret Law and Protection in India. Intellectual property & Technology Law Journal, 2008, 20 (10).

[25] Gandhi, S.K.E-Commerce and Information Technology Act, 2000.Vidyasagar University Journal of Commerce, 2006, 11 (3).

[26] Meehan, M.J. Outsourcing Information Technology to India: Explaining Patterns of Foreign Direet Investment and Contracting in the Software Industry. Brigham Young University International Law & Management Review, 2006 (3).

[27] Ber nard Hoekman, Rules of Origin for Goods and Services–Conceptual Issues and Economic Considerations. 27 World Trade, 1993.

[28] Aaditya Mattoo. National Treatment in the Gats: Corner–stone or Pandora's Box, 1997.

[29] Harris, A., Giunipero, L.C., Hult, G.T.M. Impact of Organizational and Contract Flexibility on Outsoureing Contraets. Industrial Marketing Management, 1998, 27 (5).

[30] 杨圣明. 加快发展我国服务外包产业 [J]. 时代经贸, 2008 (8).

[31] 江小涓. 服务外包：合约形态变革及其理论蕴意——人力资本市场配置与劳务活动企业配置的统一 [J]. 经济研究, 2008 (7).

[32] 姜春荣. 国际服务外包浪潮：理论、实证与中国战略研究 [M]. 北京：对外经济贸易大学出版社, 2009.

[33] 王春. IT 外包理论的国内外研究述评 [J]. 科技管理研究, 2008 (5).

[34] 刘丁有, 张妍. 服务外包机理的理论分析综述及其实践指导意义 [J]. 改革与发展, 2010 (2).

[35] 刘庆林, 刘小伟. 国外服务业外包理论研究综述 [J]. 山东社会科学, 2008 (6).

[36] 江小涓, 等. 服务全球化与服务外包：现状、趋势及理论分析 [M]. 北京：人民出版社, 2008.

[37] 大卫·李嘉图. 政治经济学及赋税原理 [M]. 北京：商务印书馆, 1976.

[38] 陈菲. 服务外包与服务业发展 [M]. 北京：经济科学出版社, 2009.

[39] 刘庆林, 刘小伟. 国外服务业外包理论研究综述 [J]. 山东社会科学, 2008 (6).

[40] 崔健, 等. 跨国公司服务外包文献综述及最新进展 [J]. 科技管理研究, 2010 (2).

[41] 张芬霞, 刘景江. 离岸外包发展述评 [J]. 经济问题, 2005 (8).

[42] 冯雷鸣, 等. 国外服务外包理论研究简述 [J]. 经济师, 2010 (1).

[43] 赵鸿. 国际服务外包：运行机制与效应研究 [D]. 上海社会科学院硕士学位论文, 2011.

［44］裴长洪.论中国进入利用外资新阶段——“十一五”时期利用外资的战略思考［J］. 中国工业经济，2005（1）.

［45］联合国贸发会议.1999 年世界投资报告：外国直接投资与发展的挑战［M］. 北京：中国财政经济出版社，2000.

［46］裴长洪. 中国服务业发展报告 No.4：中国服务业的对外开放与发展［M］. 北京：社会科学文献出版社，2005.

［47］联合国贸发会议. 2004 年世界投资报告［M］. 北京：中国财政经济出版社，2005.

［48］王志乐. 2005 跨国公司在中国报告［M］. 北京：中国经济出版社，2005.

［49］殷凤. 开放服务经济与中国的实践［M］. 北京：经济管理出版社，2010.

［50］联合国贸发会议网站 http：//www.unctad.org，2009-05-25.

［51］中国外包网 http：//www.macase.cn，2010-06-26.

［52］郑雄伟. 2011 全球服务外包发展报告［OL］. http：//cn.chinagate.cn/indepths/waibao/2011-05/23/.

［53］杨圣明. 关于服务外包问题［J］. 中国社会科学院研究生院学报，2006（6）.

［54］薛荣久，张汉林. 国际服务贸易［M］. 北京：中国大百科全书出版社，1995.

［55］王贵国. 世界贸易组织法［M］. 北京：法律出版社，2003.

［56］B.霍克曼. 评服务贸易总协定［R］. 世界银行论文集，第 307 号.

［57］张瑞萍.《服务贸易总协定》基本原则评析［J］. 当代法学，1998（3）.

［58］王传丽. 国际经济法［M］. 北京：高等教育出版社，2005.

［59］房东. WTO《服务贸易总协定》法律约束力研究［M］. 北京：北京大学出版社，2006.

［60］世界贸易组织秘书处编. 电子商务与 WTO 的作用贸易、金融和金融危机金融服务自由化和《服务贸易总协定》［M］. 对外贸易经济合作部世界贸易组织司译. 北京：法律出版社，2002.

［61］石静霞，陈卫东. WTO 国际服务贸易成案研究 1996~2005［M］. 北京：北京大学出版社，2005.

［62］郑鸿飞，任荣明. 离岸服务外包及中国对策［J］. 上海管理科学，2005

(2).

[63] 阿利·阿布艾克尔.服务贸易总协定下服务贸易的定义、法律意义 [J].华盛顿国际法与经济学期刊，1999 (6).

[64] 石静霞. WTO 服务贸易法专论 [M]. 北京：法律出版社，2006.

[65] 吴维俊. 服务原产地规则研究 [D]. 西南政法大学硕士学位论文，2004.

[66] 厉力. 论服务贸易中服务原产地的确定问题 [J]. 世界贸易组织动态与研究，2008 (5).

[67] 余劲松. 中国涉外经济法律问题新探 [M]. 武汉：武汉大学出版社，1999.

[68] 邓晓雄. WTO 基本原则在国际服务贸易中的运用及我国的服务贸易立法与实践 [OL]. http://www. Lab-lib.com/lw/lwview.asp?No=1691，2007-12-14.

[69] 王毅. WTO 国民待遇的法律规则及其在中国的适用 [M]. 北京：人民法院出版社，2005.

[70] 沈玉良，王伟. 离岸服务对 GATS 服务分类的要求及开放 [J]. 世界贸易组织动态与研究，2007 (9).

[71] 龚柏华. 论中国承接金融服务离岸外包相关法律问题 [J]. 上海财经大学学报（哲学社会科学版），2007 (1).

[72] 李颖. 金融服务外包的法律问题研究 [D]. 大连海事大学硕士学位论文，2008.

[73] 胡水晶. 承接研发离岸外包中知识产权风险研究 [D]. 华中科技大学博士学位论文，2010.

[74] 黄智新. 印度竞争力领先中国 11 位 [N]. 中国贸易报，2006-10-12.

[75] 肖漩. 服务离岸外包法律问题研究 [D]. 对经济贸易大学硕士学位论文，2006.

[76] 吴志强. 软件外包的知识产权研究 [J]. 科技与法律，2006 (2).

[77] 杨海. 中国服务外包知识产权风险和适用法律研究 [J]. 现代管理科学，2010 (5).

[78] 唐鹏琪. 印度在知识产权保护方面的成效、问题和启示 [J]. 南亚研究季刊，2002 (3).

[79] 中国知识产权局.发展中的印度知识产权保护体系 [OL]. http://www.sipo.gov.cn/ sipo2008/dtxx/gw/2007/200804/t20080401_353414.html.2008.

[80] 王海峰. 印度医药走向创新 [N]. 医药经济报，2007-05-30.

[81] 朱羽舒. 印度 CRO 订单做不完 [N]. 医药经济报，2007-10-10.

[82] 孟长康. 印度成长为信息产业大国的启示 [J]. 管理现代化，2001 (5).

[83] 龚柏华. 论中国承接金融服务离岸外包相关法律问题 [J]. 上海财经大学学报，2007 (1).

[84] 韩龙. 世贸组织与金融服务贸易 [M]. 北京：人民法院出版社，2003 .

[85] 王铁山，等. 金融服务外包的风险及其监管对策 [J]. 国际经济合作，2007 (5).

[86] 张成虎，等. 金融机构信息技术外包的风险控制策略 [J]. 当代经济科学，2003 (2).

[87] 魏欣，李文龙翻译. 金融服务外包 [J]. 中国金融，2005 (13).

[88] 吴国新. 金融服务外包承包方选择与风险管理研究 [D]. 东华大学博士学位论文，2010.

[89] 曾丽凌. 离岸外包几个法律问题研究 [J]. 对外经贸实务，2006 (3).

[90] 丁祎. 论国际金融服务离岸外包的法律规制——以美国与印度模式为视角 [D]. 复旦大学硕士学位论文，2009.

[91] 代明. 透视核心竞争力 [J]. 企业经济，2004 (9).

[92] 刘倩. 金融服务外包及其风险研究 [D]. 东北财经大学硕士学位论文，2007.

[93] 郭玉军，胡秀娟. 欧洲银行监管委员会 (外包标准)〔建议稿〕介评 [J]. 河北法学，2007 (8).

[94] 唐柳，廖海波. SCP 框架下我国金融服务外包产业组织研究 [J]. 经济管理，2008 (21).

[95] 陆小斌. 国外规范金融外包情况简介 [ON]. http://www.financialnews.com，2005-02-16.

[96] 蔡华利，张翠英. 企业软件外包风险管理研究 [J]. 中国管理信息化，2006 (4).

[97] 聂规划，周晓光. 企业信息技术外包的风险与防范 [J]. 科技进步与对策，2002 (4).

[98] 朱玥. IT 外包风险评估和风险规避研究 [D]. 北京交通大学硕士学位论文，2008.

[99] 王桂森. 企业 IT 服务外包风险控制模型研究 [D]. 哈尔滨工业大学硕

士学位论文，2011.

[100] 刘婷婷. IT 外包风险控制方法研究 [D]. 东北财经大学硕士学位论文，2010.

[101] 吴晓英. 企业信息技术外包风险研究 [D]. 华中师范大学硕士学位论文，2007.

[102] 王雅薇. IT 外包实施过程中的风险分析与控制 [D]. 吉林大学博士学位论文，2008.

[103] 张云川. IT 外包服务及其执行过程风险控制研究 [D]. 华中科技大学博士学位论文，2005.

[104] 杨农. 信息系统外包的决策和风险分析 [J]. 学术界，2003 (6).